Listos para la siega

Una guía para la plantación de iglesias saludables en la ciudad

....

Editado por el
Rev. Don Allsman
Rev. Dr. Hank Voss
Rev. Dr. Don L. Davis

TUMI Press
3701 East Thirteenth Street North
Wichita, Kansas 67208

Listos para la siega: Una guía para la plantación de iglesias saludables en la ciudad

© 2015, 2016. *The Urban Ministry Institute*. © 2018. Traducido al español.
Todos los derechos reservados.

Primera edición 2015, segunda edición 2016.

La copia, redistribución y/o venta de estos materiales, o cualquier transmisión no autorizada, excepto que se permita expresamente por la Ley de derechos del autor de 1976 o por el permiso escrito del publicador está prohibida. La solicitud de permiso debe dirigirse por escrito a:

The Urban Ministry Institute
3701 East 13th Street North
Wichita, KS 67208

ISBN: 978-1-62932-310-7

Publicado por *TUMI Press*
Una división de *World Impact, Inc.*

The Urban Ministry Institute es un ministerio de *World Impact, Inc.*

Título original en inglés:
Ripe for Harvest: A Guidebook for Planting Healthy Churches in the City

Coordinador de traducción: Dr. Fernando Argumedo

Todas las citas bíblicas, a menos que se indique de otra forma, son de la Santa Biblia, versión Reina Valera © 1960 Sociedades Bíblicas Unidas. Usada con permiso. Todos los derechos reservados.

Este libro está dedicado a

los pueblos autóctonos en todas partes,

a los grupos de personas y naciones para los cuales Cristo
envió a los apóstoles al mundo a ganar (Mt. 28:18-20),

aquellas naciones que han cumplido y están cumpliendo el juramento sagrado de Dios
que las familias de la tierra alabarán su nombre (Sal. 22:27-28),

los pueblos y aldeas que se han arrepentido y creído
en el poder salvador de Jesús para salvación (Lc. 24:44-48),

los barrios urbanos repletos de almas que
desesperadamente necesitan escuchar del amor de nuestro Dios soberano (Jonás),

aquellos que, aunque pobres, son ricos en fe
y herederos del Reino que viene (Stg. 2:5),

esos seres queridos que, capacitados por el Espíritu Santo,
brotarán para ser árboles de justicia, plantío del Señor (Is. 61:3),

aquellos compañeros guerreros que encarnan la vida de Jesús
en lenguas y culturas diferentes a la nuestra (Hch. 10-11),

y aquellos a quienes Dios ha llamado a ser ciudadanos del cielo,
y embajadores del Cristo vivo (Fil. 3:20-21; 2 Cor. 5:20).

A éstos por quienes Cristo murió, por quienes los misioneros se sacrifican,
y por quienes se ganó la redención,
a estas personas, en todo el mundo, dedicamos esta obra
anticipando la capacitación y transformación de cientos de comunidades
a través del poder del Evangelio de Jesús.
a ellos, y por causa de ellos, dedicamos este volumen – y nuestras vidas.

Tabla de contenidos

Prefacio: Cómo usar esta guía 11

Introducción:
Raíces sagradas, plantación de iglesias, y la Gran Tradición . 25

Sesión 1: Viendo el panorama general 31

Adoración y devocional
El poder de la alabanza 35

Temas y Objetivos de la Sesión 45

Enseñanza del seminario

Seminario 1:
¿Qué es una iglesia? 49

Seminario 2:
Información general sobre la plantación de iglesias 56

Seminario 3:
Uso de la sabiduría en el ministerio: El Proceso PTR 67

Ejercicios de equipo:
Estableciendo el contexto

Pautas del ejercicio 81
Instrucciones de los ejercicios 83
Lecturas del ejercicio
   Un llamado a un futuro evangélico antiguo 85
   Modelos de plantación de iglesias 89
   ¿Qué es una Iglesia? 92

Ejercicios de equipo:
Definiendo los valores/visión

Pautas del ejercicio 97
Instrucciones de los ejercicios 99
Ejercicios de equipo 100

Trazando su propio curso 109

Recursos para estudios adicionales 113

Listado de apéndices 117

Sesión 2: Preparar: "P" 119

Adoración y devocional
Libertad en Cristo 123

Temas y Objetivos de la Sesión 137

Enseñanza del seminario
Seminario 1:
La diferencia que hace la diferencia:
Plantación transcultural de iglesias y el asunto de la cultura . 141
Seminario 2:
La teología de los pobres para plantadores de iglesias . . . 157
Seminario 3:
Construyendo el equipo para el éxito:
Principios del juego eficaz de equipo 171

Ejercicios de equipo
Preparar: Ser la Iglesia
Resumen de las fases de ejercicio para la Escuela de
plantación de iglesias urbanas *Evangel* de *World Impact* . . 188
Pautas del ejercicio 190
Instrucciones de los ejercicios 192
Preguntas sobre el ejercicio 193
Lecturas del ejercicio
   World Impact sobre "Capacitando a los urbanos pobres" . 197
   Respondiendo al llamado de Dios a los pobres 203
   Al formar su plan, mantenga su propósito general en mente:
Plantar transculturalmente una iglesia reproducible
autóctonamente dirigida entre los residentes de una
comunidad de bajos ingresos 205
   Papeles clave de un equipo de plantación de iglesias . . 207

Trazando su propio curso 211

Recursos para estudios adicionales 215

Listado de apéndices 219

Sesión 3: Lanzar y Agrupar: "L" y "A" 221

Adoración y devocional
La oración es el radio comunicador de la Fe 225

Temas y Objetivos de la Sesión 235

Enseñanza del seminario

Seminario 1:
Evangelización y seguimiento como misión:
La incorporación en el Cuerpo de Cristo 239

Seminario 2:
Christus Victor: Un motivo antiguo bíblico para conectar los puntos
en la formación espiritual urbana y las misiones transculturales . 251

Seminario 3:
Realización de eventos y proyectos 277

Ejercicios de equipo
Lanzar: Expandir la Iglesia

Resumen de las fases de ejercicio para la Escuela de
plantación de iglesias urbanas *Evangel* de *World Impact* . . 288

Pautas del ejercicio 290

Instrucciones de los ejercicios 291

Preguntas sobre el ejercicio 292

Ejercicios de equipo
Agrupar: Establecer la Iglesia

Resumen de las fases de ejercicio para la Escuela de
plantación de iglesias urbanas *Evangel* de *World Impact* . . 296

Pautas del ejercicio 298

Instrucciones de los ejercicios 299

Preguntas sobre el ejercicio 300

Lecturas del ejercicio

Bienvenido a la familia:
Responsabilidades de la membresía y del liderazgo . . . 303

Trazando su propio curso 327

Recursos para estudios adicionales 331

Listado de apéndices 335

Sesión 4: Nutrir y Transicionar: "N" y "T" . . . *339*

Adoración y devocional

Dios es un guerrero. 343

Temas y Objetivos de la Sesión 357

Enseñanza del seminario

Seminario 1:
Discipulado efectivo en la iglesia 361

Seminario 2:
Discipulando a líderes cristianos urbanos 379

Seminario 3:
Predicación y enseñanza:
El arte fino de comunicar la verdad 385

Seminario 4: Seleccionando un criterio creíble para la independencia: Navegando hacia una transición saludable . . 396

Ejercicios de equipo
Nutrir: Madurar la iglesia

Resumen de las fases de ejercicio para la Escuela de plantación de iglesias urbanas *Evangel* de *World Impact* . . 402

Pautas del ejercicio 404

Instrucciones de los ejercicios 405

Preguntas sobre el ejercicio 406

Lecturas del ejercicio

La docena dinámica:
Principios fundamentales de la fase de Nutrir . . . 408

Redacción de una Constitución (Estatutos):
Herramienta clave para nutrir la comunidad 412

Dimensiones de nutrir y transicionar 413

Ejercicios de equipo
Transicionar: Liberar la Iglesia

Resumen de las fases de ejercicio para la Escuela de plantación de iglesias urbanas *Evangel* de *World Impact* . . 416

Pautas del ejercicio 418

Instrucciones de los ejercicios 419

Preguntas sobre el ejercicio 421

Lecturas del ejercicio

Los siete autónomos:
Principios centrales para la fase de transición. 423

Transición 426

Trazando su propio curso	431
Recursos para estudios adicionales	435
Listado de apéndices	441

Sesión 5: Juntándolo todo *443*

Adoración y devocional

Adáptese a ganar	447
Temas y Objetivos de la Sesión	457

Enseñanza del seminario

Seminario 1: La importancia de la revisión	461

Ejercicios de equipo
Juntándolo todo

Resumen de las fases de ejercicio para la Escuela de plantación de iglesias urbanas *Evangel* de *World Impact*	466
Pautas del ejercicio	468
Trazando su propio curso	475
Recursos para estudios adicionales	479
Listado de apéndices	483

The Urban Ministry Institute: Puliendo las piedras que los constructores rechazan – Cómo puede equipar líderes para su iglesia y ministerio . . . *487*

Prefacio
Cómo usar esta guía

La escuela de plantación de iglesias urbanas *Evangel*:
Campo de entrenamiento para plantadores de iglesias urbanas
Desde hace más de cuarenta años, *World Impact* se ha dedicado a honrar y glorificar a Dios y deleitarse en él entre los pobres de las ciudades sin iglesia al conocerlo y darlo a conocer. Una organización misionera en el interior de la ciudad, nuestra visión es reclutar, capacitar y liberar líderes urbanos que plantarán iglesias e iniciarán movimientos de plantación de iglesias autóctonas. Estamos convencidos de que Dios todopoderoso desea capacitar a los pobres urbanos para avanzar el reino de Dios en todas las ciudades en los Estados Unidos y más allá a través de la iglesia local. De hecho, creemos que la proclamación y demostración del Evangelio de la Iglesia está en el corazón de la misión del reino de Dios.

Nuestra *Escuela de plantación de iglesias urbanas Evangel* capacita y equipa entrenadores, plantadores de iglesias, y equipos de plantación de iglesias para plantar iglesias saludables entre los pobres de la ciudad. Con el fin de prosperar en sus esfuerzos, los plantadores de iglesias urbanas deben adoptar una visión teológica clara y elegir los modelos correctos, culturalmente sensibles y que expresen la iglesia. Deben aplicar la sabiduría bíblica con el fin de evangelizar, equipar y capacitar a la gente de la ciudad no alcanzada a responder al amor de Cristo, y tomar su lugar en representar el Reino de Cristo donde viven y trabajan.

Esta guía, el texto oficial de la *Escuela Evangel*, esboza un proceso de plantación de iglesias que respeta las culturas únicas, entornos, comunidades y situaciones reflejadas en la norteamérica urbana. El enfoque PLANT esbozado aquí proporciona una instrucción prácticamente sabia y espiritualmente vital para asegurar que los equipos de plantación de iglesias urbanas ni se cansen, ni tampoco cometan errores en su intento de involucrar a los barrios no alcanzados en necesidad pero aún espiritualmente maduros. La guía le dirigirá a los equipos a través de ese proceso, con un enfoque en la oración, la reflexión y la sabiduría para encontrar el llamado único de Dios en cada plantador y equipo.

Lleno de devocionales, seminarios, ejercicios y hojas de trabajo, con docenas de gráficos, diagramas, y artículos, este recurso tan valioso capacitará a los equipos de plantación de iglesias a diseñar una estrategia que probará capacitarles. Puede que les permita elaborar un curso que es coherente con la visión que Dios les ha dado para plantar una iglesia saludable, que declara el reino, y poner en marcha movimientos que muestran la justicia del Reino entre los oprimidos. Estamos muy emocionados sobre el interés y la actividad de muchas iglesias y denominaciones de establecer puestos de avanzada del Reino en las comunidades más necesitadas en nuestra nación. Nuestra oración es que este recurso contribuya a esa visión.

Plantación de Iglesias – una obra del Espíritu Santo

La plantación de iglesias es una actividad espiritual. No es como construir una casa o iniciar un negocio. Se requiere de oración, adoración, ayuno, enseñanza, disciplina y sabiduría. Sin el liderazgo y la provisión del Espíritu Santo, no podemos ver una iglesia plantada entre un grupo de personas no alcanzadas que necesitan conocer el amor de Cristo. Sabiendo esto, el objetivo de este libro es que le guíe en el proceso de discernir la dirección de Dios en la plantación de una iglesia en otra cultura, con el fin de cumplir con su llamado en la Gran Comisión. Nuestra oración es que en el momento de realizar los ejercicios de este libro llegue a entender las verdades del ministerio del evangelio de tal manera que va a estar espiritual y tácticamente listo para plantar una iglesia. Como resultado de ello, cada sesión abre con adoración y un devocional y termina en un tiempo de oración prolongada, que son los dos aspectos esenciales de su preparación para plantar una iglesia.

Las cinco sesiones representan el lapso de esfuerzo y el ministerio de un equipo plantador de la iglesia en un barrio o entre un grupo de personas, desde su encuentro inicial de oración hasta el momento de la transición de la nueva iglesia, con sus líderes pastorales. Cada sesión está diseñada específicamente para ayudarle a desarrollar una parte de su plan estratégico de plantación de iglesias. La última sesión le ayudará a envolver los detalles con el fin de tener un plan que pueda ejecutar bajo la guía del Espíritu Santo.

Estructura de la guía: Entendiendo el formato de la sesión

Este libro supone que los equipos que el Señor llama poseerán diferentes visiones para la iglesia, y se acercarán a su plantación de iglesias de diversas maneras. Ya sea que usted está plantando una iglesia en su propia cultura, o plantando una iglesia transcultural, tendrá que trazar su propio camino único, siendo informado por los principios presentados en este libro. Ya sea plantar una iglesia en su propia cultura (es decir, misión intra cultural), o enfrentando las complejidades relacionadas con la misión transcultural, hemos proporcionado notas y/o preguntas adicionales que le pedirá que considere aspectos relevantes a su oportunidad única de plantación de iglesias. Vamos a identificar estas notas e ideas en su propia sección titulada "Registro gráfico de tu propio camino". Estas secciones están escritas para indicarle a considerar cómo el material se relaciona con su visión y el trabajo en particular. Gastar un buen tiempo en reflexionar sobre los asuntos y preguntas tratadas en esta sección con el fin de obtener el máximo beneficio del material en cada sesión.

Cada una de las cinco sesiones sigue este patrón:

- *Adoración y devocional*: algunos devocionales están disponibles en línea (*www.tumi.org/churchplanting*) o puede enseñar su propio devocional.

- *Los temas de sesión y objetivos* le proporcionarán un marco general para la comprensión y beneficio de los elementos en cada sesión. En esta sección incluye una lista del concepto principal y objetivos de cada sesión, además de una escritura clave, un principio de la guerra espiritual, el principio fundamental de la plantación de iglesias, y una cita seleccionada que ayuda a iluminar la sesión y sus objetivos.

- *Seminario de enseñanza* sobre las ideas importantes que usted tendrá que considerar antes de discutir su plan de acción. Algunos de estos seminarios estarán disponibles como grabaciones de audio o vídeo en *www.tumi.org/churchplanting*. Muchos de los seminarios están apoyados por apéndices útiles que deben ser revisados cuidadosamente como parte del proceso de planificación. Cada seminario concluye con una lista de preguntas para la discusión en grupo.

- *Ejercicios de equipo* incluyen una lista de preguntas guía para ayudarle a traducir su discusión en metas concretas y pasos a seguir. Los ejercicios están diseñados para hacerlos juntos como un equipo plantador de la iglesia, no de forma individual o en forma aislada. Las preguntas se aplican a todo el equipo a menos que se indique lo contrario. Si todavía no se ha formado un equipo central (al menos otras 2 pero no más de 10), asegúrese de que lo haga antes de que inicie la Sesión Dos (La Sesión Uno puede ser útil en la definición de su visión para que pueda reclutar a un equipo central para que se una a usted).

    Hay ocho ejercicios de equipo en el libro, y cada ejercicio incluye cinco partes:

    - Directrices
    - Instrucciones
    - Preguntas para la discusión, trabajos de lectura, o las hojas de trabajo
    - Oración
    - Presentación del equipo

Los ocho ejercicios se construyen progresivamente el uno del otro y están arreglados alrededor de las siglas PLANT (ver la tabla "Resumen de las fases de ejercicio para la Escuela de plantación de iglesias urbanas *Evangel* de *World Impact*" en las sesiones 2-5). La siguiente tabla muestra los ocho ejercicios en el orden en que aparecen.

Sesión	Ejercicio de equipo
Sesión 1, Ejercicio de equipo #1	Viendo el gran cuadro: Estableciendo el contexto
Sesión 1, Ejercicio de equipo #2	Viendo el gran cuadro: Definiendo valores/visión
Sesión 2, Ejercicio de equipo #3	Preparar: Ser la Iglesia
Sesión 3, Ejercicio de equipo #4	Lanzar: Expandir la Iglesia
Sesión 4, Ejercicio de equipo #5	Agrupar: Establecer la Iglesia
Sesión 4, Ejercicio de equipo #6	Nutrir: Madurar la Iglesia
Sesión 5, Ejercicio de equipo #7	Transicionar: Liberar la Iglesia
Sesión 5, Ejercicio de equipo #8	Reuniendo todo: La cartilla de planificación del equipo

- *Presentaciones*. Una de las actividades más útiles para su equipo es compartir con otros equipos de los resultados de la reflexión y el diálogo en conjunto. Cada sesión permite compartir con los demás algunos de sus más importantes conocimientos, preguntas y temas que han espigado juntos de su ejercicio de discusión de equipo. Sea abierto y atento durante esta actividad - sin lugar a dudas, algunas de las mejores ideas que se escucharán ¡no son necesariamente las que usted pensó! Permita que el Señor le dé nuevas ideas a través de los otros participantes del equipo.

- *Trazando su propio curso*. Ya sea que usted está plantando una iglesia dentro de su propia cultura, o dentro de una asociación o denominación y usted sabe cuál estructura, gobernabilidad, transición, y marco tendrá después de que se ha plantado la iglesia, esta sección está escrita especialmente para usted. Aquí encontrará las notas específicas de los pasos de acción o principios clave que usted debe tomar en cuenta mientras hace planes para comenzar el proceso de plantar una iglesia dentro de su propia cultura o comunidad. En esta sección se le pedirá que traiga sus propias preguntas, únicas y el contexto a producir en el material, para el máximo beneficio.

- *Otros recursos*: Aquí encontrará herramientas adicionales y recursos útiles (por ejemplo, bibliografías, materiales sugeridos) que pueden ser de utilidad para usted sobre la vida de la plantación de la iglesia.
- *Apéndices*: Al final de cada sesión, verá una lista de algunos artículos clave, gráficos y/o diagramas que están específicamente relacionados con los conceptos de la lección. Todos los apéndices se pueden encontrar en los volúmenes gratuitos relacionados con esta guía titulada *Plantando Iglesias entre los pobres de la ciudad: Una antología de recursos de plantación de iglesias urbanas, volúmenes I y II*. Tenga en cuenta: **Estos libros de referencia son esenciales con el fin de recibir el máximo beneficio de esta guía. Ellos deben ser comprados y utilizados como un conjunto.**

Por esta razón, estos libros se ofrecen con esta guía en la tienda de TUMI [*www.tumistore.org*] con un descuento, aunque cada libro también se pueden comprar por separado. Por favor asegúrese de que tenga copias de la antología a la mano para los diversos seminarios, ejercicios y discusiones que componen el trabajo de cada sesión.

Los apéndices están disponibles al final de cada sesión, lo que ayuda tanto a clarificar e iluminar los conceptos y los temas cubiertos en el material. No se alarme si usted ve los mismos apéndices que se hace referencia en las diferentes sesiones. ¡Esto fue hecho a propósito! Si ciertos conceptos necesitan ser reiterados, subrayados, o re-enfatizados, pueden aparecer varias veces a lo largo del manual. Ciertos conceptos son tan fundamentales que exigirán múltiples revisadas, diálogos y consideraciones. Haga todo lo posible para pensar a través de los materiales con el fin de traer las lecciones clave de cada sesión en un mayor enfoque, es decir, aquellos conceptos difíciles que usted y sus compañeros de equipo tendrá que dominar a lo largo de su viaje de plantación de iglesias.

Preparación y entrenamiento con *Listos para la siega*

Este libro está diseñado para ser mejor utilizado en conjunto con la Escuela de plantación de iglesias urbanas *Evangel*. Varios asuntos se deben destacar con respecto a los materiales, tanto en Listos para la siega y su texto complementario, *Plantando Iglesias entre los pobres de la ciudad*.

El primer asunto es sobre **las designaciones y los términos**. Ya que Plantando Iglesias entre los pobres de la ciudad es esencialmente una antología, hemos tratado de preservar nuestros documentos anteriores en su forma original, y no volver a través de los documentos y revisar el lenguaje utilizado en nuestras primeras escuelas. Esto no es una dificultad importante, sin embargo, ya que si bien se utilizan diferentes términos que nuestras escuelas anteriores, hemos mantenido las mismas funciones para las posiciones. Dos términos deben ser definidos:

- En los materiales anteriores, el término utilizado para el supervisor de plantación de iglesias o mentor a quien informó o se recibe el aporte de llamada fue un *líder de equipo múltiple* o *LEM*. Ahora, en este volumen y en nuestras escuelas, nos referimos a este papel como *entrenador*. Todas las referencias a *LEM* o *líder de equipo múltiple* de este volumen o en *Plantando Iglesias entre los pobres de la ciudad* deben entenderse ahora como *entrenador*.

- Además, en las escuelas anteriores hemos utilizado el término *líder de equipo* a la persona a cargo del trabajo de equipo plantador de la iglesia y la plantación de la iglesia. Ahora, nos referimos a la persona que cumple este papel como el *plantador de iglesias*.

En términos de lenguaje, entonces, por favor, recuerde que cuando se involucran materiales en la Antología que citan *LEM* o *Líder de equipo múltiple*, ahora deben ser entendidos como términos equivalentes a entrenador, y, la designación *Líder de Equipo* es equivalente ahora a la designación del *Plantador de la iglesia*.

El segundo asunto se refiere a *los diversos usos y aplicaciones* de *Listos para la siega* en el contexto de la formación y entrenamiento de los plantadores de la iglesia. Las Escuelas *Evangel* se ofrecen en todo el mundo en relación con las denominaciones, organizaciones, iglesias y/o satélites del *The Urban Ministry Institute* (TUMI). Para obtener una lista de escuelas regulares, por favor vaya a *www.tumi.org/churchplanting*. Entrenadores, mentores, y los plantadores pueden utilizar Listos para la siega para la formación de la plantación de la iglesia de varias maneras.

Para empezar, el modo normal de utilización de esta guía será un plantador y su equipo asistiendo a una sesión de entrenamiento de la Escuela *Evangel* patrocinada localmente. Los ejercicios están diseñados para los plantadores y sus equipos para reflexionar sobre los devocionales, la enseñanza seminario, y luego responder a las preguntas en un diálogo abierto. Esto se hace para darles la oportunidad de aclarar sus propias estrategias y enfoques únicos a medida que planifican a cabo su participación en una comunidad o un grupo de personas, para plantar una iglesia.

Además de asistir a una Escuela *Evangel*, un grupo de nuevos plantadores de iglesias puede decidir trabajar a través de este libro bajo la guía de un entrenador plantador de iglesia. Aquellos que utilizan *Listos para la siega* de este modo sería un ejemplo de una "coerción de plantación de iglesias". La coerción puede ser patrocinada por una denominación, un grupo de plantación de iglesias, o una Asociación de Iglesias Urbanas (*UCA* siglas en inglés).

Una tercera forma en que el libro podría ser utilizado es en un contexto "uno-a-uno". Un plantador de iglesias y un entrenador plantador de iglesias puede decidir trabajar a través de este libro juntos haciendo los ejercicios en un formato de uno-a-uno. El formato de uno-a-uno todavía asume que el plantador de iglesias tiene un equipo central que participa en el proceso, pero permite que el plantador de iglesias y el entrenador de la plantación de la iglesia trabaje a través de los ejercicios de equipo y el proceso de PLANT en una línea de tiempo que funcione mejor para su equipo individual.

En última instancia, es el iniciador de iglesias que se encarga de dirigir el equipo de plantación de iglesia a través de los ejercicios de la guía. Sin embargo, nuestro trabajo con cientos de nuevas iglesias urbanas nos ha convencido de que cada Timoteo necesita un Pablo. Le animamos a invitar a una persona de confianza a servir como un *entrenador* a lo largo de su proceso de planificación. Un entrenador puede proporcionarle aliento permanente y desafío, le da un asesoramiento objetivo, le ayuda cuando se queda atascado, y sostiene que responder de sus fechas límite, según Dios le dirija.

Incluso si el uso de este libro en el formato de uno-a-uno, le sugerimos que como plantador de iglesias y/o equipo de plantación de iglesia prepare presentaciones periódicamente para su entrenador para revisión y comentarios. Naturalmente, podría preparar algo como un resumen de la presentación para cada etapa de su plantación de iglesias, que proporcione una imagen clara de su planificación para la próxima fase. Las presentaciones son una buena manera de asegurarse de que está haciendo sus planes lo suficientemente concretos para ser ejecutados.

A continuación se ofrece una muestra representativa de los tipos de preguntas que un entrenador puede considerar en sus actividades de entrenamiento y el proceso con un plantador de iglesias y su equipo:

- ¿Cómo están los miembros del equipo en su relación con Dios? ¿Están regularmente practicando sus disciplinas espirituales fundamentales?

- ¿Cómo son las relaciones de los miembros del equipo con los demás?
- ¿Cómo es la comunicación? ¿Se escuchan el uno al otro? ¿Están siendo escuchados cada uno?
- ¿Hay suficiente consenso dentro del equipo?
- ¿Son capaces de resolver los problemas a medida que surgen?
- ¿Comprenden el proceso de PTR (preparar / trabajar / revisar)? ¿Se observan indicios de que serán capaces de flexionar y ajustar su plan en un momento posterior?
- ¿Han considerado todos los puntos relevantes?
- ¿Serán capaces de aplicar sus planes?
- ¿Son enseñables y abiertos al Señor, al líder, y unos a otros?
- ¿Entienden los ejercicios y los completan de manera satisfactoria?
- ¿Hay un fuerte liderazgo?
- ¿Está el equipo y sus miembros sopesando sus decisiones a la luz de la guía del Espíritu Santo y los principios de la Escritura?

Obteniendo nuestro "Juego de herramientas de plantador de iglesias"
Además de la guía y los textos de la antología, hemos elaborado un "juego" de recursos para los plantadores de iglesias y sus equipos que ofrecen una amplia gama de herramientas esenciales que cada plantador de iglesias o equipo debe poseer en su preparación y comenzar su trabajo para plantar una iglesia en la comunidad que Dios les ha llamado. Si es posible, obtener el juego de herramientas y familiarizarse con estos materiales *antes* de participar en las sesiones incluidas en esta guía.

(Nota: En la tienda de TUMI [*www.tumistore.org*], hemos puesto un precio asequible a este juego [el juego incluye cada una de las siguientes opciones] ¡para que pueda obtener todos juntos, con un descuento)

- *Listos para la siega*. La guía de recursos fundamentales para la Escuela de plantación de iglesias urbanas *Evangel*
- *Plantando iglesias entre los pobres de la ciudad: Una antología de recursos de plantación de iglesias urbanas, Volúmenes I y II*. Una lista exhaustiva y esencial de los documentos, diagramas e ideas históricas de *World Impact* sobre los asuntos y oportunidades asociadas con la plantación de iglesias urbanas trans-culturales entre los urbanos pobres.
- *Jesús recortado de la imagen: Por qué se aburren los cristianos y cómo restaurarlos hacia una fe vibrante*. Un análisis perspicaz de

las razones detrás de la desaparición de la iglesia evangélica americana, y cómo arreglarlo.

- *Raíces Sagradas: Un tratado sobre la necesidad de recuperar la Gran Tradición.* Se trata de una introducción informativa al poder de la espiritualidad compartida de la iglesia antigua, y cómo un retorno a esas raíces puede transformar la iglesia contemporánea.

- *Pelea la buena batalla de la fe.* Una introducción clara, concisa y bíblica a las primeras verdades de la fe cristiana (y el currículo oficial de TUMI antes de Piedra Angular). Está diseñado especialmente para los nuevos cristianos y les ayuda a entender lo que la Biblia dice acerca de participar en la gran historia de Dios a través de nueve lecciones integradas del libro de Efesios.

- *La empresa heroica: Una parábola de administración de proyectos.* Un manual sobre cómo planificar, implementar y dirigir proyectos ministeriales importantes, usando lecciones extraídas de la expedición de Lewis y Clark para ayudarnos a trazar el camino.

- *Administración de proyectos para el ministerio.* Un libro de texto del curso de TUMI, este manual práctico explica las actividades específicas en el diseño, implementación, control y finalización de proyectos efectivos de ministerio – hecho a tiempo, dentro del presupuesto y según las especificaciones. Por favor visite *www.tumistore.org* para saber la disponibilidad en español.

- *Anuario de Raíces Sagradas de TUMI.* Una guía devocional temática anual que emplea el año cristiano y un tema anual para ayudar a los discípulos a caminar en la espiritualidad compartida como un cuerpo juntos. Por favor visite *www.tumistore.org* para saber la disponibilidad en español.

- *El calendario del año de la iglesia.* Una herramienta basada en el año cristiano para ayudar a los creyentes a caminar juntos durante todo el año enfocado en la vida y el ministerio de Cristo. Por favor visite *www.tumistore.org* para saber la disponibilidad en español.

- *La guía de la red SIAFU*: Una guía de un solo paso sobre cómo movilizar a hombres y mujeres en la iglesia local para la misión a su comunidad y el ministerio entre ellos.

- *La guía de reuniones capitulares de la red SIAFU*: Una guía práctica para mostrarle cómo organizar y conducir sus reuniones del capítulo de SIAFU para que sus miembros se sientan bienvenidos, refrescados y animados mientras adoran, testifican y se desafían en Cristo.

- *¡Levántese Dios!* El título más largo de este libro explica un poco más sobre su contenido: *Levántese Dios: Un llamado soberano a la* *oración predominante por un despertar espiritual dinámico y el avance agresivo del Reino en las ciudades interinas de norteamérica.* Este breve folleto explica las razones por las cuales cada iglesia urbana local necesita estar profundamente comprometida con la oración. Por favor visite *www.tumistore.org* para saber de la disponibilidad en español.

Además de los excelentes recursos de este kit, también recomendamos las siguientes herramientas que proporcionan una visión útil en su acercamiento a la comunidad, discipular a los fieles y capacitar a los líderes emergentes según Dios los surja:

- *Haciendo ruidos alegres: Dominando los fundamentos de la música.* Una cartilla sobre la teoría de la música y la conducción efectiva de la dirección de adoración. Por favor visite *www.tumistore.org* para saber de la disponibilidad en español.

- *Visión para la misión: Nutriendo un corazón apostólico*. Este curso de ocho sesiones describe el corazón de un plantador de iglesias visto a través de la lente de los hombres que "pusieron de cabeza al mundo". Es parte de la serie Fundamentos para el ministerio de TUMI y disponible a través de los satélites locales TUMI o en línea en *www.tumistore.org*. Por favor visite *www.tumistore.org* para saber de la disponibilidad en español.

- *Enfoque en la Reproducción, Módulo 12, Currículo Piedra Angular.* Este estudio de ocho sesiones sobre la plantación de iglesias urbanas es el módulo 12 de 16 en el *Currículo Piedra Angular* de TUMI. Los otros tres módulos en la serie de misión urbana del *Currículo Piedra Angular* también proporcionan recursos vitales para plantadores de iglesias urbanas (por ejemplo, entrenamiento en guerra espiritual, evangelización, misión a los pobres, teología de la ciudad, ministerios de misericordia, etc.) y están disponibles a través de los satélites locales de TUMI o en línea en *www.tumistore.org*.

- *Ganando el mundo: Facilitando movimientos de plantación de iglesias urbanas.* Este estudio de ocho sesiones sobre movimientos de plantación de iglesias es parte de la *Serie de fundamentos para el ministerio* de TUMI. Proporciona un panorama general importante de lo que el Espíritu Santo está haciendo en todo el mundo a través de los movimientos de plantación de iglesias. Anima a los plantadores de iglesias y a los plantadores de iglesias a hacer un cambio de paradigma, desde centrarse en plantación de iglesias individuales hasta movimientos de plantación de iglesias. Este curso está disponible a través de los satélites locales de TUMI y en *www.tumistore.org* y en *www.biblicaltraining.org*. Por favor visite *www.tumistore.org* para saber de la disponibilidad en español.

- *Asuntos de la Iglesia: Recuperando la Gran Tradición*. Este estudio de ocho sesiones forma parte de la *Serie de fundamentos para el ministerio* de TUMI. Proporciona una visión general de la historia de la Iglesia y de su Gran Tradición, que es un contexto esencial para cualquier plantador de iglesias que no esté familiarizado con la "Historia de la familia" de la Iglesia. Este curso está disponible a través de los satélites locales de TUMI y en *www.tumistore.org*. Por favor visite *www.tumistore.org* para saber de la disponibilidad en español.

- *Marcando el tiempo: Formando espiritualidad a través del Año Cristiano*. Este estudio de ocho sesiones forma parte de la *Serie de fundamentos para el ministerio* de TUMI. Proporciona una estrategia para el discipulado y espiritualidad compartida en la iglesia usando el año cristiano. Para los plantadores de iglesias que nunca han considerado su teología del tiempo, este curso es absolutamente esencial. Introduce un sistema simple y reproducible para el discipulado, la predicación y la formación espiritual obtenidos del ejemplo de la iglesia primitiva – una iglesia compuesta principalmente por los pobres urbanos. Este curso está disponible a través de los satélites locales TUMI y en *www.tumistore.org*. Por favor visite *www.tumistore.org* para saber de la disponibilidad en español.

- *Multiplicando obreros para la cosecha urbana: Cambiando el paradigma para la educación de liderazgo de servicio*. Cada plantador de iglesias debe descubrir cómo desarrollar nuevos líderes y The Urban Ministry Institute (TUMI) fue fundado en 1995 para ayudar a los plantadores de iglesias con esta tarea. Multiplicando obreros es un libro que establece un sistema para que cada iglesia local o red de iglesias locales pueda proporcionar excelente formación teológica para los líderes en su propio contexto ministerial. En el 2015, más de doscientas iglesias urbanas y ministerios urbanos han lanzado campos satelitales para capacitar a sus líderes. Este libro está disponible en www.tumistore.org.

Suministros para el viaje: *www.tumi.org*

Entre otras cosas, *The Urban Ministry Institute* (TUMI) diseña y produce recursos para la misión urbana, específicamente para la plantación y la multiplicación de iglesias, y la capacitación de movimientos de iglesia, especialmente entre los pobres. Por ejemplo, además del folleto, *¡Levántese Dios!*, se encuentra en nuestro sitio una gran cantidad de recursos para ayudar a sentar las bases de la plantación de la iglesia en oración a través de la colección más grande de ¡Levántese Dios! Recursos de oración. Hay una constelación de recursos disponibles para la evangelización, el equipamiento, y la autonomía (véase especialmente el *Master the Bible System* [Sistema Domina la Biblia] y los Recursos de SIAFU).

Tal vez el recurso más importante disponible para su nueva plantación de la iglesia es el plan de estudios de dieciséis módulos *Capstone* [Piedra Angular]. Los dieciséis módulos proporcionan formación a nivel de seminario de calidad para sus miembros del equipo plantador de la iglesia y líderes emergentes. Una iglesia en el área de Los Ángeles ha capacitado a más de un centenar de líderes y ha plantado veinte iglesias en cinco países usando el programa *Capstone* [Piedra Angular] como su herramienta principal para el desarrollo de liderazgo. Si su plantación de la iglesia está interesada en lanzar su propio centro de formación es posible que desee considerar la posibilidad de lanzar un satélite de TUMI en su iglesia en algún momento en el proceso de la plantación. En resumen, asegúrese de navegar por nuestro sitio y familiarizarse con los muchos recursos útiles para la plantación de iglesias y la vida de la iglesia en www.tumi.org/churchplanting.

Hemos registrado los vídeos para cada Sesión Seminario, los cuales están disponibles, ya sea para su visualización o descarga en la siguiente página en la red www.tumi.org/churchplanting. Nuestra intención es hacer que estos materiales de plantación de iglesias estén a disposición del público lo más amplio posible, proveer a los individuos, las denominaciones, iglesias locales, asociaciones de iglesias urbanas (AIU), organizaciones y grupos de misiones con la calidad, materiales transparentes que puedan equipar a una nueva generación de fundadores de iglesias que puedan levantar puestos de avanzada en las comunidades más peligrosas y menos habilitadas en los Estados Unidos y en todo el mundo. Suponemos que su interés en esta guía y su antología revela compartir esta pasión, este ADN de plantación de iglesias y visión.

Una visión para nuestro tiempo
Por favor, sepa, que nuestro fin singular es encontrar la manera de equipar, animar, y proveer recursos a todos los que podamos con el tipo de formación y herramientas que hacen que la plantación de iglesias entre los pobres un ministerio constante y efectivo en los próximos años. Siempre estamos abiertos a sus comentarios y sugerencias, así que por favor, no dude en ponerse en contacto con nosotros – si desea asociarse o enlazar brazos con nosotros mientras nos esforzamos por levantar puestos de avanzada del Reino en las comunidades más necesitadas de la tierra.

Inmediatamente después de su encuentro con la samaritana, ella corrió a la ciudad y dijo a la gente que había encontrado a un hombre que le había dicho todo lo que había hecho. Sin duda, dijo, ¡este debe ser el Cristo! Mientras tanto, los discípulos regresaron de su misión para conseguir comida, y le instaron a comer. Jesús les dijo que su comida era hacer la voluntad de Dios y que acabara su obra. Entonces él respondió: ¿No decís vosotros: "Todavía faltan cuatro meses, y después viene la siega"? He aquí, yo os digo: Alzad vuestros ojos y ved los campos que ya están blancos para la siega. (Juan 4:35 LBLA). El nombre de esta guía se deriva de esta declaración de nuestro Señor. Hemos levantado los ojos en los no alcanzados pobres de las ciudades, y saber que los campos están totalmente maduros, listos para la cosecha. Es en el espíritu de esta disposición que escribimos este volumen, escrito para los que ven los campos maduros y están listos para plantar iglesias saludables entre los pobres de las ciudades del mundo.

Recuerde lo que dijo el Señor de los millones que mueren, una palabra que todavía le queda a los pobres urbanos de hoy:

> Mateo 9:35-38 (LBLA) – Y Jesús recorría todas las ciudades y aldeas, enseñando en las sinagogas de ellos, proclamando el evangelio del reino y sanando toda enfermedad y toda dolencia. Y viendo las multitudes, tuvo compasión de ellas, porque estaban angustiadas y abatidas como ovejas que no tienen pastor. Entonces dijo a sus discípulos: La mies es mucha, pero los obreros pocos. Por tanto, rogad al Señor de la mies que envíe obreros a su mies.

Que el Señor envíe obreros a su mies, entre los pueblos pobres urbanos de este mundo, y que su Reino avance entre ellos, para la gloria de Dios. Estamos convencidos de que Dios nos va a sorprender, mientras trabaja en su nombre, en lugares que aún tienen que experimentar su gracia salvadora y amor.

Rev. Don Allsman, Los Ángeles, CA

Rev. Dr. Hank Voss, Los Ángeles, CA

Rev. Dr. Don L. Davis, Wichita, KS

Introducción
Raíces sagradas, plantación de iglesias, y la Gran Tradición

Raíces sagradas, plantación de iglesias, y la Gran Tradición

Este ensayo fue titulado anteriormente "En el futuro, mirando hacia atrás: Hacia una recuperación evangélica de la Gran Tradición" por Don L. Davis (Wichita: TUMI Press, 2008). Estamos insertando aquí como una buena introducción a esta guía, ya que explica de forma concisa la importancia fundamental de volver a descubrir las raíces de nuestra fe en nuestra teología, adoración, discipulado y misión. Estamos convencidos de que hay que situar nuestra actividad de evangelización, discipulado, plantación de iglesias, y la misión en el contexto de lo que la Iglesia ha hecho y cree – siempre, en todas partes y por todos nosotros. Como plantadores de iglesias debemos redescubrir la fe apostólica, contextualizarla entre determinados grupos de personas, y luego entrenarlos para expresar culturalmente esa fe de una manera que defiende, extiende, y encarna la única y verdadera fe que la Iglesia siempre ha sostenido. Para aquellos de nosotros que anhelan ver las Buenas Nuevas cobrar vida en los lugares donde Jesús nunca se ha conocido (es decir, pobres urbanos del mundo), este mensaje es esencial para recordar – y volver a aprender. A medida que avanzamos a través de las etapas de plantación de iglesias entre los pobres de la ciudad, hay que estar al tanto de estos puntos de vista, y tratar de implementarlas en todas las facetas de nuestro alcance y potenciación.

El redescubrimiento de la "Gran Tradición"

En un librito maravilloso, Ola Tjorhom,[1] describe la Gran Tradición de la Iglesia (algunas veces llamada la "tradición cristiana clásica") como "vívida, orgánica y dinámica".[2] La Gran Tradición representa esa fe cristiana y práctica, evangélica, apostólica, y católica que entró en gran medida a buen término en los años 100-500 AD.[3] Su rico legado y tesoros representan la confesión de lo que la Iglesia siempre ha creído, la adoración antigua, una iglesia indivisible que celebra y se materializa, y la misión que la abrazó y se comprometió.

Mientras que la Gran Tradición no puede ni sustituye la Tradición Apostólica (es decir, la fuente autorizada de toda la fe cristiana, las Escrituras), ni debe opacar la presencia viva de Cristo en la Iglesia por medio del Espíritu Santo, sigue siendo autorizada y revitalizante para el pueblo de Dios. Tiene y puede proporcionar al pueblo de Dios a través del tiempo con la sustancia de su confesión y fe. La Gran Tradición ha sido acogida y afirmada como autorizada por católicos, ortodoxos, anglicanos y teólogos protestantes, los antiguos y modernos, ya que ha producido los documentos seminales, las doctrinas, las confesiones, y las prácticas de la Iglesia (por ejemplo, el canon de las Escrituras, las doctrinas de la Trinidad, la deidad de Cristo, etc.).

Muchos eruditos evangélicos hoy en día creen que el camino a seguir para la fe dinámica y renovación espiritual implicará mirando hacia atrás, no con anhelos sentimentales para los "buenos viejos tiempos" de una prístina, un Iglesia primitiva libre de problemas, o un intento ingenuo e incluso inútil de imitar su heroica jornada de fe. Por el contrario, con una mirada crítica a la historia, con espíritu devoto de respeto por la Iglesia antigua, y un profundo compromiso con la Escritura, debemos redescubrir a través de la Gran Tradición las semillas de una fe nueva y auténtica, y con poder. Podemos ser transformados al consultar y estamos informados por las creencias y prácticas de la Iglesia antes de las divisiones horribles y fragmentaciones de la historia de la Iglesia.

Pues bien, si hacemos creer que deberíamos al menos mirar de nuevo a la Iglesia primitiva y su vida, o mejor aún, estar convencidos, incluso de recuperar la Gran Tradición en aras de la renovación de la Iglesia, ¿qué es exactamente lo que esperábamos que retorne? ¿Tenemos que aceptar sin crítica todo lo que la antigua Iglesia dijo e hizo como "evangelio", para ser sinceros, simplemente porque está más cerca de los increíbles acontecimientos de Jesús de Nazaret en el mundo? ¿Está al "día" en y por sí misma?

No. Nosotros no aceptamos todas las cosas de manera acrítica, ni creemos que lo antiguo, de por sí, es realmente bueno. La verdad para nosotros es más que ideas o reclamaciones antiguas; para nosotros, la verdad se encarna en la persona de Jesús de Nazaret, y las Escrituras dan reivindicación autorizada y final para el significado de su revelación y salvación en la historia. No podemos aceptar las cosas simplemente porque se reportan haber sido hechas en el pasado, o iniciado en el pasado. Sorprendentemente, la Gran Tradición en sí argumenta para nosotros ser crítica, para contender por la fe una vez dada a los santos (Judas 3), para abrazar y celebrar la tradición recibida de los Apóstoles, arraigada e interpretada por las Santas Escrituras mismas, y expresada en la confesión y la práctica cristiana.

Las dimensiones principales de la Gran Tradición

Mientras Tjorhom, ofrece su propia lista de diez elementos del contenido teológico de la Gran Tradición que él cree que es digno de reinterpretación y sentido,[4] creo que hay siete dimensiones que, desde el punto de vista bíblico y espiritual, nos permiten entender lo que la Iglesia primitiva creía, la forma en que adoraban y vivían, y las formas en las que defendían su fe viva en Jesucristo. A través de su lealtad a los documentos, confesiones, y prácticas de este período, la antigua Iglesia ha dado testimonio de la promesa de salvación de Dios en medio de una generación maligna y pagana. El núcleo de nuestra fe y práctica actual se desarrolló en esta época, y merece una segunda mirada (y vigésima segunda).

La adaptación, disociación de datos, y extensión de las nociones de la Gran Tradición de Tjorhom, enumero aquí lo que considero, como punto de partida, una simple enumeración de las dimensiones críticas que merecen toda nuestra atención indivisible y recuperación de todo corazón.

La Tradición Apostólica. La Gran Tradición está enraizada en la tradición apostólica, es decir, el testimonio de los testigos de los apóstoles y la experiencia de primera mano de Jesús de Nazaret, su testimonio autorizado de su vida y obra relatada en las Sagradas Escrituras, el canon de nuestra Biblia hoy. La Iglesia es apostólica, construida sobre la base de los profetas y los apóstoles, con Cristo mismo siendo la piedra angular. Las Escrituras mismas representan la fuente de nuestra interpretación acerca del Reino de Dios, esa historia de amor redentor de Dios encarnado en la promesa a Abraham y los patriarcas, de los pactos y experiencia de Israel, y que culmina en la revelación de Dios en Cristo Jesús, tal como se predijo en los profetas y explicada en el testimonio apostólico.

Los concilios ecuménicos y credos, especialmente el Credo de Nicea. La Gran Tradición declara la verdad y establece los límites de la fe ortodoxa histórica como se define y se afirma en los credos ecuménicos de la Iglesia antigua y sin divisiones, con especial énfasis en el Credo de Nicea. Se tomaron sus declaraciones al ser una interpretación precisa y comentario de las enseñanzas de los apóstoles en la Escritura. Aunque no es la fuente de la propia fe, la confesión de los concilios ecuménicos y credos representa la esencia de sus enseñanzas,[5] especialmente los de antes del siglo V (donde prácticamente todas las doctrinas elementales acerca de Dios, de Cristo y la salvación se articulan y se abrazaron).[6]

La antigua regla de la fe. La Gran Tradición abrazó el fondo de este núcleo de la fe cristiana en una regla, es decir, una regla estándar antigua de la fe, que se considera que es el criterio por el que se cobran y se proponen con respecto al análisis de la interpretación de la fe bíblica. Esta regla, cuando se aplica con respeto y rigor, puede permitir claramente que definamos el núcleo de la confesión cristiana de la Iglesia antigua y no dividida claramente expresado en la instrucción y el dicho de Vicente de Lerins: "lo que siempre se ha creído, en todas partes y por todos".[7]

La visión del mundo de *Christus Victor*. La Gran Tradición celebra y afirma Jesús de Nazaret como el Cristo, el Mesías prometido de las escrituras Hebreas, el Señor resucitado y exaltado, y cabeza de la Iglesia. En Jesús de Nazaret solo, Dios ha reafirmado su reinado sobre el universo, después de haber destruido la muerte con su muerte, conquistando a los enemigos de Dios a través de su encarnación, muerte, resurrección y ascensión, y rescate de la humanidad de su pena debido a su transgresión de la Ley. Ahora resucitado de entre los muertos, ascendido y exaltado a la diestra de Dios, ha enviado el Espíritu Santo al mundo para capacitar a la Iglesia en su vida y testimonio. La Iglesia se ha de considerar como el pueblo de la victoria de Cristo. A su regreso, se va a consumar su obra como Señor. Esta visión del mundo se expresa en la Iglesia antigua confesión, predicación, adoración y testimonio. Hoy en día, a través de su liturgia y práctica del Año de la Iglesia, la Iglesia reconoce, celebra, encarna y proclama esta victoria de Cristo: la destrucción del pecado y del mal y la restauración de toda la creación.

La centralidad de la Iglesia. La Gran Tradición confesó con confianza la Iglesia como pueblo de Dios. La fiel asamblea de creyentes, bajo la autoridad del Pastor Cristo Jesús, es ahora el lugar y agente del Reino de Dios en la tierra. En su adoración, compañerismo, enseñanza, servicio y testimonio, Cristo sigue viviendo y moviéndose. La Gran Tradición insiste en que la Iglesia, bajo la autoridad de sus sub-pastores y la totalidad del sacerdocio de los creyentes, es visiblemente la morada de Dios en el Espíritu en el mundo actual. Con Cristo mismo siendo la piedra angular principal, la Iglesia es la familia de Dios, el cuerpo de Cristo y el templo del Espíritu Santo. Todos los creyentes, vivos, muertos y aún no nacidos, constituyen la comunidad única, santa, católica (universal) y apostólica. Reuniéndose regularmente en la asamblea creyente, los miembros de la Iglesia se reúnen localmente para adorar a Dios a través de la Palabra y el sacramento, y para dar testimonio en sus buenas obras y proclamación del Evangelio. Incorporando nuevos creyentes a la Iglesia a través del bautismo, la Iglesia encarna la vida del Reino en su comunión y demuestra en palabra y acción la realidad del Reino de Dios a través de su vida juntos y servicio al mundo.

La unidad de la fe. La Gran Tradición afirma inequívocamente la catolicidad de la Iglesia de Jesucristo, en cuanto se refiere a mantener la comunión y la continuidad con el culto y la teología de la Iglesia a lo largo de los siglos (Iglesia universal). Puesto que ha habido y sólo puede haber una esperanza, un llamado, y fe, la Gran Tradición luchó y se esforzó por la unidad en la palabra, en la doctrina, en la adoración, en la caridad.

El mandato evangélico del Cristo resucitado. La Gran Tradición afirma el mandato apostólico de dar a conocer a las naciones la victoria de Dios en Jesucristo, proclamando la salvación por gracia mediante la fe en su nombre e invitando a todos los pueblos al arrepentimiento y a la fe para entrar en el Reino de Dios. A través de actos de justicia e integridad, la Iglesia muestra la vida del Reino en el mundo de hoy, y por medio de su predicación y vida proporciona un testimonio y una señal del Reino presente en y por el mundo (*sacramentum mundi*), y como pilar de la verdad. Como evidencia del Reino de Dios y guardianes de la Palabra de Dios, la Iglesia se encarga de definir claramente y defender la fe una vez por todas entregada a la Iglesia por los apóstoles.

Conclusión: Buscando nuestro futuro mirando hacia atrás

En un tiempo en que tantos se confunden por el caos ruidoso de tantos que dicen hablar por Dios, es hora de redescubrir las raíces de nuestra fe, volver al principio de la confesión y práctica cristiana y ver, si de hecho, podemos recuperar nuestra identidad en el torrente de la adoración a Cristo y el discipulado que cambió el mundo. A mi juicio, esto puede hacerse a través de una apropiación crítica y evangélica de la Gran Tradición, esa creencia y práctica central que es la fuente de todas nuestras tradiciones, ya sean católicas, ortodoxas, anglicanas o protestantes.

Por supuesto, las tradiciones específicas seguirán tratando de expresar y vivir su compromiso con la Tradición Autorizada (es decir, las Escrituras) y la Gran Tradición a través de su adoración, enseñanza y servicio. Nuestras diversas tradiciones cristianas, cuando están enraizadas y expresadas desde la enseñanza de la Escritura y dirigidas por el Espíritu Santo, seguirán haciendo que el Evangelio sea claro dentro de nuevas culturas o subculturas, hablando y modelando la esperanza de Cristo en nuevas situaciones formadas por su propio conjunto de preguntas planteadas a la luz de sus propias circunstancias únicas. Nuestras tradiciones son esencialmente movimientos de contextualización, es decir, son intentos de hacer clara dentro de los grupos de personas la Tradición Autorizada de una manera que les lleva fiel y efectivamente a la fe en Jesucristo.

Debemos, por lo tanto, encontrar formas de enriquecer nuestras tradiciones contemporáneas, reconectando e integrando nuestras confesiones y prácticas contemporáneas con la Gran Tradición. No olvidemos nunca que el cristianismo, en su esencia, es un testigo fiel de los actos salvíficos de Dios en la historia. Como tal, seremos siempre un pueblo que busca encontrar nuestro futuro mirando hacia atrás a través del tiempo en esos momentos de revelación y acción donde la Regla de Dios se hizo evidente a través de la encarnación, la pasión, la resurrección, la ascensión y la próxima venida de Cristo. Recordemos, celebremos, actuemos, aprendamos de nuevo y proclamemos apasionadamente lo que los creyentes han confesado desde la mañana de la tumba vacía: la historia salvífica de la promesa de Dios en Jesús de Nazaret de redimir y salvar a un pueblo para sí mismo.

Notas al final del capítulo

1   Ola Tjorhom, *Visible Church–Visible Unity: Ecumenical Ecclesiology and "The Great Tradition of the Church."* [Eclesiología Ecuménica y "La Gran Tradición de la Iglesia"] Collegeville, Minnesota: Liturgical Press, 2004. Robert Webber definió la Gran Tradición de esta manera: "[Es] el esquema general de la creencia y la práctica

cristiana desarrollada a partir de las Escrituras entre el tiempo de Cristo y la mitad del siglo V." Robert E. Webber, *The Majestic Tapestry* [El tapiz mágico]. Nashville: Thomas Nelson Publishers, 1986, pág. 10.

2   Ibid., pág. 35.

3   El núcleo de la Gran Tradición se centra en las formulaciones, confesiones y prácticas de los primeros cinco siglos de vida y obra de la Iglesia. Thomas Oden, a mi juicio, afirma con razón que ". . . . La mayor parte de lo que es valioso en la exégesis bíblica contemporánea se descubrió en el siglo V "(véase Thomas C. Oden, *The Word of Life* [La palbra de vida]. San Francisco: HarperSanFrancisco, 1989, pág. xi.).

4   Ibid., págs. 27-29. Los diez elementos de Tjorhom se argumentan en el contexto de su trabajo donde él también aboga por los elementos estructurales y las implicaciones ecuménicas de recuperar la Gran Tradición. Estoy totalmente de acuerdo con el argumento general de su argumento, que, como mi propia creencia, afirma que el interés y el estudio de la Gran Tradición pueden renovar y enriquecer a la Iglesia contemporánea en su adoración, servicio y misión.

5   Estoy en deuda con el fallecido Dr. Robert E. Webber por esta útil distinción entre la fuente y la sustancia de la fe e interpretación cristianas.

6   Mientras que los siete concilios ecuménicos (junto con otros) son afirmados tanto por las comuniones católicas y ortodoxas como vinculantes, son los primeros cuatro Concilios los que deben ser considerados las confesiones críticas, más esenciales de la Iglesia antigua e indivisa. Su servidor y otros defendemos esto en gran parte porque los cuatro primeros articulan y establecen de una vez por todas lo que debe considerar nuestra fe ortodoxa en las doctrinas de la Trinidad y la Encarnación (véase Philip Schaff, *The Creeds of Christendom* [Los credos de la cristiandad], v. 1. Grand Rapids: Baker Book House, 1996, pág. 44). Del mismo modo, incluso los reformadores magistrales abrazaron la enseñanza de la Gran Tradición, y sostuvieron sus confesiones más significativas como autoritativas. Correspondientemente, Calvino podría argumentar en sus propias interpretaciones teológicas que "Así los consejos llegarían a tener la majestad debida; sin embargo, mientras tanto la Escritura se destacaría en el lugar más alto, con todo tema a su estándar. De esta manera, abrazamos y reverenciamos con santidad los primeros concilios, como los de Nicea, Constantinopla, el primero de Éfeso I, Calcedonia y otros similares, que se referían a refutar errores, en la medida en que se refieren a la enseñanzas de fe. Porque no contienen otra cosa que la pura y auténtica exposición de la Escritura, que los santos Padres aplicaron con prudencia espiritual para aplastar a los enemigos de la religión que había surgido entonces" (véase Juan Calvino, *Institutes of the Christian Religion* [Institución de la Religión Cristiana], IV, ix. 8. John T. McNeill, ed. Ford Lewis Battles, trans. Philadelphia: Westminster Press, 1960, págs. 1171-72).

7   Esta regla, que ha merecido un merecido favor a través de los años como un criterio teológico sólido para la auténtica verdad cristiana, teje tres cuerdas de evaluación crítica para determinar lo que puede ser contado como ortodoxo o no en la enseñanza de la Iglesia. San Vicente de Lerins, comentarista teológico que murió antes del año 450 de nuestra era, fue el autor de lo que ha llegado a llamarse el "canon vicenciano", una triple prueba de catolicidad: *quod ubique, quod sempre, quod ab omnibus creditum est* lo que se ha creído en todas partes, siempre y por todos). Por esta triple prueba de la ecumenicidad, la antigüedad y el consentimiento, la iglesia puede discernir entre las tradiciones verdaderas y las falsas". (Thomas C. Oden, *Classical Pastoral Care* [Cuidados pastorales clásicos], vol. 4. Grand Rapids: Baker Books, 1987, pág. 243).

Sesión 1
Viendo el panorama general

- Juntándolo todo
- **T**ransicionar: *Liberar la Iglesia*
- **N**utrir: *Madurar la iglesia*
- **A**grupar: *Establecer la Iglesia*
- **L**anzar: *Expandir la Iglesia*
- **P**reparar: *Ser la Iglesia*

Viendo el panorama general

Sesión 1
Viendo el panorama general

Adoración y devocional
El poder de la alabanza

El poder de la alabanza
Dr. Don Davis • www.tumi.org/churchresources

> **¿Cuál es la relación entre la teología y la música?**
>
> Siempre ha habido una estrecha asociación entre la teología y la música. Un drama teológico, como la liturgia de Ginebra de Calvino, sería estéril sin los ajustes musicales de los salmos proporcionados por Louis Bourgeois. Una expresión social de fe tal como el movimiento de los derechos civiles de los años 60 habría disminuido grandemente sin el himno *"We Shall Overcome"* ["Venceremos"]. Los esfuerzos teológicos de Karl Barth, culminando en doce volúmenes masivos de dogmas de la iglesia, tendrían, por su propio testimonio, que haber estado áridos si no hubieran empezado cada día escuchando a Mozart mientras se afeitaba. Ninguna declaración teológica de la inefabilidad divina puede comenzar a compararse con la maravilla y el misterio comunicados en los últimos cuartos de cuerdas de Beethoven, particularmente la Cavatina en el Opus 130 y la fuga inicial en el Opus 131. Si queremos entrar en el espíritu de la fe medieval, Mejor no sólo leer la Summa de 24 volúmenes de Santo Tomás sino también escuchar (o, mejor aún, cantar nosotros mismos) el "Cántico del Sol" de San Francisco.
>
> ~ Robert McAfee Brown. *Theology in a New Key*. (Teología en una nueva clave). Como se cita en *Alive Now*, Jul/Ago 1987.

Experimentando el poder de la alabanza

I. **Siete razones convincentes por las que los plantadores de iglesias urbanas deben elogiar su prioridad central**

   A. *Razón uno: El universo entero, animado e inanimado, fue creado para dar al infinitamente hermoso y glorioso Dios trino una alabanza triunfante, incesante y masiva.*

   1. Sal 145:10 (RVR1995) – ¡Te alaben, Jehová, todas tus obras, y tus santos te bendigan.

   2. Apo. 4:8 (RVR1995) – Los cuatro seres vivientes tenían cada uno seis alas, y alrededor y por dentro estaban llenos de ojos, y día y noche, sin cesar, decían: «¡Santo, santo, santo es el Señor Dios Todopoderoso, el que era, el que es y el que ha de venir!»

Apo. 19:6 (RVR1995) – Y oí como la voz de una gran multitud, como el estruendo de muchas aguas y como la voz de grandes truenos, que decía: «¡Aleluya!, porque el Señor, nuestro Dios Todopoderoso, reina.»

3. Sal. 150:1 (LBLA) – Todo lo que respira alabe al Señor. ¡Aleluya!

B. *Razón dos: La alabanza es la función más elevada de los ángeles y los seres humanos.*

1. Isa. 6:1-3 – En el año que murió el rey Uzías vi yo al Señor sentado sobre un trono alto y sublime, y sus faldas llenaban el templo. Por encima de él había serafines; cada uno tenía seis alas; con dos cubrían sus rostros, con dos cubrían sus pies, y con dos volaban. Y el uno al otro daba voces, diciendo: Santo, santo, santo, Jehová de los ejércitos; toda la tierra está llena de su gloria.

2. Sal. 34:1-3 (RVR1995) – Bendeciré a Jehová en todo tiempo; su alabanza estará de continuo en mi boca. En Jehová se gloriará mi alma; lo oirán los mansos y se alegrarán. Engrandeced a Jehová conmigo y exaltemos a una su nombre.

La aproximación cada vez mayor al carácter infinitamente encantador de Dios es el objetivo más sublime de toda la creación. Este es el *summum bonum*, el mayor bien, la alegría suprema, el deleite más exquisito, el arrebato supremo y el transporte más gratificante del espíritu humano. Así como el antagonismo, la hostilidad y la maldición contra Dios ejerce y fortalece todo lo más abominable, diabólico y básico en el espíritu humano, así la adoración y la alabanza del Dios infinitamente hermoso ejercen, refuerzan y fortalecen lo más sublime y trascendente, y divino en el ser interior.

~ Paul Billheimer. *Destined for the Throne*. (Destinado para el Trono). pág. 117.

> **Usted fue creado, diseñado, construído para la alabanza a Dios – ¡no se pierda usted mismo!**
>
> Luigi Tarisio fue encontrado muerto una mañana con escaso consuelo en su casa, pero con 246 exquisitos violines, que había estado recogiendo toda su vida, se amontonaron en un ático. En su devoción al violín, robó al mundo de la música maravillosa todo el tiempo que atesoraba sus instrumentos de tal manera que los mantenía a salvo en su ático. Había recogido algunos violines que otros antes de él habían "guardado a salvo" en el almacenamiento como él lo hizo. Por lo tanto, el mayor violín de su colección, un Stradivarius, había permanecido en silencio durante 147 años. ¿Se puede imaginar? Los instrumentos diseñados para la música hermosa se habían mantenido en silencio.
>
> ~ Del estrecho de C. Neil Strait en la *Sunshine Magazine*, agosto de 1973.

C. *Razón tres: La alabanza afirma la verdad de la persona de Dios.*

Sal. 95:1-7 – Venid, aclamemos alegremente a Jehová; Cantemos con júbilo a la roca de nuestra salvación. Lleguemos ante su presencia con alabanza; Aclamémosle con cánticos. Porque Jehová es Dios grande, Y Rey grande sobre todos los dioses. Porque en su mano están las profundidades de la tierra, Y las alturas de los montes son suyas. Suyo también el mar, pues él lo hizo; Y sus manos formaron la tierra seca. Venid, adoremos y postrémonos; Arrodillémonos delante de Jehová nuestro Hacedor. Porque él es nuestro Dios; Nosotros el pueblo de su prado, y ovejas de su mano.

D. *Razón cuatro: La alabanza se descentraliza*

David – Salmo 27

Sal. 115:1-3 (RVR1995) – No a nosotros, Jehová, no a nosotros, sino a tu nombre da gloria, por tu misericordia, por tu verdad. ¿Por qué han de decir las gentes: «¿Dónde está ahora su Dios?»? ¡Nuestro Dios está en los cielos; todo lo que quiso ha hecho.

Contexto
Valores/Visión
Preparar
Lanzar
Agrupar
Nutrir
Transicionar
Horario/Cartilla

> **¿Qué es tener voz y no usarla para gritar?**
>
> En la pascua justo antes de morir, D. William Sangster imprimió dolorosamente una nota corta a su hija. Un metodista profundamente espiritual, había estado encabezando un movimiento de renovación en las Islas Británicas después de la Segunda Guerra Mundial. Entonces su ministerio, a excepción de la oración, fue terminado por una enfermedad que paralizó progresivamente su cuerpo, incluso sus cuerdas vocales. Pero el último domingo de resurrección que pasó en la tierra, todavía capaz de mover los dedos, escribió: "¡Qué terrible es despertar en la pascua y no tener voz para gritar", ¡Ha resucitado! "Peor, tener voz y no querer gritar".

E. *Razón cinco: Satanás teme y es alérgico a la alabanza.*

2 Cró. 20:20-22 (Josafat y la federación impía) (RVR1995) – Cuando se levantaron por la mañana, salieron al desierto de Tecoa. Mientras ellos salían, Josafat, puesto en pie, dijo: «Oídme, Judá y habitantes de Jerusalén. Creed en Jehová, vuestro Dios y estaréis seguros; creed a sus profetas y seréis prosperados.» Después de consultar con el pueblo, puso a algunos que, vestidos de ornamentos sagrados, cantarán y alabarán a Jehová mientras salía la gente armada, y que dijeran: «Glorificad a Jehová, porque su misericordia es para siempre.» Cuando comenzaron a entonar cantos de alabanza, Jehová puso emboscadas contra los hijos de Amón, de Moab y de los montes de Seir que venían contra Judá, y se mataron los unos a los otros.

1. Los demonios son alérgicos a la presencia de Dios (ver Marcos 1:23-24) – Pero había en la sinagoga de ellos un hombre con espíritu inmundo, que dio voces, diciendo: ¡Ah! ¿qué tienes con nosotros, Jesús nazareno? ¿Has venido para destruirnos? Sé quién eres, el Santo de Dios.

2. La afinidad mutua con la alabanza y la presencia de Dios

F. *Razón seis: La alabanza dice un cordial "amén" a toda la obra y actuación de Dios en el mundo; la alabanza afirma la voluntad soberana de Dios en medio de situaciones difíciles*

Hab. 3:17-19 – Aunque la higuera no florezca, Ni en las vides haya frutos, Aunque falte el producto del olivo, Y los labrados no den mantenimiento, Y las ovejas sean quitadas de la majada, Y no haya vacas en los corrales; Con todo, yo me alegraré en Jehová, Y me gozaré en el Dios de mi salvación. Jehová el Señor es mi fortaleza, El cual hace mis pies como de ciervas, Y en mis alturas me hace andar.

G. *Razón siete: La alabanza le obliga a alinear sus palabras y pensamientos con la verdad de Dios y las acciones: es una manera maravillosa de controlar la lengua*

2 Cor. 4:13 (RVR1995) - Pero teniendo el mismo espíritu de fe, conforme a lo que está escrito: «Creí, por lo cual hablé», nosotros también creemos, por lo cual también hablamos.

De todas las palabras que diga, ¿qué clase de palabras cree que Dios oye más?

Un hombre se sentó a cenar con su familia, dando gracias, agradeciendo a Dios por la comida, por las manos que la preparaban y por la fuente de toda la vida. Pero durante la comida se quejó de la frescura del pan, la amargura del café y la aspereza del queso. Su hija le preguntó: "Papá, ¿crees que Dios nos oyó decir gracias hoy?" Él respondió con confianza: "Por supuesto, cariño." Entonces ella preguntó: "¿Y crees que Dios oyó lo que dijiste sobre el café, el queso y el pan también? -No tan confiado, respondió: -Pues sí, cariño, creo que también lo ha oído. La niña concluyó: Entonces, ¿qué palabras crees que Dios oyó más, ¿Papi?"

II. **Dar alabanza que es poderosa**

A. *Nunca se confunda acerca de la razón de su existencia. La alabanza es para Él y no para usted*, Sal. 115:1-3 – No a nosotros, oh Jehová, no a nosotros, Sino a tu nombre da gloria, Por tu misericordia, por tu verdad. ¿Por qué han de decir las gentes: ¿Dónde está ahora su Dios? Nuestro Dios está en los cielos; Todo lo que quiso ha hecho.

Contexto Valores/Visión
Preparar
Lanzar
Agrupar
Nutrir
Transicionar
Horario/Cartilla

> A Corrie ten Boom se le preguntó una vez si le resultaba difícil mantenerse humilde. Su respuesta fue simple. "Cuando Jesús entró a Jerusalén el Domingo de Ramos en la espalda de un burro, y todos agitaban ramas de palma y tirando prendas en el camino, y cantando alabanzas, ¿crees que por un momento entró en la cabeza de ese burro que todo eso era para él? "Ella continuó:" Si puedo ser el burro en el que Jesucristo cabalga en su gloria, le doy toda la alabanza y todo el honor".

B. *Elogie un modo continuo de vida*, Heb. 13:15 (RVR1995) – Así que, ofrezcamos siempre a Dios, por medio de él, sacrificio de alabanza, es decir, fruto de labios que confiesan su nombre.

> C.S. Lewis sobre la alabanza: "La alabanza es una respuesta natural y necesaria para disfrutar plenamente del objeto que es alabado. Por ejemplo, al ver un partido de fútbol en la televisión, es una respuesta natural para alabar un juego tremendo. Para gritar ¡GUAU! Después de una captura acrobática en la zona final no sólo es natural, pero necesario para disfrutar plenamente el juego espectacular. Si no cree que es necesario, la próxima vez que vea un partido de fútbol trate de no expresarse en lo absoluto. Usted encontrará rápidamente que no disfruta de la acción casi tanto como lo hace cuando tiene la libertad de expresarse en alabanza y emoción. [998]. . . "No es por elogio que los amantes se sigan contando entre sí lo hermosos que son; el deleite es incompleto hasta que se expresa. Es frustrante haber descubierto a un nuevo autor y no poder decirle a nadie lo bueno que es; para venir de repente, a la vuelta del camino, sobre un valle montañoso de grandeza inesperada y luego tener que callar porque la gente que está contigo no le interesa más que una lata en una zanja;; para escuchar un buen chiste y no encontrar a nadie con quien compartirlo".
>
> ~ C. S. Lewis. *Reflections on the Psalms*. (Reflexiones sobre los Salmos). New York: Walker & Co., 1985. pág. 95.

C. *Formalice su alabanza haciendo alabanzas de una manera programada y pública.*

1. 1 Cró. 23:5 (RVR1995) – Además, cuatro mil serían porteros, y cuatro mil alabarían a Jehová, con los instrumentos que David había hecho para tributar alabanzas.

2. 1 Cró. 23:30 (RVR1995) – …Tenían además que asistir todos los días por la mañana y por la tarde para dar gracias y tributar alabanzas a Jehová.

D. *Sea extravagante y ambicioso en hacer sus elogios; trate de hacer su alabanza triunfante y masiva*, 2 Cró. 20:20-22 (RVR1995) – Y cuando se levantaron por la mañana, salieron al desierto de Tecoa. Y mientras ellos salían, Josafat, estando en pie, dijo: Oídme, Judá y moradores de Jerusalén. Creed en Jehová vuestro Dios, y estaréis seguros; creed a sus profetas, y seréis prosperados. Y habido consejo con el pueblo, puso a algunos que cantasen y alabasen a Jehová, vestidos de ornamentos sagrados, mientras salía la gente armada, y que dijesen: Glorificad a Jehová, porque su misericordia es para siempre. Y cuando comenzaron a entonar cantos de alabanza, Jehová puso contra los hijos de Amón, de Moab y del monte de Seir, las emboscadas de ellos mismos que venían contra Judá, y se mataron los unos a los otros.

E. *Vea los tiempos difíciles y luchas como oportunidades perfectas para dar a Dios el sacrificio de la alabanza (en todas las cosas)*, 1 Tes. 5:16-18 (RVR1995) - Estad siempre gozosos. Orad sin cesar. Dad gracias en todo, porque esta es la voluntad de Dios para con vosotros en Cristo Jesús.

La oración exitosa es superar la oposición satánica a los propósitos de Dios. El elemento faltante en la fe que no triunfa es la alabanza – la alabanza perpetua, con propósito, agresiva. La alabanza es la forma más alta de oración porque combina la petición con la fe. La alabanza es la bujía de la fe. Es la única cosa necesaria para obtener la fe en el aire, lo que le permite volar por encima del miasma mortal de la duda. La alabanza es el detergente que purifica la fe y purga la duda del corazón. El secreto de la oración sin respuesta es la fe, sin duda la alabanza continua, masiva, triunfante, la alabanza que es un modo de vida. Este orden de alabanza es la solución al problema de la fe viva y la oración exitosa.

~ Paul Billheimer. *Destined for the Throne*. (Destinado para el Trono). pág. 126.

Contexto
Valores/Visión
Preparar
Lanzar
Agrupar
Nutrir
Transicionar
Horario/Cartilla

Los diez leprosos purificados

Uno llorando, dos llorando, tres leprosos llorando
Cuatro agonizando, cinco agonizando y seis leprosos agonizando
Siete esperando, ocho esperando, nueve leprosos esperando
Diez leprosos llegaron a Jesús
Diez leprosos limpiados se sienten tan bien
Uno se quejó de la pobreza, y luego había nueve.
Nueve leprosos limpios que recogen a su paso
Uno se cansó de la marcha, y luego había ocho.
Ocho leprosos limpios - habían sentido el toque del cielo
Uno tenía miedo de perder amigos, y luego había siete.
Siete leprosos limpiados evitaron los trucos del diablo
Uno cayó presa del orgullo egoísta, y luego hubo seis.
Seis leprosos limpiados tan contentos de estar vivos
Uno se jactó "Mi fe me sanó", y luego había cinco.
Cinco leprosos limpios ya no son espiritualmente pobres
Uno trazado hacia riquezas y posesiones, y luego había cuatro.
Cuatro leprosos limpios tan felices como podrían ser
Uno tomó una larga siesta y luego fueron tres.
Tres leprosos limpiados que deseaban decir: "Gracias".
Uno creció "demasiado ocupado" - y luego había dos.
Dos leprosos limpios que vuelven a agradecer al Hijo de Dios
Uno descubrió su belleza, y luego había uno.
Un leproso purificado, una nueva vida preparada para vivir
De hecho, encontrar a Jesús, y allí proclamó su ACCIÓN DE GRACIAS!

Contexto
Valores/Visión
Preparar
Lanzar
Agrupar
Nutrir
Transicionar
Horario/Cartilla

*Sesión 1
Viendo el panorama general*

Temas y Objetivos de la Sesión

Sesión 1
Viendo el panorama general
Temas y Objetivos

Concepto principal
Viendo el panorama general

Objetivos
Después de esta sesión usted será capaz de:

- Articular los temas teológicos y bíblicos críticos que se relacionan con el propósito y el plan de Dios para la iglesia, y cómo la iglesia avanza el propósito del Reino de Dios en todo el mundo.

- Recitar las tres expresiones históricas críticas de la Iglesia que definen la vida corporal en el mundo de hoy y defender cómo esas expresiones nos ayudan a entender mejor cómo plantar iglesias entre los urbanos pobres.

- Indicar las cinco fases básicas de la plantación de iglesias, el acróstico PLANT, y expresar cómo esas fases se relacionan con la misión apostólica descrita en el Nuevo Testamento.

- Definir y compartir sus valores y visión con respecto al llamado de Dios para usted y para su equipo plantador para plantar una iglesia en una comunidad particular entre un grupo específico de personas no alcanzadas.

- Bosquejar los fundamentos, los pasos y los resultados del enfoque estratégico de PTR para planificar e implementar los objetivos dados por Dios, y administrar nuestros recursos para cumplir nuestra visión de misión y ministerio.

Escritura Clave
Ef. 6:10-18 (LBLA) – Por lo demás, fortaleceos en el Señor y en el poder de su fuerza. Revestíos con toda la armadura de Dios para que podáis estar firmes contra las insidias del diablo. Porque nuestra lucha no es contra sangre y carne, sino contra principados, contra potestades, contra los poderes de este mundo de tinieblas, contra las huestes espirituales de maldad en las regiones celestiales. Por tanto, tomad toda la armadura de Dios, para que podáis resistir en el día malo, y habiéndolo hecho todo, estar firmes. Estad, pues, firmes, ceñida vuestra cintura con la verdad, revestidos con la coraza de la justicia, y calzados los pies con el apresto

**Contexto
Valores/Visión**
Preparar
Lanzar
Agrupar
Nutrir
Transicionar
Horario/Cartilla

del evangelio de la paz; en todo, tomando el escudo de la fe con el que podréis apagar todos los dardos encendidos del maligno. Tomad también el yelmo de la salvación, y la espada del Espíritu que es la palabra de Dios. Con toda oración y súplica orad[e] en todo tiempo en el Espíritu, y así, velad con toda perseverancia y súplica por todos los santos.

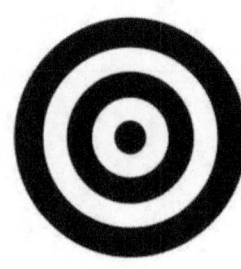

Principio de la guerra: Objetivo
El objetivo claro de la actividad; Lo que usted está tratando de lograr

El principio relacionado con la plantación de Iglesias
En cada actividad, grande y pequeña, tenga un sentido claro de su visión colectiva y su contribución personal a esa visión.

> En preparación para la batalla siempre he encontrado que los planes son inútiles, pero la planificación es indispensable.
> ~ Dwight Eisenhower

Contexto
Valores/Visión
Preparar
Lanzar
Agrupar
Nutrir
Transicionar
Horario/Cartilla

Sesión 1
Viendo el panorama general

Enseñanza del seminario

Seminario 1
¿Qué es una iglesia?

Seminario 2
Información general sobre la plantación de iglesias

Seminario 3
Uso de la sabiduría en el ministerio:
El Proceso PTR

Seminario 1
¿Qué es una iglesia?
Rev. Drs. Don Davis y Hank Voss

> Sobre esta roca edificaré mi iglesia, y las puertas del infierno no prevalecerán contra ella.
> ~ Jesús, El plantador de la Iglesia (Mateo 16:18)
>
> Este misterio es profundo, y digo que se refiere a Cristo y a la Iglesia . . .
> ~ Pablo, un plantador de la Iglesia (Efesios 5:32)
>
> Mas vosotros sois linaje escogido, real sacerdocio, nación santa, pueblo adquirido por Dios, para que anunciéis las virtudes de aquel que os llamó de las tinieblas a su luz admirable.
> ~ Pedro, un plantador de iglesias (1 Pedro 2:9)

Objetivos

Como resultado de este taller, los participantes serán capaces de:

- Identificar la riqueza de las imágenes para la Iglesia en el Nuevo Testamento y la relación de esas imágenes con Jesús, su Padre y el Espíritu Santo.
- Articular la relación de la iglesia local con el Reino de Dios.
- Reconocer que la Iglesia no puede ser entendida aparte de Su historia.
- Nombrar los cuatro componentes específicos del lado objetivo del Drama desplegable del Dios Trino y los cuatro elementos correspondientes de la respuesta subjetiva de la Iglesia.
- Describir tres expresiones de la iglesia especialmente relevantes para los urbanos pobres.
- Reflexionar sobre siete prácticas esenciales para una iglesia saludable.

Contexto
Valores/Visión
Preparar
Lanzar
Agrupar
Nutrir
Transicionar
Horario/Cartilla

I. ¿Qué es una Iglesia? Para entender a la Iglesia, mire a Jesús

A. El Nuevo Testamento usa imágenes para explicar la Iglesia.

1. Paul Minear identificó casi 100 imágenes de la Iglesia (*Images of the Church in the New Testament* [Imágenes de la Iglesia en el Nuevo Testamento], Westminster John Knox, 2004).

2. Considerar a la Iglesia como la Novia de Cristo

   a) Ef. 5:32; 1 Cor. 11:2; Apo. 19:7-9; 22, 17; cf. Cantar de los Cantares de Salomón; Oseas.

   b) Dietrich Schindler, *The Jesus Model: Planting Churches the Jesus Way* (El modelo de Jesús: Plantando iglesias a la manera de Jesús), Edición Electrónica Kindle (N. P.: Piquant, 2013).

3. Considerar la Iglesia a la luz de la Trinidad

   a) La familia de Dios Padre

   b) El cuerpo de Jesús el Mesías

   c) El templo del Espíritu Santo

B. Una definición del diccionario

1. La Iglesia es la comunidad del pueblo de Dios que reconoce a Jesús como Señor, que lleva a cabo sus propósitos en la tierra, compone los pasados, presentes y futuros de todos, de todos los lugares de la tierra y a lo largo de la historia. Es el agente de Dios del Reino de Dios, el Cuerpo y la Novia de Cristo, quien como custodio de la revelación de Dios ha respondido a Su obra en teología, adoración, discipulado y testimonio.

2. En resumen: Cada iglesia local es una embajada, sirviendo como un puesto de avanzada del Reino de Cristo. Encontramos nuestra identidad en la historia de la gloria de Dios.

3. Para estudios adicionales:

   a) Don L. Davis. *El Reino de Dios*. Vol. 2, 16 vols. El Currículo Piedra Angular (Wichita, KS: *The Urban Ministry Institute*, 2004).

b) Don L. Davis y Terry G. Cornett. *Teología de la Iglesia.* Vol. 3, 16 vols. El Currículo Piedra Angular (Wichita, KS: *The Urban Ministry Institute*, 2005).

II. ¿Qué es una Iglesia? Entender a la Iglesia, aprender su historia

A. El significado de la historia: la historia de la gloria de Dios

1. Canciones de "Historia Santa" (por ejemplo, Sal. 78, 105, 106)

2. Los seres humanos operan de acuerdo con nuestros marcos interpretativos.

a) Un zorro elogia a un cuervo y le dice: "Tú tienes una voz encantadora; ¿No me cantarás una canción?"

b) ¿Cuál es el significado de este evento?

B. La historia de la gloria de Dios

1. Antes del tiempo (Eternidad pasada)

2. El principio del tiempo (Creación)

3. El despliegue del tiempo (El Plan de Dios revelado a través del pueblo de Israel)

4. La plenitud del tiempo (Encarnación de Jesús el Mesías)

5. Los últimos tiempos (La descendencia y la era del Espíritu Santo)

6. El cumplimiento del tiempo (La *Parusía* de Cristo)

7. Más allá del tiempo (Eternidad futura)

C. El Credo Niceno resume la historia de Dios

1. El Padre crea (hacedor de todas las cosas).

2. El Hijo salva (Cristo Víctorioso).

3. El Espíritu perfecciona (portador de la vida para entrar en la era presente).

4. La Iglesia es una, santa, católica y apostólica.

III. **La historia de la Iglesia tiene tanto componentes objetivos como subjetivos**

A. El lado objetivo de la historia: La *missio Dei* (la misión de Dios):

1. El Padre como *Autor* de la Historia (El director de la historia)

2. El Hijo como *Campeón* de la Historia (El actor principal de la historia)

3. El Espíritu Santo como *Intérprete* de la historia (El narrador de la historia)

4. La Escritura como el *Testimonio* de la Historia (El guión de la historia)

B. El lado subjetivo de la historia: La respuesta de la Iglesia y su participación en el drama que se desarrolla en Dios

1. Teología ortodoxa: somos la gente de la Historia (los Santos confesando la antigua Fe)

2. Adoración sacerdotal: reeditamos la Historia (adoradores y ministros sacerdotales al Señor)

3. Formación espiritual: encarnamos la Historia (los discípulos de la congregación como seguidores y peregrinos en el mundo)

4. Testigo del Reino: somos la continuación de la Historia (siervos y embajadores de Dios)

C. Para un estudio posterior:

1. Don L. Davis. *Sacred Roots Workshop: Retrieving the Great Tradition in the Contemporary Church.* (Taller de Raíces Sagradas: Recuperando la Gran Tradición en la Iglesia Contemporánea). *Serie Fundamentos para el ministerio* (Wichita, KS: *The Urban Ministry Institute,* 2012).

2. Kevin J. Vanhoozer. *Faith Speaking Understanding: Performing the Drama of Doctrine* (Comprensión de la fe que habla: Realización del drama de la doctrina). (Louisville, Kentucky: Westminster John Knox, 2014).

IV. Implicaciones para plantar iglesias saludables entre los pobres

A. La plantación de iglesias es simplemente una nueva hoja en el árbol del diseño de Dios.

1. El Espíritu Santo ha estado dando a luz nuevas familias por miles de años.

    a) *Plantatio ecclesiae* (latín para plantación de iglesias)

    b) George Liele (c. 1750–1820)

        (1) Uno de los primeros misioneros de plantación de iglesias de los Estados Unidos

        (2) En 1774 organizó la "primera" iglesia negra en América, y plantó la primera iglesia Bautista en Jamaica en 1789.

2. Una nueva plantación de iglesia es simplemente una expresión más de la vida del Espíritu Santo.

B. Las nuevas iglesias vienen en diferentes formas: tres expresiones de la Iglesia.

1. **La Iglesia pequeña** (o "iglesia de casa", 20-50 personas): La iglesia pequeña (o casa) puede ser entendida como una reunión familiar de "Cena de Acción de Gracias".

Contexto
Valores/Visión
Preparar
Lanzar
Agrupar
Nutrir
Transicionar
Horario/Cartilla

a) Un estudio reciente de aproximadamente 160 iglesias lanzadas entre 1991 y 2015 entre los pobres urbanos mostró que alrededor del 60% encaja en esta categoría.

b) El 56% de estas iglesias estaban todavía activas en el momento en que se completó el estudio en enero de 2015.

2. **Iglesia comunitaria** (51-200 personas): La iglesia comunitaria es la expresión más común de la iglesia, numéricamente hablando, en el mundo de hoy. Esta expresión puede ser entendida como una *"reunión familiar" con tías, tíos, abuelos y muchos primos!*

a) Un estudio reciente de aproximadamente 160 iglesias lanzadas entre 1991 y 2015 entre los pobres urbanos mostró que alrededor del 34% encaja en esta categoría.

b) El 82% de estas iglesias estaban todavía activas en el momento en que se completó el estudio en enero de 2015.

3. **Iglesia madre o matriz** (más de 200 personas): La iglesia madre (o "iglesia central") representa una asamblea de creyentes más grande, y puede ser entendida como un *"Batallón" en las fuerzas armadas de una nación. Una unidad que ha vivido, trabajado y entrenado juntos para representar los intereses de su nación en un lugar particular.*

C. Todas las expresiones sanas comparten siete prácticas esenciales.

1. Bautismo (Mat. 3:13-17, 28:19-20, Rom. 6:1-14)

2. Oración (Mat. 6:5-15, Salmos, Lc. 18:1-15, 1 Tes. 5:17)

3. *Lectio divina* (Mat. 4:1-11, Sal. 119)

4. Ministerio (Jn. 13, Ef. 4:11-16, Rom. 12, 1 Cor. 12; 1 Pe. 4:10-11)

5. La disciplina de la Iglesia (Mat. 6:14-15; 18:15-20; 2 Cor. 2:1-11; 2 Tes. 3:13-15; Gal. 6:1)

6. Proclamación (Mat. 4:23, 1 Pe. 2:9, Fil. 2:15-16, Hch. 1:8)

7. La Cena del Señor (Mat. 22:2-14, 26:26-31, 1 Cor. 11:17-34, Ap. 19:6-9)

Contexto
Valores/Visión
Preparar
Lanzar
Agrupar
Nutrir
Transicionar
Horario/Cartilla

V. El resultado final: ¡El Rey y Su Reino vienen! ¡Aliste a la novia!

> El Espíritu y la Novia dicen: "¡Ven!" Y el que oye, diga: "¡Ven!"
>
> ~ Apocalipsis 22:20

Revise los siguientes apéndices sobre *Plantando iglesias entre los pobres de la ciudad: Una antología de recursos de plantación de iglesias urbanas* (consulte la tabla del apéndice al final de esta sesión para encontrar la ubicación de cada documento que se muestra a continuación, es decir, su volumen y número de página), y luego responder juntos las preguntas bajo *Discusión de grupo del seminario*.

- La historia de Dios: Nuestras raíces sagradas
- Érase una vez: Entendiendo nuestro lugar como Iglesia en la historia de Dios
- Christus Victor: Una visión integrada para la vida y el testimonio cristiano
- La teología de Christus Victor: Un motivo bíblico centrado en Cristo para la integración y renovación de la iglesia urbana
- Hay un río: Identificando los arroyos de una comunidad cristiana revitalizada en la ciudad
- El Credo Niceno
- Siete prácticas esenciales para el sacerdocio de todos los creyentes

Discusión de grupo del seminario

1. ¿Qué le pareció nuevo sobre la historia de Dios y la respuesta de la Iglesia?

2. ¿Por qué el propósito de Dios para restaurar su creación y vencer la rebelión de Satanás es tan crítico en todo pensamiento sobre evangelización, misión y plantación de iglesias? ¿Cuál es el resultado de ignorar las verdades y los principios de la guerra espiritual en el ministerio, especialmente en la plantación de iglesias?

3. Explique la relación entre la teología y la práctica de la Iglesia ("I" grande) y las iglesias ("i" pequeñas). ¿Cómo deberíamos entender cómo el Reino está avanzando por pequeñas iglesias "c" mientras son plantadas, crecen y se reproducen, por el amor de Cristo?

4. Explique las tres expresiones de la Iglesia y explique cómo cada una puede contribuir de manera única al progreso del Reino entre los pobres de la ciudad.

Contexto
Valores/Visión
Preparar
Lanzar
Agrupar
Nutrir
Transicionar
Horario/Cartilla

Seminario 2
Información general sobre la plantación de iglesias
Rev. Dr. Don L. Davis

Cómo PLANTAR una iglesia

I. **Descripción general**

    A. Evangelizar, equipar, capacitar

    B. PLANT

        1. Preparar: Ser la Iglesia

        2. Lanzar: Expandir la Iglesia

        3. Agrupar: Establecer la Iglesia

        4. Nutrir: Madurar la Iglesia

        5. Transicionar: Liberar la Iglesia

    C. Los pasos

        1. Evangelizar: Preparar, Lanzar

        2. Equipar: Agrupar, Nutrir

        3. Capacitar: Transición

Contexto
Valores/Visión
Preparar
Lanzar
Agrupar
Nutrir
Transicionar
Horario/Cartilla

Evangelizar

> Marcos 16:15-18 (LBLA) – Y les dijo: Id por todo el mundo y predicad el evangelio a toda criatura. [16] El que crea y sea bautizado será salvo; pero el que no crea será condenado. [17] Y estas señales acompañarán a los que han creído: en mi nombre echarán fuera demonios, hablarán en nuevas lenguas; [18] tomarán serpientes en las manos, y aunque beban algo mortífero, no les hará daño; sobre los enfermos pondrán las manos, y se pondrán bien

II. **Preparar: Ser la Iglesia**

Hechos 16:25 (LBLA) – Como a medianoche, Pablo y Silas oraban y cantaban himnos a Dios, y los presos los escuchaban.

A. Principio: Una iglesia nace de una iglesia existente (tenemos que ser la iglesia antes de que podamos plantar la iglesia).

1. Nos reproducimos según nuestra propia clase. No comenzamos las iglesias *ex nihilo* (locución latina traducible por "de la nada" o "desde la nada"), sino de otras iglesias. Tenemos un vínculo orgánico de la iglesia a la iglesia de nuevo a pentecostés; a los apóstoles; a Israel; a la Trinidad. La comunidad ha existido eternamente; somos una parte de esa corriente.

2. Como en las familias, los padres dan a luz niños, los crían en sus hogares y los preparan para ser padres. Los descendientes llevan nuestro nombre y carácter. Comparten nuestra biología y crianza. Esta intimidad es necesaria para crear y sostener un movimiento de plantación de iglesias. No distinguimos la espiritualidad de los líderes de entrenamiento de la espiritualidad de los plantadores de iglesias transculturales.

3. Las nuevas congregaciones compartirán nuestra visión, doctrina, disciplina espiritual, misión y finanzas. No hay distinción entre la nueva congregación y el equipo enviado.

4. La "P" de PLANT reconoce que la iglesia existe tan pronto como el equipo se forma. El equipo de Pablo ERA la iglesia en Filipos antes de que la familia de Lidia se les uniera. El lanzamiento simplemente se agrega a la iglesia existente.

Contexto
Valores/Visión
Preparar
Lanzar
Agrupar
Nutrir
Transicionar
Horario/Cartilla

B. Elementos de preparación

1. Busque la dirección de Dios para seleccionar un área o población no visitada (que puede incluir estudios demográficos y etnográficos).

2. Forme un equipo plantador de iglesia, la iglesia inicial a la cual los creyentes de la comunidad puedan unirse.

3. Seleccione un modelo reproducible para contextualizar las prácticas estándar de la Iglesia.

4. Inicie discusiones sobre asociaciones, denominaciones u otras afiliaciones.

III. Lanzar: Expandir la Iglesia

Hechos 2:47 (LBLA) – alabando a Dios y hallando favor con todo el pueblo. Y el Señor añadía cada día al número de ellos los que iban siendo salvos.

A. Principio: Empiece a invitar a la gente a unirse a la comunidad

B. Elementos de lanzamiento

1. Invite a otros (creyentes maduros o nuevos) a unirse a la iglesia.

2. Lleve a cabo la evangelización para agregar a la iglesia existente.

3. Seguimiento de nuevos conversos

Contexto
Valores/Visión
Preparar
Lanzar
Agrupar
Nutrir
Transicionar
Horario/Cartilla

Equipar

> Ef. 4:11-16 (LBLA) – Y El dio a algunos el ser apóstoles, a otros profetas, a otros evangelistas, a otros pastores y maestros, [12] a fin de capacitar a los santos para la obra del ministerio, para la edificación del cuerpo de Cristo; [13] hasta que todos lleguemos a la unidad de la fe y del conocimiento pleno del Hijo de Dios, a la condición de un hombre maduro, a la medida de la estatura de la plenitud de Cristo; [14] para que ya no seamos niños, sacudidos por las olas y llevados de aquí para allá por todo viento de doctrina, por la astucia de los hombres, por las artimañas engañosas del error; [15] sino que hablando la verdad en amor, crezcamos en todos los aspectos en aquel que es la cabeza, es decir, Cristo, [16] de quien todo el cuerpo (estando bien ajustado y unido por la cohesión que las coyunturas proveen), conforme al funcionamiento adecuado de cada miembro, produce el crecimiento del cuerpo para su propia edificación en amor.

IV. Agrupar: Establecer la Iglesia

Heb. 10:25 (LBLA) – no dejando de congregarnos, como algunos tienen por costumbre, sino exhortándonos unos a otros, y mucho más al ver que el día se acerca.

A. Principio: Traiga a la iglesia a un lugar donde pueda ser anunciada en la comunidad como un Cuerpo que funcione.

B. Elementos de agrupar

1. Forme a otros a través de grupos celulares o estudios bíblicos para seguimiento y discipular a los nuevos creyentes.

2. Continúe la evangelización con grupos *oikos*.

3. Identifique y capacite a líderes emergentes, centrándose en la preparación de líderes para la transición en un satélite campus del *The Urban Ministry Institute* (TUMI).

4. Agrupe los grupos donde la Palabra es correctamente predicada, los sacramentos son correctamente administrados y la disciplina es ordenada correctamente.

5. Anuncie al barrio el comienzo del culto público.

Contexto
Valores/Visión
Preparar
Lanzar
Agrupar
Nutrir
Transicionar
Horario/Cartilla

V. Nutrir: Madura la iglesia

1 Pe. 4:10 (LBLA) - Según cada uno ha recibido un don especial, úselo sirviéndoos los unos a los otros como buenos administradores de la multiforme gracia de Dios.

A. Principio: Los líderes observan y practican sus destrezas en desarrollo en una iglesia con personas reales, identidades y estructuras, bajo liderazgo que asegura prácticas consistentes.

  1. Los líderes deben desarrollarse en el contexto de la comunidad, usando las mismas prácticas teológicas, estratégicas y de la Iglesia que aseguren la replicación de una iglesia a la otra. Por ejemplo, cuando un líder emergente aprende cómo servir la comunión en la iglesia madre, él/ella sabe cómo conducir la comunión en la plantación de la iglesia hija.

  2. La contextualización de las prácticas de la Iglesia debe ser diseñada para facilitar la formación de líderes y exportarlo a las nuevas iglesias. Las estructuras facilitan y permiten la innovación.

B. Elementos de nutrir

  1. Utilice el calendario del Año de la Iglesia para discipular a la congregación.

  2. Entrene a otros para que sirvan y conduzcan a través del discipulado individual y en grupo.

  3. Anime a los creyentes a ejercitar sus dones en la iglesia.

  4. Asigne responsabilidad a los fieles (diáconos, ancianos, futuros pastores).

Contexto
Valores/Visión
Preparar
Lanzar
Agrupar
Nutrir
Transicionar
Horario/Cartilla

Capacitar

> Hechos 20:28 (LBLA) – Tened cuidado de vosotros y de toda la grey, en medio de la cual el Espíritu Santo os ha hecho obispos para pastorear la iglesia de Dios, la cual El compró con su propia sangre.
>
> Hechos 20:32 (LBLA) – Ahora os encomiendo a Dios y a la palabra de su gracia, que es poderosa para edificaros y daros la herencia entre todos los santificados.

VI. Transición: Liberar la Iglesia

2 Tim. 2:2 (LBLA) – Y lo que has oído de mí en la presencia de muchos testigos, eso encarga a hombres fieles que sean idóneos para enseñar también a otros.

A. Principio: Preparar el descargo de los plantadores de iglesias transculturales para pasar la batuta al liderazgo autóctono.

B. Elementos de transición

1. Comisionar a la fieles líderes autóctonos como diáconos, ancianos y pastores.

2. Comisionar a la iglesia a ser parte de un movimiento autónomo, autosuficiente y auto-reproductivo.

3. Únase a una denominación o asociación para compañerismo, apoyo y actividades de ministerio en conjunto.

4. Empiece a reproducir una nueva plantación de iglesia.

Evangelizar

PREPARAR: Ser la Iglesia

- Busque la dirección de Dios para seleccionar un área o población no visitada.

- Forme un equipo de plantación de iglesia, la iglesia inicial a la cual los creyentes de la comunidad pueden unirse.

- Seleccione un modelo reproducible para contextualizar las prácticas estándar de la Iglesia.

- Inicie discusiones sobre asociaciones, denominaciones u otras afiliaciones.

Contexto Valores/Visión
Preparar
Lanzar
Agrupar
Nutrir
Transicionar
Horario/Cartilla

Equipar

LANZAR: Expandir la Iglesia
- Invite a otros (maduros o nuevos creyentes) a unirse a la iglesia.
- Lleve a cabo la evangelización para agregar a la iglesia existente.
- Dele seguimiento a los nuevos conversos usando "Pelea la buena batalla de la fe".

AGRUPAR: Establecer la Iglesia
- Entrene a otros a través de grupos celulares o estudios bíblicos para dar seguimiento y discipular a los nuevos creyentes.
- Continúe la evangelización con los grupos oikos.
- Identifique y capacite a líderes emergentes en un campus satelital de TUMI.
- Reúna a los grupos donde la Palabra es correctamente predicada, los sacramentos son correctamente administrados y la disciplina es ordenada correctamente.
- Anuncie al vecindario el comienzo del culto público.

NUTRIR: Madurar la Iglesia
- Utilice el calendario del Año de la Iglesia para discipular a la congregación.
- Entrene a otros para que sirvan y dirijan a través del discipulado individual y en grupo.
- Anime a los creyentes a ejercer sus dones en la iglesia.
- Asigne responsabilidad a los fieles (diáconos, ancianos, futuros pastores).

Capacitar

TRANSICIONAR: Liberar la Iglesia
- Comisione a los líderes fieles autóctonos para que sean los diáconos, ancianos y pastores.
- Comisione a la iglesia a ser parte de un movimiento autónomo, autosuficiente y auto-reproductivo.
- Únase a una denominación o asociación para compañerismo, apoyo y actividades de ministerio en conjunto.
- Empiece a reproducir una nueva plantación de iglesia.

Contexto
Valores/Visión
Preparar
Lanzar
Agrupar
Nutrir
Transicionar
Horario/Cartilla

Precedentes paulinos en el libro de los Hechos: El Ciclo Paulino

1. Misioneros comisionados: Hch. 13:1-4; 15:39-40; Gál. 1:15-16.
2. Audiencia contactada: Hch. 13:14-16; 14:1; 16:13-15; 17:16-19.
3. Evangelio comunicado: Hch. 13:17-41; 16:31; Rom. 10:9-14; 2 Tim. 2:8.
4. Oyentes convertidos: Hch. 13:48; 16:14-15; 20:21; 26:20; 1 Tes. 1:9-10.
5. Creyentes congregados: Hch. 13:43; 19:9; Rom. 16:4-5; 1 Cor. 14:26.
6. Fe confirmada: Hch. 14:21-22; 15:41; Rom. 16:17; Col. 1:28; 2 Tes. 2:15; 1 Tim. 1:3.
7. Liderazgo consagrado: Hch. 14:23; 2 Tim. 2:2; Tito 1:5.
8. Creyentes elogiados; Hch. 14:23; 16:40; 21:32 (2 Tim. 4:9 y Tito 3:12 por implicación).
9. Relaciones continuadas: Hch. 15:36; 18:23; 1 Cor. 16:5; Ef. 6:21-22; Col. 4:7-8.
10. Iglesias enviadas convocadas: Hch. 14:26-27; 15:1-4.

Marginalia izquierda:

La terminología, las etapas y el diagrama del "Ciclo Paulino" son tomadas de David J. Hesselgrave, *Planting Churches Cross-Culturally,* 2nd ed. Grand Rapids: Baker Book House, 2000.

"Evangelizar, Equipar, y Empoderar" y "P.L.A.N.T." esquemas para la plantación de iglesias tomadas de *Crowns of Beauty: Planting Urban Churches Conference Binder* (Coronas de gloria: Cartapacio de notas de la Conferencia de plantación de iglesias urbanas). Los Ángeles: *World Impact Press*, 1999.

Contexto
Valores/Visión
Preparar
Lanzar
Agrupar
Nutrir
Transicionar
Horario/Cartilla

Diagrama circular "Ciclo Paulino":

Centro:
- EL ESPÍRITU SANTO DIRECTOR DIVINO DE LA OBRA MISIONERA — Hechos 13.2, 52
- AMBIENTE DE ORACIÓN — Hechos 13.1-4
- EL FUNDAMENTO DE LAS ESCRITURAS — Hechos 15.15
- LA IGLESIA COMO AGENCIA MISIONERA — Hechos 15.22

Anillo intermedio (fases): EVANGELIZAR, EQUIPAR, CAPACITAR

Sub-etapas: PREPARAR, LANZAR, AGRUPAR, NUTRIR, TRANSICIÓN

Anillo exterior (10 etapas):
1. MISIONEROS ENVIADOS — Hechos 13.1-4; 15.39-40
2. GENTE ES CONTACTADA — Hechos 13.14-16; 14.1
3. EL EVANGELIO ES COMUNICADO — Hechos 13.17-41; 16.31
4. LOS OIDORES SON CONVERTIDOS — Hechos 13.48; 16.14-15
5. LOS CREYENTES SON CONGREGADOS — Hechos 13.43; 19.9
6. LA FE ES CONFIRMADA — Hechos 14.21-22; 15.41
7. EL LIDERAZGO ES CONSAGRADO — Hechos 14.23
8. LOS CREYENTES SON ENCOMENDADOS — Hechos 14.23; 16.40
9. LAS RELACIONES CONTINUADAS — Hechos 15.36; 18.23
10. LAS IGLESIAS MISIONERAS SON CONVOCADAS — Hechos 14.26-27; 15.1-4

Diez principios de plantación de iglesias

1. **Jesús es el Señor.** (Mt. 9:37-38) Toda la actividad de las iglesias se hace efectiva y fructífera bajo el cuidado y poder del Señor Jesús, quién es el Señor de la cosecha.

2. **Evangelice, equipe y capacite a las personas no alcanzadas para llegar a la gente.** (1 Tes. 1:6-8) Nuestro objetivo al alcanzar a otros para Cristo no es sólo para la conversión sólida sino también para la multiplicación dinámica; los que son alcanzados deben ser entrenados para llegar a otros también.

3. **Sea inclusivo: Todo el que quiera puede venir.** (Rom. 10:12) Ninguna estrategia debe prohibir a ninguna persona o grupo entrar en el Reino a través de Jesucristo por la fe.

4. **Sea culturalmente neutral: Venga como es usted.** (Col. 3:11) El Evangelio no exige que ningún buscador cambie su cultura como requisito previo para venir a Jesús; pueden venir tal como son.

5. **Evite una mentalidad de fortaleza.** (Hch. 1:8) El objetivo de las misiones no es crear un castillo inexpugnable en medio de una comunidad no salva, sino un puesto de avanzada dinámico del Reino que lanza un testigo para Jesús dentro y hasta las mismas fronteras de su mundo.

6. **Continúe evangelizando para evitar el estancamiento.** (Rom. 1:16-17) Siga mirando a los horizontes con la visión de la Gran Comisión en mente; fomente un ambiente de testimonio agresivo de Cristo.

7. **Cruce barreras raciales, de clase, de género y de idioma.** (1 Cor. 9:19-22) Use su libertad en Cristo para encontrar formas nuevas y creíbles de comunicar el mensaje del reino a los más alejados del espectro cultural de la iglesia tradicional.

8. **Respete el dominio de la cultura receptora.** (Hch. 15:23-29) Permita que el Espíritu Santo encarne la visión y la ética del Reino de Dios en palabras, lenguaje, costumbres, estilos y la experiencia de aquellos que han abrazado a Jesús como su Señor.

9. **Evite la dependencia.** (Ef. 4:11-16) Ni patrocinar ni ser demasiado tacaños hacia la creciente congregación; No subestime el poder del Espíritu en medio de la más pequeña comunidad cristiana para llevar a cabo la obra de Dios en su comunidad.

10. **Piense reproductivamente.** (2 Tim. 2:2; Fil. 1:18) En cada actividad y proyecto que inicie, piense en términos de equipar a otros para que hagan lo mismo manteniendo una mente abierta con respecto a los medios y los fines de sus esfuerzos misioneros.

Contexto
Valores/Visión
Preparar
Lanzar
Agrupar
Nutrir
Transicionar
Horario/Cartilla

Entrada, Proceso, Resultados
Dave Klopfenstein

ENTRADA

COMPROMISO
traer nuevos creyentes a la madurez

RENDIR CUENTAS
al nuevo creyente a través de la relación

VISIÓN
del creyente bíblico maduro

PROMOVER
La toma de decisiones personales

PROCESO

EVANGELIO

DISCÍPULO
- OBEDIENCIA
- SUMISIÓN
- AMOROSO
- VIDA DE ORACIÓN

APOYO DE ORACIÓN
DELEGAR CON APOYO ADECUADO
REPRODUCIR Y DESARROLLAR
INSPIRAR CONFIANZA

- LEALTAD
- JUSTICIA
- DISPONIBILIDAD
- PACIENCIA

HACEDOR DE DISCÍPULOS
- MUERTE PROPIA
- REPRODUCCIÓN

Carácter similar a Cristo más importante que las destrezas y habilidades

Honestidad   Habilidades de escuchar   Motivación

RELACIÓN DE DEPENDENCIA — ESPÍRITU SANTO — RELACIÓN INTERDEPENDIENTE MADURA

RESULTADOS

CARÁCTER DE CRISTO

Adoración

Ministerio

Memorizar la Escritura

Meditar

Auto-dirigido
- pensativo
- toma de decisiones
- explicable
- responsable

Auto-imagen
- desarrollar fortalezas

Ética personal
- excelente discurso
- conducta
- pureza

Revise los siguientes apéndices sobre *Plantando iglesias entre los pobres de la ciudad: Una antología de recursos de plantación de iglesias urbanas* (consulte la tabla del apéndice al final de esta sesión para encontrar la ubicación de cada documento que se muestra a continuación, es decir, su volumen y número de página), y luego responder juntos las preguntas bajo *Discusión de grupo del seminario*.

- Modelos de plantación de iglesias
- La naturaleza de los movimientos dinámicos de plantación de iglesias
- El cordón triple de los movimientos transculturales urbanos
- Movimientos de plantación de Iglesias, vecindarios C1, y ventanas 80%: La importancia de la visión
- Formando el equipo de plantación de Iglesia y entendiendo los papeles

Discusión de grupo del seminario

1. Explique brevemente los componentes clave de los conceptos de EEE y PLANT.
2. ¿Cómo nos ayuda el acróstico PLANT a entender los enfoques apostólicos básicos del NT para plantar iglesias entre los perdidos?
3. Explique brevemente los diferentes modelos de plantación de iglesias que se están empleando hoy y discuta sus implicaciones para plantar iglesias entre los pobres de la ciudad.
4. ¿Cómo nos ayuda el lenguaje de expresiones de *World Impact* a entender mejor cómo podemos pensar en la auténtica asamblea cristiana, aparte del lenguaje modelo?

Contexto
Valores/Visión
Preparar
Lanzar
Agrupar
Nutrir
Transicionar
Horario/Cartilla

Seminario 3
Uso de la sabiduría en el ministerio
El Proceso PTR

Rev. Don Allsman

Dios es un Dios de propósito

Mateo 28:19 (LBLA) – Id, pues, y haced discípulos de todas las naciones, bautizándolos en el nombre del Padre y del Hijo y del Espíritu Santo.

Hechos 1:8 (LBLA) – Pero recibiréis poder cuando el Espíritu Santo venga sobre vosotros; y me seréis testigos en Jerusalén, en toda Judea y Samaria, y hasta los confines de la tierra.

Mateo 24:14 (LBLA) – Y este evangelio del reino se predicará en todo el mundo como testimonio a todas las naciones, y entonces vendrá el fin.

Juan 15:8 9 (LBLA) – En esto es glorificado mi Padre, en que deis mucho fruto, y así probéis que sois mis discípulos.

¿Cómo podemos cumplir el propósito de Dios? Usando la sabiduría en el ministerio

La dialéctica: Sabiduría es escoger lo que es mejor entre verdades viables.

Sabiduría no está en una experiencia de torre de marfil, sino se encuentra en el *compromiso*.

Ef. 5:15-17 (LBLA) – Por tanto, tened cuidado cómo andáis; no como insensatos, sino como sabios, aprovechando bien el tiempo, porque los días son malos. Así pues, no seáis necios, sino entended cuál es la voluntad del Señor.

Pro. 24:3-6 (LBLA) – Con sabiduría se edifica una casa, y con prudencia se afianza; con conocimiento se llenan las cámaras de todo bien preciado y deseable. El hombre sabio es fuerte, y el hombre de conocimiento aumenta su poder. Porque con dirección sabia harás la guerra, y en la abundancia de consejeros está la victoria.

Contexto
Valores/Visión
Preparar
Lanzar
Agrupar
Nutrir
Transicionar
Horario/Cartilla

Beneficios del uso de la sabiduría en las tareas del ministerio

- Una visión clara ayuda a todos a ver claramente *si el equipo está bien o no*.
- La dirección clara *minimiza la confusión* dando un sentido de confianza y esperanza.
- Cada quien conoce *su asignación*.
- La gente puede decidir si quiere quedarse y *ayudar a cumplir la visión* o pasar a otra cosa. Usted no quiere que la gente de su equipo no esté apoyando la visión. Si se quedan, se volverán ya sea inactivos o le causarán problemas.
- Las *actividades desperdiciadoras* se minimizan (manténgase enfocado en la visión, no en las oportunidades).
- Se crea un ambiente donde se puede *decir "no" a las oportunidades* que no contribuyen a la visión.
- Las oportunidades que contribuyen a la visión *pueden ser anticipadas* y reconocidas rápidamente. Nehemías estaba listo cuando surgió la oportunidad de explicar su visión al rey.
- La claridad y la dirección *minimizan el daño o desalentar a las tropas*. Los soldados mueren por falta de claridad y dirección.
- La sabiduría exige un equilibrio entre la *visión (fe) y la realidad (prudencia)*.
- La dirección clara inspira a la gente y les da *libertad para innovar*.
- Proporciona las herramientas para ser proactivo, *minimizando convertirse en una "víctima de las circunstancias"*.
- Los principios se pueden aplicar a *muchas áreas de las actividades del equipo*. Desarrollar un hábito de usar la sabiduría hará cada actividad, grande o pequeña, más eficaz.

Barreras para usar la sabiduría en las tareas del ministerio
". . . No desconocemos sus planes" (2 Corintios 2:11)

- "Nunca lo hemos hecho de esa manera antes". Dios no tiene ningún uso para las tradiciones que bloquean su progreso. Sólo porque se ha hecho de cierta manera no indica que sigue siendo una opción sabia (Hechos 10).
- "Lo estamos haciendo bien". El éxito aparente (o real) puede impedirle una mayor fecundidad (Juan 15:2).

- **"Ser organizado no permite la dirección del Espíritu Santo".** Dios tenía un plan y está trabajando su plan a través de nosotros. No debemos avergonzarnos de tener un plan y trabajar ese plan.
- **"No importa lo que hagamos - Dios lo bendecirá. Lo enfrentaremos cuando lleguemos a él".** Aunque hay algunas cosas que es mejor dejar más tarde, a veces esta actitud refleja una falta de disciplina.
- **"Podemos hacerlo" en lugar de "debemos hacerlo".** Basar las decisiones en la emoción, la conveniencia o los recursos disponibles.
  - Mantén un enfoque claro en la visión.
  - Participar en actividades que contribuyan a esa visión.
  - Muchas cosas buenas para invertir, pero sólo unos pocas contribuyen a la visión.
  - Pobre mayordomía a ser impulsada por las oportunidades en lugar de la visión.
  - Considerar con prudencia las implicaciones de las decisiones, no el camino más fácil.
  - Las emociones nos engañan fácilmente. "Sean claros de mente y auto-controlados para que puedan orar" (1 Pedro 4:7).
  - El camino de menor resistencia a menudo tiene un precio a pagar.
  - CONTRIBUCIÓN A LA VISIÓN
- **Fatiga.** "La fatiga nos hace cobardes a todos". Cuando nos cansamos, somos más resistentes a las nuevas ideas y cualquier cosa que aproveche nuestros recursos ya bajos. Esta resistencia puede resultar en oportunidades perdidas.
- **Miedo al fracaso, temor al cambio, temor a perder partidarios**
  - La mediocridad es preferible porque es más segura.
  - El riesgo trae la perspectiva del fracaso personal y de la humillación ("Porque Dios nos dio un espíritu no de temor, sino de poder y amor y autocontrol", 2 Timoteo 1:7).
  - Natural para temer el cambio, pero estamos constantemente siendo transformados (Romanos 12:2, 2 Corintios 3:18).
  - La flexibilidad (apertura al cambio) es crítica para ejercitar la sabiduría (Dios hace cosas que no esperamos).
  - La sabiduría puede dictar una acción que da lugar a controversia, pero si es en el mejor interés de la visión, debe actuar con valentía y sensibilidad.

Contexto
Valores/Visión
Preparar
Lanzar
Agrupar
Nutrir
Transicionar
Horario/Cartilla

- Voluntad para estar en un conflicto prolongado
  - ~ Los ejércitos continúan luchando incluso cuando saben que serán derrotados.
  - ~ Prolongar la guerra reduce la humillación de la derrota.
  - ~ Necesita ayuda para ser victorioso, pero también cuando minimiza sus pérdidas.
  - ~ "Alentar a las personas a comprometerse a la supervivencia es una admisión de la derrota" (George Barna).
- **Experiencia.** "He estado aquí mucho tiempo y sé lo que está pasando. He estado en esta comunidad durante doce años y sé que esto no funcionará".

Proceso que aborda barreras y beneficios, y es tanto deliberado como emergente:

- Deliberado: Decida ahora, antes de que sea demasiado tarde.
- Emergente: Enfréntate cuando llegue.

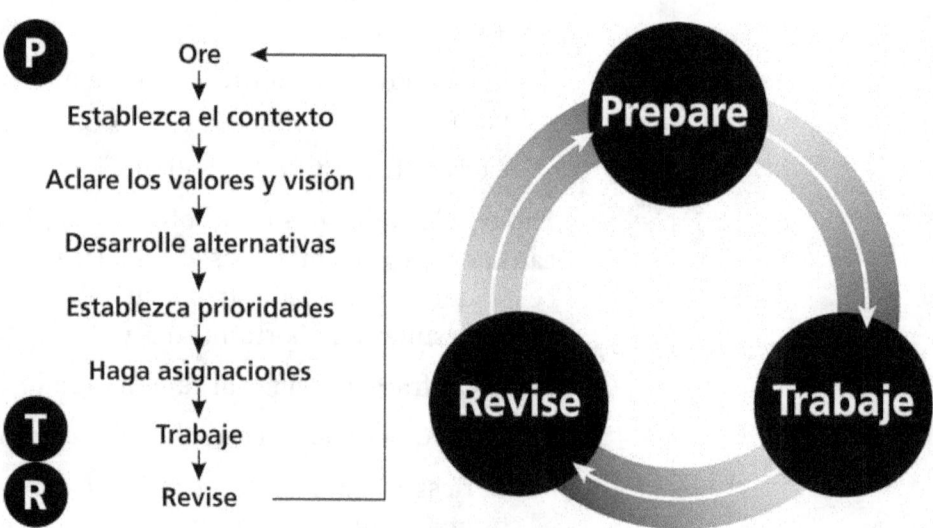

P
Ore
Establezca el contexto
Aclare los valores y visión
Desarrolle alternativas
Establezca prioridades
Haga asignaciones
T Trabaje
R Revise

Contexto
Valores/Visión
Preparar
Lanzar
Agrupar
Nutrir
Transicionar
Horario/Cartilla

PTR

PREPARE

- *Ore* (Descubra su plan.)

    "Empezamos no con un plan, sino con una pasión. El movimiento fluye de la emoción" (Wheatley).

- *Establezca el contexto* (Dios es Dios de la historia.)

    Las buenas decisiones se toman en el contexto apropiado.

    Sea reflexivo. "Todo hombre prudente procede con sabiduría; mas el necio manifestará necedad". (Prov. 13:16).

- *Aclare los valores y la visión.*

    Valores: 3-5 fuerzas motrices para encontrar un consenso (Abilene Paradox ~ J. Harvey, 1988).

    Quién, qué, cuándo, cómo (La Gran Comisión, Moisés, Noé, Josué, Nehemías).

    Discierna. "La ciencia del prudente está en entender su camino; mas la indiscreción de los necios es engaño". (Prov. 14:8).

- *Desarrolle alternativas* (No vaya con la primera, la respuesta más obvia.)

    Sueñe, busque consejo.

    Sea imaginativo. "Los pensamientos con el consejo se ordenan; Y con dirección sabia se hace la guerra". (Prov. 20:18).

- *Establezca prioridades* (no sólo probar todas las alternativas.)

    Sea prudente. "El simple todo lo cree; mas el avisado mira bien sus pasos . . . El avisado ve el mal y se esconde; mas los simples pasan y reciben el daño". (Prov. 14:15, 22:3).

- *Haga asignaciones* (No deje que la gente adivine los detalles de su asignación.)

    Sea decisivo. ". . . me hizo entender todas las obras del diseño . . . Anímate y esfuérzate, y manos a la obra . . ." (1 Crónicas 28.19-20).

Contexto
Valores/Visión
Preparar
Lanzar
Agrupar
Nutrir
Transicionar
Horario/Cartilla

TRABAJE (Deje de hablar y empiece a hacer.)

- Sea atrevido; innove; "Da los límites en los que la gente es libre de vivir su don espiritual sin pedir permiso." ~ Bill Easum
- Fricción: las cosas raramente pasan según lo planeado.
- Mejor ejecutar un plan pobre que ejecutar pobremente un gran plan.
- *Ser creativo.* (Mat. 25:14-30).
- Dos extremos: rigidez y falta de disciplina.

REVISE (No asuma que lo que hizo fue efectivo.)

- Haga ajustes a medio tiempo (Sanballat, Cornelio, Gedeón, visión macedonia).
- Compruebe el fruto (Juan 15.2).
- "La parte más importante de cualquier misión es la interrogación".
- *Sea reflexivo.* "Pobreza y vergüenza tendrá el que menosprecia el consejo; mas el que guarda la corrección recibirá honra . . . El que tiene en poco la disciplina menosprecia su alma; Mas el que escucha la corrección tiene entendimiento". (Prov. 13.18; 15.32).
- ¡Celebre! (Recuerde la tasa de fracaso del 65.4% de Ed Delahanty.)

¿Qué es PTR?

Pasará mucho tiempo en preparación, pero no se engañe. Ninguna fórmula o buen plan plantará una iglesia; ni un proceso analítico.

Bobby Bowden en la mezcla de control con la improvisación: "*Usted puede trabajar toda la semana en un plan de juego, luego, obtener cuatro jugadas en el juego y darse cuenta de que el plan no es bueno. Tienes que ser capaz de ajustar. Tiene que crear flexibilidad en su gente y en sus estrategias*".

Robert McNamara: "*Primero debemos determinar cuál es nuestra política exterior, formular una estrategia militar para llevar a cabo esa política, luego construir las fuerzas militares para llevar a cabo esta estrategia con éxito*" (Estrategia de Vietnam fallida).

Contexto
Valores/Visión
Preparar
Lanzar
Agrupar
Nutrir
Transicionar
Horario/Cartilla

PTR se trata de	PTR no se trata de
Adaptación	Ser organizado
Sabiduría (sabiamente persiguiendo la visión)	Metas
Ajuste	Marcar las tareas
Aprendizaje	Planificación
Contribución a la visión	Análisis calculado
Comprobación de fruto (Juan 15:2)	Contar frijoles
Soñando y maquinando	Papeleo
La "evaluación rápida y la adaptación a un entorno complejo y cambiante que no se puede controlar" ~ John Boyd, OODA Loop	Ser lineal
Prepare, Trabaje, (*work* en inglés), Revise	Dolor sin premio

Aplicaciones para PTR

Dimensiones: dirigir un coro, dirigir un servicio de adoración, dirigir un grupo de células, planificar la Escuela de la plantación de Iglesias, reuniones de ancianos, servicios de adoración, retiros, eventos evangelísticos.

PTR no es *World Impact*; PTR representa los principios bíblicos de la sabiduría.

La victoria se encuentra cuando:
Hay una sabia preparación
　. . . creativamente ejecutada bajo la guía del Espíritu Santo
　　. . . Y rigurosamente revisada.

Contexto
Valores/Visión
Preparar
Lanzar
Agrupar
Nutrir
Transicionar
Horario/Cartilla

PTR: Preparar
Don Allsman

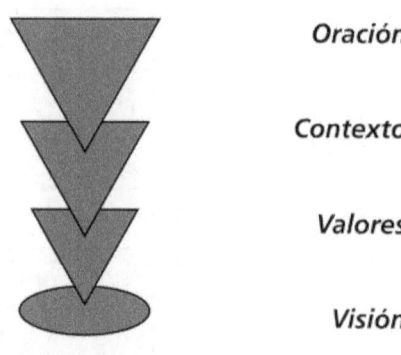

QUÉ
- Busca a Dios para su visión — *Oración*
- ¿Qué ha llevado, y se está llevando a cabo? — *Contexto*
- ¿Cuáles son las 3-5 cosas más importantes que usted valora? — *Valores*
- ¿Qué quiere lograr? — *Visión*

PLANT
↓↓↓↓↓
LLUVIA DE IDEAS

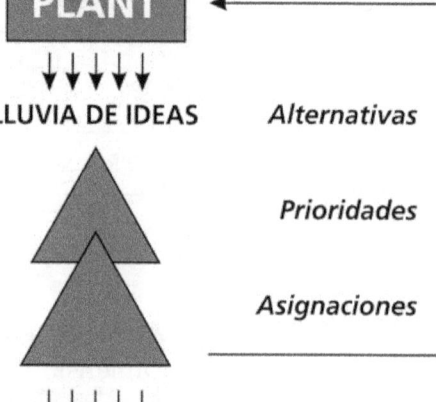

CÓMO
- ¿Qué objetivos (cosas medibles) deben hacerse en cada PLANT (acróstico en inglés)?
- ¿Qué medidas concretas se deben asignar a una persona para lograr cada objetivo?

Alternativas
Prioridades
Asignaciones

↓↓↓↓↓
HORARIO Y CARTILLA

Contexto
Valores/Visión
Preparar
Lanzar
Agrupar
Nutrir
Transicionar
Horario/Cartilla

Horario y cartilla de planificación
Cartilla de planificación

El resultado final de la fase de preparación de PTR es el formulario de cartilla de planificación

- Captura la totalidad del plan en una hoja
- Ayuda a los miembros del equipo, al líder del equipo múltiple, voluntarios potenciales y otras partes interesadas a ver en un instante las intenciones de la empresa de la plantación de la iglesia
- Se convierte en el medio por el cual se da autoridad al equipo, firmado por la autoridad de plantación de iglesias apropiada que supervisará

No hay cartillas de planificación sin límites fijos.
- Fecha de vencimiento para la revisión de la cartilla de planificación
- La revisión puede determinar si:
  - Se debe autorizar un período de tiempo adicional para continuar el esfuerzo
  - No hay suficiente fruto del esfuerzo y el equipo debe ser disuelto
  - Puede ser necesario que haya cambios al por mayor en la visión, la estructura del equipo o las estrategias

La cartilla de planificación hace que el equipo sea semi-autónomo.
- Permite al equipo llevar a cabo su visión dentro de las directrices establecidas sin micro-gestión.
- Crea un escrutinio intensivo de la visión y los métodos del equipo
  - En la parte delantera del desarrollo de la cartilla de planificación
  - En la parte de atrás durante la revisión de la cartilla de planificación
- Menos escrutinio a la mitad durante la implementación

La cartilla de planificación es la culminación del proceso de planificación estratégica y equipa al equipo a proceder con sabiduría y autoridad.

Contexto
Valores/Visión
Preparar
Lanzar
Agrupar
Nutrir
Transicionar
Horario/Cartilla

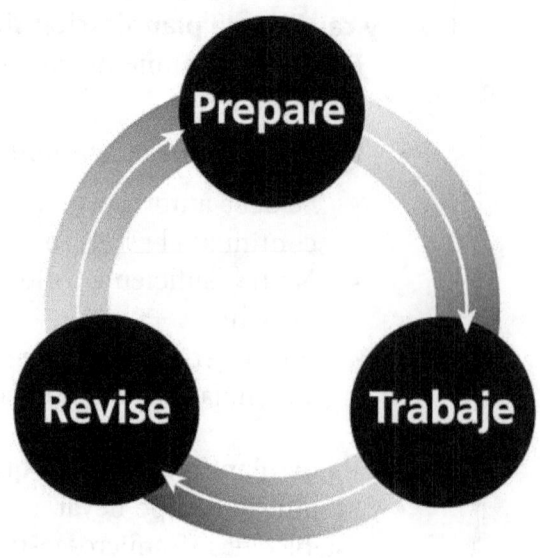

Discierna la visión de Dios

Prepare el plan de ataque

Preparación espiritual y táctica • Contribución a la visión

Ocúpese del enemigo

Revise el fruto

Prepare un nuevo plan de ataque

- El PTR consiste en *adaptar* y hacer *ajustes* con sensatez, no en la organización, metas o tareas.
- Se trata de *aprender*, no de planificación.
- Se trata de la *visión y la verificación del fruto*, no en el análisis y el conteo de frijoles.
- Se trata de *soñar y hacer planes*, no de papeleo.

Contexto
Valores/Visión
Preparar
Lanzar
Agrupar
Nutrir
Transicionar
Horario/Cartilla

Escuela de plantación de iglesias urbanas Evangel
Formulario de cartilla de planificación

Nombre de la Plantación de la Iglesia:_____Fecha:_____

Plantador de la iglesia:_____ Entrenador:_____

Expresión de la Iglesia (marque una):

    ___ Iglesia Pequeña (Casa)   ___ Iglesia Comunitaria   ___ Iglesia Hub (Madre)

Tipo: Modelo de Asociación de *World Impact* (1-4) ___ Nombre del Socio: _____

Miembros principales del equipo (duración del compromiso):

Área objetivo y origen étnico:

Duración solicitada de la cartilla de planificación:_____

Horario para reunirse con el entrenador:_____

Tiempos de Evaluación Formal (PTR, al menos 3 veces/año):_____

Valores:

Declaración de visión:

Objetivos clave:

Aprobación del decano: _____ Fecha _____
Aprobación del decano: _____ Fecha _____
Aprobación del entrenador: _____ Fecha _____
Comisionado por: _____ Fecha _____
           (Autoridad espiritual patrocinadora del plantador de iglesias)

Revise los siguientes apéndices sobre *Plantando iglesias entre los pobres de la ciudad: Una antología de recursos de plantación de iglesias urbanas* (consulte la tabla del apéndice al final de esta sesión para encontrar la ubicación de cada documento que se muestra a continuación, es decir, su volumen y número de página), y luego responder juntos las preguntas bajo *Discusión de grupo del seminario*.

- Conseguir un buen ritmo de equipo: Gestión del tiempo y administración del ministerio
- Ejemplo de cartilla de planificación de Iglesia: Vickery Meadows
- Ejemplo de cartilla de planificación de Iglesia: Hispanos en Newark
- ¿Por qué es prudente y necesario desarrollar una cartilla de planificación de equipo?
- ¿Cómo autorizamos a nuestros equipos de la plantación de Iglesia a operar con autonomía y autoridad?
- Inversión, empoderamiento y evaluación: Cómo el liderazgo como representación proporciona libertad para innovar
- Empoderamiento: Tanto independencia e interdependencia

Discusión de grupo del seminario

1. ¿Por qué la sabiduría bíblica y su aplicación son tan críticas en todos nuestros intentos de llevar a cabo un ministerio y una misión creíbles en el nombre de Dios?
2. ¿Cuáles son los elementos básicos del PTR?
3. ¿Qué ideas particulares en el marco del PTR pueden ayudarnos a organizar nuestros esfuerzos mientras nos acercamos al desafío/llamado de plantar una iglesia entre un grupo de personas no alcanzadas en la ciudad?
4. ¿Qué trampas debemos evitar a medida que avanzamos en la implementación de una estrategia de PTR en la plantación de la iglesia?

Contexto
Valores/Visión
Preparar
Lanzar
Agrupar
Nutrir
Transicionar
Horario/Cartilla

Sesión 1
Viendo el panorama general

Ejercicios de equipo
Estableciendo el contexto

Pautas del ejercicio

Instrucciones de ejercicio

Lecturas del ejercicio
Un llamado a un futuro evangélico antiguo
Modelos de plantación de iglesias
¿Qué es una Iglesia?

Viendo el panorama general: Estableciendo el contexto
Pautas del ejercicio

I. **Definición:** Comprender el panorama general de la labor de plantación de una iglesia, en términos de visión teológica y propósito misional y modelos, así como definir valores fundamentales y esbozar la visión de Dios para la obra

II. **Propósito del ejercicio:** Adquirir perspectiva y discernimiento en cuanto al llamado de Dios y guía para poder:

   A. Comprender el papel de la Iglesia en el Reino de Dios -Esfuerzo de construcción

   B. Redactar una breve narración de la historia y el origen de su equipo plantador de la iglesia y su llamado

   C. Proyectar cuál es el área objetivo, la demografía y los recursos disponibles para este trabajo

   D. Hacer un análisis FODA sobre las fortalezas y debilidades internas y oportunidades y amenazas externas que enfrentará en este esfuerzo

III. **Relación con la metáfora Padre-Niño:** "¡Vamos a tener un bebé!"

IV. **Enfoque de preguntas para el diálogo de su equipo en este ejercicio:**

   A. Preguntas acerca del historial de vida, experiencia, auto-evaluación y llamado de cada miembro a este esfuerzo de la iglesia

   B. Preguntas sobre la formación del equipo, el área objetivo, los modelos (expresiones) de la iglesia, la demografía y los recursos

   C. Preguntas sobre las fortalezas y debilidades internas del equipo y su contexto

   D. Preguntas sobre las oportunidades y amenazas externas que enfrentarán en su misión

Contexto
Valores/Visión
Preparar
Lanzar
Agrupar
Nutrir
Transicionar
Horario/Cartilla

V. **La virtud cardinal para esta actividad de VER EL PANORAMA GENERAL: voluntad de estar tanto abierto y honesto con respecto a sí mismo, al equipo, a su situación y a la situación que heredan en el área objetivo**

VI. **Vicios críticos para evitar durante esta actividad de VER EL PANORAMA GENERAL:**

   A. No reconocer la verdad sobre nosotros mismos (donde estamos y lo que traemos, tanto bueno como malo, al esfuerzo)

   B. Evaluación superficial de las condiciones reales del área objetivo, grupo de personas y condiciones del lugar donde Dios nos ha llamado para plantar una iglesia

VII. **El resultado final: Comience su compromiso con la evaluación abierta y auto crítica de la comunidad.**

Contexto
Valores/Visión
Preparar
Lanzar
Agrupar
Nutrir
Transicionar
Horario/Cartilla

Viendo el panorama general: Estableciendo el contexto
Instrucciones de los ejercicios

> Las buenas decisiones se toman en el contexto apropiado.
> Entendemos el futuro a la luz del pasado.

I. **Por favor lea "Una llamado a un futuro evangélico antiguo" (que se encuentra en esta sección) y discuta las implicaciones de esto para la plantación de iglesias**

II. **Haga que cada miembro del equipo comente brevemente sobre las siguientes preguntas:**

   A. ¿Dónde nació, y cómo fue su vida según iba creciendo?

   B. ¿Cómo fue "renacido", es decir, ¿cómo vino a Cristo, y cómo ha sido para usted "crecer" espiritualmente?

   C. ¿Qué talentos, dones, promesas o bendiciones le ha proporcionado Dios para este esfuerzo de la plantación de la iglesia?

   D. ¿Qué cree que necesitará para confiar en Dios durante el esfuerzo de la plantación de la iglesia?

III. **Complete un historial de 1-2 páginas del equipo de su iglesia.**

   A. Cómo se formó el equipo.

   B. Cómo se eligió el área objetivo.

   C. Lea "Modelos de Plantación de Iglesia" (en esta sección) y discuta/responda la pregunta: ¿Qué expresión y modelo de iglesia nos sentimos llamados a plantar.

   D. Información demográfica.

   E. Recursos disponibles (pueblos, lugares, cosas).

Contexto
Valores/Visión
Preparar
Lanzar
Agrupar
Nutrir
Transicionar
Horario/Cartilla

IV. Realizar un análisis FODA (Fortalezas, Oportunidades, Debilidades, Amenazas).

A. Fortalezas y debilidades internas (es decir, cosas que usted puede controlar).

B. Oportunidades externas y amenazas (es decir cosas fuera de su control como la economía, ordenanzas locales, apertura de iglesias en el área).

Contexto
Valores/Visión
Preparar
Lanzar
Agrupar
Nutrir
Transicionar
Horario/Cartilla

Un llamado a un futuro evangélico antiguo
Robert Webber y Phil Kenyon • Revisado 36 - 5.12.06 Prólogo

Prólogo
En todas las épocas el Espíritu Santo llama a la Iglesia a examinar su fidelidad a la revelación de Dios en Jesucristo, registrada autoritariamente en la Escritura y transmitida a través de la Iglesia. Así, mientras afirmamos la fuerza global y la vitalidad del Evangelicalismo mundial en nuestros días, creemos que la expresión norteamericana del Evangelicalismo necesita ser especialmente sensible a los nuevos desafíos externos e internos que enfrenta el pueblo de Dios.

Estos retos externos incluyen el actual entorno cultural y el resurgimiento de las ideologías religiosas y políticas. Los retos internos incluyen la adaptación evangélica a la religión civil, el racionalismo, el privatismo y el pragmatismo. A la luz de estos desafíos, llamamos a los evangélicos a fortalecer su testimonio mediante la recuperación de la fe articulada por el consenso de la antigua Iglesia y sus guardianes en las tradiciones de la Ortodoxia Oriental, el Catolicismo Romano, la Reforma Protestante y los despertares evangélicos. Los antiguos cristianos se enfrentaban a un mundo de paganismo, gnosticismo y dominación política. Ante la herejía y la persecución, entendieron la historia a través de la historia de Israel, culminando en la muerte y resurrección de Jesús y la venida del Reino de Dios.

Hoy, como en la era antigua, la Iglesia se enfrenta a una serie de narraciones maestras que contradicen y compiten con el evangelio. La pregunta apremiante es: ¿quién llega a narrar el mundo? El llamado a un futuro evangélico antiguo desafía a los cristianos evangélicos a restaurar la prioridad de la historia bíblica divinamente inspirada de los actos de Dios en la historia. La narrativa del Reino de Dios tiene implicaciones eternas para la misión de la Iglesia, su reflexión teológica, sus ministerios públicos de adoración y espiritualidad y su vida en el mundo. Al involucrar estos temas, creemos que la Iglesia se fortalecerá para tratar los asuntos de nuestros días.

1. Sobre la primacía de la narrativa bíblica
Pedimos un retorno a la prioridad de la historia canónica divinamente autorizada del Dios Triuno. Esta historia – Creación, encarnación y re-creación – fue efectuada por la recapitulación de Cristo de la historia humana y resumida por la Iglesia primitiva en sus Reglas de Fe. El contenido formado por el Evangelio de estas Reglas sirvió como clave para la interpretación de la Escritura y su crítica de la cultura contemporánea, y así moldeó el ministerio pastoral de la iglesia. Hoy

Contexto
Valores/Visión
Preparar
Lanzar
Agrupar
Nutrir
Transicionar
Horario/Cartilla

llamamos a los evangélicos a apartarse de los modernos métodos teológicos que reducen el evangelio a simples proposiciones y de los ministerios pastorales contemporáneos tan compatibles con la cultura que camuflan la historia de Dios o la vacían de su significado cósmico y redentor. En un mundo de historias en competencia, llamamos a los evangélicos a recuperar la verdad de la palabra de Dios como la historia del mundo y convertirla en la pieza central de la vida evangélica.

2. Sobre la Iglesia, la continuación de la narrativa de Dios

Llamamos a los evangélicos a tomar en serio el carácter visible de la Iglesia. Pedimos un compromiso con su misión en el mundo en la fidelidad a la misión de Dios (*Missio Dei*), y para una exploración de las implicaciones ecuménicas que esto tiene para la unidad, la santidad, la catolicidad y la apostolicidad de la Iglesia. Así, llamamos a los evangélicos a alejarse de un individualismo que hace de la Iglesia un mero *adendum* al plan redentor de Dios. El Evangelicalismo individualista ha contribuido a los problemas actuales del cristianismo sin iglesia, las redefiniciones de la Iglesia de acuerdo con los modelos empresariales, las eclesiologías separatistas y las actitudes de juicio hacia la Iglesia. Por lo tanto, llamamos a los evangélicos a recuperar su lugar en la comunidad de la Iglesia católica.

3. Sobre la reflexión teológica de la Iglesia sobre la narración de Dios

Llamamos a la reflexión a que la Iglesia permanezca anclada en las Escrituras en continuidad con la interpretación teológica aprendida de los primeros padres. Así, llamamos a los evangélicos a apartarse de los métodos que separan la reflexión teológica de las tradiciones comunes de la Iglesia. Estos métodos modernos compartimentan la historia de Dios analizando sus partes separadas, ignorando toda la obra redentora de Dios como recapitulada en Cristo. Las actitudes anti-históricas también desprecian el legado bíblico y teológico común de la antigua Iglesia. Este desprecio ignora el valor hermenéutico de los credos ecuménicos de la Iglesia. Esto reduce la historia de Dios del mundo a una de muchas teologías que compiten y dañan el testimonio unificado de la Iglesia al plan de Dios para la historia del mundo. Por lo tanto, llamamos a los evangélicos a la unidad en "la tradición que se ha creído en todas partes, siempre y por todos", así como a la humildad y la caridad en sus diversas tradiciones protestantes.

4. Sobre la adoración de la Iglesia como diciendo y promulgando la narrativa de Dios

Llamamos al culto público que canta, predica y promulga la historia de Dios. Llamamos a una renovada consideración de cómo Dios nos ministra en el bautismo, la eucaristía, la confesión, la imposición de manos, el matrimonio, la sanidad y a través de los dones del Espíritu, porque estas acciones dan forma a nuestras vidas y significan el sentido del mundo. Por lo tanto, llamamos a los evangélicos a apartarse de las formas de culto que se centran en Dios como un simple objeto del intelecto, o que afirman el yo como fuente de la adoración. Dicha adoración ha resultado en modelos orientados a la lectura, musicales, centrados en el desempeño y controlados por programas que no proclaman adecuadamente la redención cósmica de Dios. Por lo tanto, llamamos a los evangélicos a recuperar la sustancia histórica de la adoración de la Palabra y la Mesa y atender al año cristiano, que marca el tiempo de acuerdo con los actos de salvación de Dios.

5. Sobre la formación espiritual en la Iglesia como encarnación de la narración de Dios

Llamamos a una formación espiritual catequética del pueblo de Dios que se basa firmemente en una narrativa bíblica trinitaria. Nos preocupa cuando la espiritualidad está separada de la historia de Dios y el bautismo en la vida de Cristo y su Cuerpo. La espiritualidad, hecha independiente de la historia de Dios, se caracteriza a menudo por el legalismo, el mero conocimiento intelectual, una cultura excesivamente terapéutica, el gnosticismo de la Nueva Era, un rechazo dualista de este mundo y una preocupación narcisista por la propia experiencia. Estas falsas espiritualidades son inadecuadas para los desafíos que enfrentamos en el mundo de hoy. Por lo tanto, llamamos a los evangélicos a regresar a una espiritualidad histórica como la enseñada y practicada en el antiguo catecumenado.

6. Sobre la vida encarnada de la Iglesia en el mundo

Llamamos a una santidad cruciforme y compromiso con la misión de Dios en el mundo. Esta santidad encarnada afirma la vida, la moralidad bíblica y la abnegación apropiada. Nos llama a ser mayordomos fieles del orden creado y a profetas audaces a nuestra cultura contemporánea. Así llamamos a los evangélicos a intensificar su voz profética contra las formas de indiferencia al don de la vida de Dios, la injusticia económica y política, la insensibilidad ecológica y el fracaso en defender a los pobres y marginados. Demasiado a menudo no hemos podido soportar proféticamente contra el cautiverio de la cultura al racismo, al consumismo, a la corrección política, a la religión civil, al sexismo, al relativismo ético, a la violencia y a la cultura de la muerte. Estos fracasos han silenciado la voz de Cristo al mundo a través de su Iglesia y restan a la historia de Dios del mundo, que la Iglesia es colectivamente a encarnar. Por lo tanto, llamamos a la Iglesia a recuperar su misión contra-cultural al mundo.

Epílogo

En resumen, llamamos a los evangélicos a recuperar la convicción de que la historia de Dios configura la misión de la Iglesia para dar

Contexto
Valores/Visión
Preparar
Lanzar
Agrupar
Nutrir
Transicionar
Horario/Cartilla

testimonio del Reino de Dios e informar los fundamentos espirituales de la civilización. Presentamos este llamado como una conversación continua y abierta. Somos conscientes de que tenemos nuestros puntos ciegos y debilidades. Por lo tanto, alentamos a los evangélicos a participar en este llamado dentro de los centros educativos, denominaciones e iglesias locales a través de publicaciones y conferencias.

Oramos para que podamos avanzar con la intención de proclamar un Dios amoroso, trascendente y trino que se ha involucrado en nuestra historia. En línea con la Escritura, el credo y la tradición, es nuestro deseo más profundo encarnar los propósitos de Dios en la misión de la Iglesia a través de nuestra reflexión teológica, nuestra adoración, nuestra espiritualidad y nuestra vida en el mundo, mientras proclamamos que Jesús es Señor de toda la creación.

© Northern Seminary 2006 Robert Webber y Phil Kenyon. Se concede permiso para reproducir la Convocatoria en forma inalterada con citación adecuada.

Patrocinadores
Seminario del Norte (*www.seminary.edu*)
Baker Books (*www.bakerbooks.com*)
Instituto de Estudios de Adoración (*www.iwsfla.org*)
InterVarsity Press (*www.ivpress.com*)

Este llamado se emite en el espíritu de *sic et non* (frase del latín que significa si y no); Por lo tanto aquellos que ponen sus nombres a este llamado no necesitan estar de acuerdo con todo su contenido. Más bien, su consenso es que estos son temas que deben ser discutidos en la tradición de *semper reformanda* (frase latina que significa siempre reformando) mientras la iglesia enfrenta los nuevos retos de nuestro tiempo. Durante un período de siete meses, más de 300 personas han participado por correo electrónico para escribir al Llamado. Estos hombres y mujeres representan una amplia diversidad de etnicidad y afiliación denominacional.

Los cuatro teólogos que más consistentemente han interactuado con el desarrollo del llamado han sido nombrados como *editores teológicos*. La *Junta de Referencia* recibió la asignación especial de aprobación general.

Si desea ser firmante del *Llamado*, vaya a www.ancientfuturefaithnetwork.org.

Contexto
Valores/Visión
Preparar
Lanzar
Agrupar
Nutrir
Transicionar
Horario/Cartilla

Modelos de plantación de iglesias
Rev. Dr. Don L. Davis

Los siguientes modelos representan un espectro de modelos que han sido asociados con la plantación de iglesias evangélicas. Las preguntas están diseñadas para ayudarnos a explorar las diversas opciones disponibles para el plantador de iglesias urbanas transculturales en el establecimiento de congregaciones entre los pobres. Es de esperar que nuestro diálogo sirva para aislar algunos de los temas críticos necesarios para que un equipo plantador de iglesias a pensar a fin de hacer su selección sobre qué tipo particular de iglesia deben plantar, dada la cultura, la población y otros factores encontrados en su campo de la misión en particular.

1. ¿Cuál es la definición de la frase "modelos de plantación de iglesias"? ¿Por qué sería importante considerar varias opciones al plantar una iglesia entre los pobres de la ciudad?

2. ¿Cómo caracterizaría los diversos modelos (u otros) que se han permitido o empleado en la plantación tradicional de iglesias? ¿Qué consideraría usted que son sus fortalezas y/o debilidades, y deberíamos utilizar cualquiera de ellos en nuestra plantación de iglesias entre los pobres de la ciudad?

    a. Modelo pastor fundador – un líder se traslada a una comunidad con el compromiso de dirigir y pastorear la iglesia que está plantada.

    b. ¿Modelo de iglesia dividida?! – se forma una nueva iglesia debido a un desacuerdo fundamental sobre alguna cuestión de moralidad, interpretación de la Biblia o cisma.

    c. Modelo núcleo – (a veces referido como el modelo de "colonización"). Este modelo implica una asamblea central encargando a un núcleo más pequeño de su grupo (generalmente con liderazgo y miembros ya organizados) dejar la asamblea más grande y reubicarse en una comunidad no alcanzada como una especie de núcleo hecho de la iglesia que se va a formar.

    d. Modelo de Iglesia cabeza o iglesia madre – una congregación fuerte y central determina convertirse en una especie de centro de envío y nutrir las sedes de las nuevas iglesias plantadas por su supervisión y auspicios, en el área inmediata y/o más allá.

    e. Iglesia modelo celular – una vez que la asamblea centralizada que considera el corazón de su vida y ministerio ocurre en las

Contexto
Valores/Visión
Preparar
Lanzar
Agrupar
Nutrir
Transicionar
Horario/Cartilla

células que están conectadas estructural y pastoralmente a la congregación central; su participación en conjunto constituye la iglesia.

f. Iglesia modelo en casas – una iglesia que, aunque similar a un modelo de iglesia celular, es intencionalmente plantada con mayor atención a la autoridad y autonomía de la reunión de cristianos que se reúnen regularmente en sus respectivos hogares.

g. Modelo misionero – una iglesia donde un plantador de iglesias transcultural busca plantar una iglesia entre un pueblo no alcanzado con la intención desde el principio de ayudar a la iglesia a auto-propagarse, auto-gobernarse y auto-sostenerse.

3. En lugar de modelos de lenguaje, *World Impact* reconoce tres "expresiones" distintas de la plantación de iglesias, de las cuales se pueden considerar y emplear varios modelos.

La Iglesia pequeña expresión (o "iglesia en casas", 20-50 personas). La iglesia pequeña (o en casa) se puede entender como una *pequeña tienda en un centro comercial*. Necesita las conexiones a otras pequeñas iglesias para sobrevivir y prosperar. Las iglesias pequeñas son capaces de reunirse prácticamente en cualquier lugar y puede operar con una pequeña huella con poco o ninguna carga financiera. Pueden enfocarse en un bloque específico, desarrollo de vivienda, o una red de familias. Esta expresión permite un enfoque de discipulado fuerte de desarrollo de liderazgo autóctono que puede tener lugar en este pequeño grupo conectado.

La Iglesia expresión comunitaria (60-150 personas)
La iglesia de la comunidad es la expresión más común de la iglesia, numéricamente hablando, en el mundo de hoy. Esta expresión se puede entender como una *tienda de comestibles o tienda de conveniencia en un barrio o comunidad*. Esta expresión se centra en una identidad geográfica particular y proximidad, destacando tanto la afinidad, la conexión y el contexto único de la congregación y la comunidad circundante. Se desarrolla alrededor de un profundo llamado y conexión a un vecindario en particular, y normalmente requiere un lugar semi-estable para reunirse (por ejemplo, un parque, un centro comunitario o una escuela). La asociación con otras iglesias comunitarias es importante.

La Iglesia expresión matriz (más de 200 personas)
La iglesia madre (o "iglesia central") representa una asamblea de creyentes más grande, y puede ser entendida como *Walmart Superstore*

o Super Target, una tienda que alberga una serie de entidades selectas que ofrecen a sus clientes muchas opciones y oportunidades. Este tipo de iglesia, que tiene tanto los recursos económicos y espirituales para la multiplicación, puede aprovechar sus recursos y capacidades para convertirse en una iglesia enviadora/ empoderamiento que se reproduce muchas veces. Idealmente, una iglesia madre o centro es una congregación que está dirigida por claros propósitos misioneros que le permiten aprovechar sus capacidades y dones para convertirse en un centro de compasión, misericordia y ministerios de justicia. También puede servir de sede para los plantadores de iglesias y los iniciadores de ministerio, y puede funcionar fácilmente como incubadora de otros ministerios eficaces entre los no alcanzados. Dicha expresión suele estar más enraizada en una instalación particular construida a medida que le permite aprovechar este tipo de capacidades.

4. ¿Cuáles son los temas críticos (por ejemplo, la cultura, la tradición de los plantadores de iglesias y la contextualización) que deberían ser tomados en cuenta en la selección del modelo o expresión apropiada para usar en la plantación de una iglesia en la ciudad?

5. De todas las cosas que un plantador de iglesias puede tener en cuenta, ¿cuál cree que es el elemento central que él o ella debe entender para elegir la opción "correcta" para ellos?

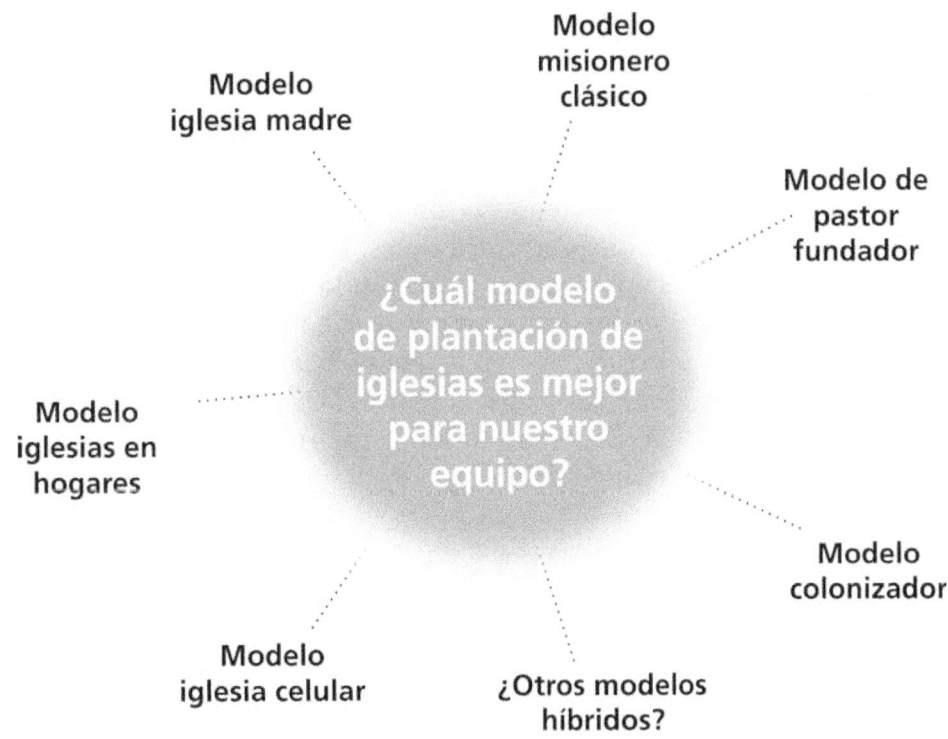

Contexto
Valores/Visión
Preparar
Lanzar
Agrupar
Nutrir
Transicionar
Horario/Cartilla

¿Qué es una Iglesia?

Rev. Dr. Don Davis

La Iglesia es la comunidad del pueblo de Dios que reconoce a Jesús como Señor, que lleva a cabo sus propósitos en la tierra, compuesta de todos en el pasado, presente y futuro, de todos los lugares de la tierra y a lo largo de la historia. La Iglesia es el agente de Dios del Reino de Dios, el cuerpo y la novia de Cristo, que como custodio de la revelación de Dios ha respondido a su obra en teología, adoración, discipulado y testimonio (véase *La historia de Dios: Nuestras raíces sagradas*). Cada iglesia local es una embajada, sirviendo como un puesto de avanzada de su Reino.

Hay una sola historia revelada en la Biblia (ver *Había una vez*). El Dios del universo, existente en tres personas (Padre, Hijo y Espíritu Santo), es el Creador de todas las cosas, visibles e invisibles, que hicieron a los seres humanos a Su propia imagen. A pesar de la rebelión de Satanás y de la primera pareja humana, Dios envió a un Salvador que vencería el mal y lo devolvería todo para la gloria de Dios.

En este drama que se desarrolla, hay una base objetiva (la obra soberana de Dios en la creación, Israel y Cristo) y una respuesta subjetiva (la participación de la Iglesia en el Reino de Dios). En el lado objetivo, el Padre es el autor y director de la historia, el hijo es el campeón y actor principal de la historia, y el Espíritu es el narrador e intérprete de la historia. La Biblia es la Escritura y el testimonio de la historia.

Desde el punto de vista subjetivo, el Pueblo de la Historia responde en la teología ortodoxa como confesores de la fe, adorando juntos como sacerdotes reales, se forman como discípulos de Cristo como extranjeros en este mundo y testigos del amor de Dios como sus santos embajadores. Este entendimiento crea el fundamento de cada expresión en una iglesia local (véase *Christus Victor: Una visión integrada para la vida y el testimonio cristiano*) incluyendo la doctrina, el uso de los dones, la espiritualidad, la justicia y la compasión, la evangelización y la misión y la adoración.

Contexto
Valores/Visión
Preparar
Lanzar
Agrupar
Nutrir
Transicionar
Horario/Cartilla

La Iglesia está llamada a encarnar y defender fielmente la revelación de Dios a través del testimonio del apóstol, cumpliendo su identidad como una comunidad santa, universal y apostólica (ver *Hay un río*). La Iglesia debe transmitir fielmente lo que el Espíritu dio al pueblo de Cristo en términos de lo que creen, cómo deben adorar y cuáles son sus Escrituras. Estas creencias fundamentales subyacen la fe para todos los creyentes, en todas partes, y es llamada la "Gran Tradición" (ver *Credo Niceno*), que es abrazada por todos los creyentes ortodoxos. Esto representa la enseñanza y la práctica de los apóstoles, escritas en la Biblia, resumidas en los credos y concilios de la Iglesia, y defendidas por los creyentes a lo largo de la historia.

La plantación de iglesias es simplemente una extensión de la expresión subjetiva de este Gran Drama Cósmico. Una iglesia es una nueva hoja en el árbol del diseño de Dios, volviendo a sus Raíces Sagradas. Nuestra identidad se basa en la tutela y transferencia transcultural de la Gran Tradición, que protege contra la herejía, el sectarismo, el sincretismo, el cisma y el pragmatismo.

Una vez que vemos el amplio paisaje de la Iglesia ("I" mayúscula) podemos entonces pensar más responsable y claramente sobre la iglesia ("c" minúscula). En el diccionario conceptual de *World Impact*, reconocemos que la Iglesia ha expresado históricamente y prácticamente hoy su comunidad de tres maneras. Estas expresiones resultarán esenciales en nuestro trabajo de plantación de iglesias entre la gente de la ciudad y abarcan todas las facetas de nuestra estrategia de plantación de iglesias (incluyendo la evaluación para plantadores de iglesias, entrenamiento y fletamento de equipos de iglesias y proveyendo recursos y direcciones a través de nuestros entrenadores y financiamiento).

(Los propósitos de estas expresiones no son determinar la línea absoluta entre, digamos, 50 y 51 miembros en una iglesia. Obviamente, estos números no se dan para las distinciones duras y rápidas entre las expresiones. Nos dan un sentido de las congregaciones regulares, en curso, el tamaño y composición. Las iglesias respiran en su membresía, pero tienden a establecerse en una asistencia particular dentro de los márgenes. No vea los números como fronteras absolutas, sino más bien como guías sugestivas en términos de cómo una iglesia en particular tiende a crecer y funcionar.)

Nuestras tres expresiones son las siguientes:

La Iglesia pequeña expresión (o "iglesia en casas", 20-50 personas). La iglesia pequeña (o en casa) se puede entender como una *pequeña tienda en un centro comercial*. Necesita las conexiones a otras pequeñas iglesias para sobrevivir y prosperar. Las iglesias pequeñas son capaces de reunirse prácticamente en cualquier lugar y puede operar con una pequeña huella con poco o ninguna carga financiera. Pueden enfocarse en un bloque específico, desarrollo de vivienda, o una red de familias.

Contexto
Valores/Visión
Preparar
Lanzar
Agrupar
Nutrir
Transicionar
Horario/Cartilla

Esta expresión permite un enfoque de discipulado fuerte de desarrollo de liderazgo autóctono que puede tener lugar en este pequeño grupo conectado.

La Iglesia expresión comunitaria (60-150 personas)
La iglesia de la comunidad es la expresión más común de la iglesia, numéricamente hablando, en el mundo de hoy. Esta expresión se puede entender como una *tienda de comestibles o tienda de conveniencia en un barrio o comunidad*. Esta expresión se centra en una identidad geográfica particular y proximidad, destacando tanto la afinidad, la conexión y el contexto único de la congregación y la comunidad circundante. Se desarrolla alrededor de un profundo llamado y conexión a un vecindario en particular, y normalmente requiere un lugar semi-estable para reunirse (por ejemplo, un parque, un centro comunitario o una escuela). La asociación con otras iglesias comunitarias es importante.

La Iglesia expresión matriz (más de 200 personas)
La iglesia madre (o "iglesia central") representa una asamblea de creyentes más grande, y puede ser entendida como *Walmart Superstore o Super Target, una tienda que alberga una serie de entidades selectas que ofrecen a sus clientes muchas opciones y oportunidades*. Este tipo de iglesia, que tiene tanto los recursos económicos y espirituales para la multiplicación, puede aprovechar sus recursos y capacidades para convertirse en una iglesia enviadora/ empoderamiento que se reproduce muchas veces. Idealmente, una iglesia madre o centro es una congregación que está dirigida por claros propósitos misioneros que le permiten aprovechar sus capacidades y dones para convertirse en un centro de compasión, misericordia y ministerios de justicia. También puede servir de sede para los plantadores de iglesias y los iniciadores de ministerio, y puede funcionar fácilmente como incubadora de otros ministerios eficaces entre los no alcanzados. Dicha expresión suele estar más enraizada en una instalación particular construida a medida que le permite aprovechar este tipo de capacidades.

Contexto
Valores/Visión
Preparar
Lanzar
Agrupar
Nutrir
Transicionar
Horario/Cartilla

*Sesión 1
Viendo el panorama general*

Ejercicios de equipo
Definiendo los valores/visión

Pautas del ejercicio

Instrucciones de los ejercicios

Ejercicios de equipo

Viendo el panorama general: Definiendo los valores/visión
Pautas del ejercicio

I. **Definición:** redactar y discernir nuestros valores compartidos y declaración de visión con respecto de lo que creemos El deseo de Dios de ser, hacer y crear en nuestro trabajo de plantación de iglesias

II. **Propósito del ejercicio:** definir juntos lo que servirá como nuestros valores y visión para nuestro ministerio, permitiéndonos:

   A. Dialogar sobre posibles imágenes de lo que creemos que Dios ha puesto en nuestros corazones para lograr

   B. Discutir abiertamente y cuidadosamente los diversos valores alternativos

   C. Alcanzar juntos el consenso sobre nuestros valores compartidos, reunirlos de manera clara y concisa

   D. Hacer una declaración de visión que describa lo que esperamos que Dios haga en nuestro esfuerzo

III. **Relación con la metáfora Padre-Niño:** "Vamos a tener un bebé – bien entonces, ¿dónde y cuándo?"

IV. **Enfoque en las preguntas para el diálogo de su equipo en este ejercicio:**

   A. Preguntas sobre los valores que cada miembro cree son los más importantes

   B. Preguntas acerca de cómo discernir qué valores reflejarán nuestro deseo compartido

   C. Preguntas acerca de la redacción, sustancia y razón de ser de nuestra declaración de visión

   D. Preguntas acerca de las consideraciones específicas relacionadas con la visión de su esfuerzo de plantación de iglesia, incluyendo cuánto tiempo, límites geográficos, grupos de personas, etc.

Contexto
Valores/Visión
Preparar
Lanzar
Agrupar
Nutrir
Transicionar
Horario/Cartilla

V. **La virtud cardinal para esta actividad de VER EL PANORAMA GENERAL: un corazón que escucha a Dios y a los miembros de su equipo para descubrir la voluntad de Dios sobre sus valores y visión juntos**

VI. **Vicios críticos para evitar durante esta actividad de VER EL PANORAMA GENERAL:**

   A. Un enfoque descuidado y perezoso al definir sus valores clave juntos

   B. Una declaración de visión poco clara que no describe lo que usted espera lograr, y cuándo

VII. **El resultado final: Sueñen y tengan una lluvia de ideas juntos sobre sus valores más profundos y visión compartida**

Contexto
Valores/Visión
Preparar
Lanzar
Agrupar
Nutrir
Transicionar
Horario/Cartilla

Viendo el panorama general: Definiendo los valores/visión
Instrucciones de los ejercicios

I. **Abrir en oración, pidiendo a Dios que revele su voluntad sobre los valores y la visión de su esfuerzo.**

II. **Llene la hoja de trabajo de clasificación de valores (individualmente), no tomando más de diez minutos.**

III. **Complete la hoja de trabajo de formación de valores (como equipo) como una guía para desarrollar una lista de 3-5 valores que representan lo que es más importante para su esfuerzo de plantación de iglesias.**

   A. Haga una lluvia de ideas utilizando hojas individuales (15 minutos).

   B. Limite las posibilidades a no más de diez (15 minutos).

   C. Discuta las alternativas (35 minutos).

   D. Reduzca los valores a no más de cinco (20 minutos).

IV. **Desarrolle una declaración de la visión en unas 2-3 oraciones para su esfuerzo de plantación de iglesia que describa lo qué usted desea ver logrado. Considere:**

   A. ¿Cuánto tiempo llevará?

   B. ¿A qué límites geográficos va dirigido?

   C. ¿A qué grupos étnicos o de personas se dirigirá?

   D. ¿Qué le distingue de los esfuerzos de otras plantaciones de iglesias?

   E. ¿Cuál será su enfoque general para alcanzar la visión (mire sus valores como guía)?

V. **Presentaciones**

VI. **Oración: En algún momento antes de su presentación, reserve al menos 30 minutos para oración con respecto a sus valores y visión.**

Contexto
Valores/Visión
Preparar
Lanzar
Agrupar
Nutrir
Transicionar
Horario/Cartilla

Viendo el panorama general: Definiendo los valores/visión
Ejercicio de equipo

I. **¿Qué son los valores?**
   A. Temas que impulsan la formación de la iglesia
   B. Lo más importante para invertir tiempo y energía
   C. Convicciones, suposiciones, expectativas

II. **¿Por qué son importantes?**
   A. Aclaran, prueban suposiciones (Paradoja de Abilene).
   B. Exponen los problemas de las expectativas.
   C. Si no se está en la misma página, tendrá efecto desgarrador en el equipo
   D. Cuanto más exitoso sea el lanzamiento, más tiempo tardará en superar los valores diferentes
   E. Posteriormente, una segunda ronda de prueba de los valores/expectativas probable ("Pensé que dijimos . . .")

III. **¿Cuántos debería tener? 3-5; de lo contrario dejan de ser valores, pierden su impacto y se convierten en métodos.**

IV. **¿Qué hago con ellos una vez los tengo?**
   A. Manténgalos al frente de las discusiones.
   B. Úselos para tratar con el conflicto (permanezca en el cuadro grande).
   C. Desarrolle una declaración de visión de ellos.

V. **Declaraciones de visión**
   A. Quién, qué, cuándo, dónde y cómo
   B. Personalizado, detallado, distintivo
   C. Le distingue de otros que están haciendo lo mismo
   D. Identifica el público objetivo (por ejemplo, etnia, geografía, economía, personalidad)
   E. Enfatiza la acción agresiva y futurista
   F. Cuantitativo
   G. No debe cambiar después de un año o dos
   H. Tiene una "cosa principal" enfocada (plantar una iglesia)
   I. Limitado a 2-3 oraciones
   J. Tiene más de dos años en el horizonte

Contexto
Valores/Visión
Preparar
Lanzar
Agrupar
Nutrir
Transicionar
Horario/Cartilla

Viendo el panorama general: Definiendo los valores/visión
Ejercicio de equipo: Visión vrs. Metas

Visión:
Una imagen de lo que Dios pone en nuestros corazones

Metas:
Qué hacemos en respuesta

1 Cor. 3:5-8 (LBLA) – ¿Qué es, pues, Apolos? Y ¿qué es Pablo? Servidores mediante los cuales vosotros habéis creído, según el Señor dio oportunidad a cada uno. Yo planté, Apolos regó, pero Dios ha dado el crecimiento. Así que ni el que planta ni el que riega es algo, sino Dios, que da el crecimiento. Ahora bien, el que planta y el que riega son una misma cosa, pero cada uno recibirá su propia recompensa conforme a su propia labor.

Lo que el hombre hace	Lo que Dios hace
Planta, riega	Da el crecimiento
Evangeliza, equipa, capacita	Planta la iglesia
Cuida la planta con cuidado hasta que pueda existir por sí sola	Decide el tiempo
Metas de la plantación de la Iglesia: Oración, tirar la semilla, proyectos consistentes con la visión	**Visión de la plantación de la Iglesia:** Imagen de lo que Dios pone en nuestros corazones
Peligro: Demasiado énfasis en nuestro esfuerzo, habilidad y sabiduría	**Peligro:** Sobre-espiritualizar; minimizar el papel que desempeñamos

Contexto
Valores/Visión
Preparar
Lanzar
Agrupar
Nutrir
Transicionar
Horario/Cartilla

Viendo el panorama general: Definiendo los valores/visión
Ejercicio de equipo (Individualmente): Hoja de trabajo de clasificación de valores

Clasifique en orden lo siguiente del 1-7 ("1" – lo más importante). Sólo elija siete, aunque sean importantes. ¡Evite combinar valores!

___Enseñar la Palabra de Dios
___Compañerismo
___Iglesia celular o grupos pequeños
___Adoración
___Oración
___Capacitar/equipar miembros para usar los dones
___Ministerio para jóvenes y niños
___Liderazgo estable
___Reputación en la comunidad
___Uso de dones espirituales
___Representación multicultural
___Estilo de adoración
___Estilo de predicación
___Formato de adoración
___Orientación carismática
___Interés étnico/cultural
___Estructuras de grupo
___Estrategia evangelística
___Asuntos de Justicia
___Estilos de liderazgo
___Gobierno de la iglesia
___Prioridades financieras
___Asimilación y seguimiento
___Disciplinas espirituales (estudio, oración)

___Edificar al cuerpo
___Alcance
___Ministerio a los adultos
___Consejería/cuidado pastoral
___Ministerio musical
___Ministerio de justicia social
___Discipulado
___Administración
___Misiones mundiales
___Alcance a la comunidad
___Planificación y establecimiento de metas
___Asimilar nuevos asistentes
___Amistades intimas
___Pureza doctrinal
___Programas variados
___Otro(s):

Viendo el panorama general: Definiendo los valores/visión
Ejercicio de equipo (Como equipo):
Hoja de trabajo de clasificación de valores

Lluvia de ideas de lista de valores:
1.
2.
3.
4.
5.
6.
7.
8.
9.
10.
11.
12.
13.
14.
15.
16.
17.
18.
19.
20.
21.
22.
23.
24.
25.
26.
27.
28.
29.
30.

Lista priorizada de valores:
1.
2.
3.
4.
5.
6.
7.
8.
9.
10.

Lista final de valores:
1.
2.
3.
4.
5.

Contexto
Valores/Visión
Preparar
Lanzar
Agrupar
Nutrir
Transicionar
Horario/Cartilla

Viendo el panorama general: Definiendo los valores/visión
Ejercicio de equipo (Como equipo):
Declaración de visión

I. ¿Cuánto tiempo tomará?

II. ¿A qué límites geográficos vamos a apuntar?

III. ¿A qué grupos étnicos o de personas vamos a apuntar?

IV. ¿Qué nos distingue de otros esfuerzos de plantación de iglesias?

V. ¿Cuál será nuestro enfoque general para alcanzar la visión?

Declaración de la visión:

Contexto
Valores/Visión
Preparar
Lanzar
Agrupar
Nutrir
Transicionar
Horario/Cartilla

Viendo el panorama general:
Definiendo los valores/visión
Ejercicio de equipo (Como equipo): Presentaciones

Contexto
Valores/Visión
Preparar
Lanzar
Agrupar
Nutrir
Transicionar
Horario/Cartilla

Sesión 1
Viendo el panorama general

Trazando su propio curso

Trazando su propio curso

Si ya tiene una buena idea sobre el tipo de asamblea que el Espíritu quiere que planee, cómo va a transitar, estar asociado y dirigido, podría ser bueno para usted otra vez proyectar prácticamente las dimensiones de ese llamado aquí. Como alguien que ya tiene un sentido de lo que será la iglesia y cómo funcionará, ¿qué expresión busca en su plantación? ¿Será la *expresión de la Iglesia pequeña* (o "iglesia en casa", 20-50 personas la *pequeña tienda en un centro comercial*), la *expresión de la Iglesia comunitaria* (60-150 personas, *el supermercado o tienda de conveniencia en un barrio o comunidad*), o la *expresión de la Iglesia madre o matriz* (más de 200 personas, *Walmart Superstore o Super Target, una tienda que alberga una serie de entidades selectas que ofrecen a sus clientes muchas opciones y oportunidades*)? Si Dios ya le ha dirigido a lo que él quiere que la iglesia sea, use este ejercicio para describir esos elementos, destacando los valores particulares que conformarán la visión que Dios desea para esta asamblea. Tenga la libertad de esbozar sus ideas, sabiendo que el Señor llenará las dimensiones con el paso del tiempo.

Por favor, tenga cuidado de notar el tipo de plantación que está involucrado. Por ejemplo, si está involucrado en una iglesia transcultural, en la fase de Transición necesitará maniobrar su trabajo para la salida de los misioneros a líderes de dentro de la comunidad, es decir, líderes autóctonos, quienes luego se harán cargo de la congregación. Cómo entienda estas fases dependerá en gran medida de la visión y el compromiso que su plantación tiene a la iglesia, una vez que se forma y cómo va a seguir relacionándose con ella una vez que está en marcha.

Un ejercicio útil podría ser que usted escriba un breve testimonio narrativo de cómo llegó a estar aquí ahora, y comparta esa historia con los otros plantadores de iglesias. Piense críticamente acerca de la visión de la iglesia que Dios le ha dado, y proyecte sus valores, visión y objetivos basados en ese llamado.

Contexto
Valores/Visión
Preparar
Lanzar
Agrupar
Nutrir
Transicionar
Horario/Cartilla

Sesión 1
Viendo el panorama general

Recursos para estudios adicionales

Recursos para estudios adicionales

Allsman, Don, *Jesús recortado de la imagen: Por qué se aburren los cristianos y cómo restaurarlos hacia una fe vibrante*. Wichita, KS: *The Urban Ministry Institute*, 2009.

Cornett, Terry G., y James D. Parker. "Desarrollando congregaciones urbanas: Una estructura para los plantadores de iglesias de World Impact." *Plantando iglesias entre los pobres de la ciudad: Una antología de recursos de plantación de iglesias urbanas*. Vol. 1, págs. 19-92. Wichita, KS: *TUMI Press*, 2015.

Davis, Don L. *Raíces Sagradas: Un tratado sobre la necesidad de recuperar la Gran Tradición*. Wichita, KS: *The Urban Ministry Institute*, 2010.

———. *Marking Time: Forming Spirituality through the Christian Year*. (Marcando Tiempo: Formando espiritualidad a través del Año Cristiano). Wichita, KS: *TUMI Press*, 2007, 2012.

———. *Winning the World: Facilitating Urban Church Planting Movements*. (Ganando el mundo: Facilitando movimientos de plantación de iglesias urbanas). Wichita, KS: *TUMI Press*, 2007, 2012.

Davis, Don L., y Terry G. Cornett. "An Outline for a Theology of the Church." *Crowns of Beauty: Planting Urban Churches* (Training Manual). ("Un esquema para una teología de la Iglesia," Coronas de belleza: Plantando iglesias urbanas [Manual de capacitación]). Los Angeles: *World Impact Press*, 1999.

Hesselgrave, David J. *Planting Churches Cross Culturally: A Biblical Guide*. (Plantando iglesias transculturalmente: Una guía bíblica). Grand Rapids: *Baker Book House*, 2000.

Hodges, Melvin L. *The Indigenous Church: A Handbook on How to Grow Young Churches*. (La iglesia autóctona: Un manual sobre cómo hacer crecer las iglesias jóvenes). Springfield, MO. *Gospel Publishing House*, 1976.

Shenk, David W., y Ervin R. Stutzman. *Creating Communities of the Kingdom: New Testament Models of Church Planting*. (Creación de Comunidades del Reino: Modelos del Nuevo Testamento para la Plantación de Iglesias). Scottsdale, PA: *Herald Press*, 1988.

Smith, Efrem. *The Post-Black and Post-White Church: Becoming the Beloved Community in a Multi-Ethnic World*. (La Iglesia Post-Negra y Post-Blanca: Convertiéndose en la comunidad amada en un mundo multiétnico). San Francisco: *Jossey-Bass Publishers*, 2012.

Sesión 1
Viendo el panorama general

Listado de apéndices

Listado de apéndices

#	Título del apéndice	Plantando Iglesias entre los pobres de la ciudad Vol. 1 o Vol. 2	# de pág.
1	Desarrollando congregaciones urbanas: Una estructura para los plantadores de iglesias de World Impact	Volúmen 1	19
2	La historia de Dios: Nuestras raíces sagradas	Volúmen 1	195
3	Había una vez: Entendiendo el lugar de nuestra iglesia en la historia de Dios	Volúmen 1	150
4	Christus Victor: Una visión integrada para la vida y el testimonio cristiano	Volúmen 1	110
5	La teología de Christus Victor: Un motivo bíblico Cristo-céntrico de integración y renovación de la iglesia urbana	Volúmen 1	199
6	Hay un río: Identificando los arroyos de una comunidad cristiana revitalizada en la ciudad	Volúmen 1	182
7	El Credo Niceno	Volúmen 2	185
8	¿De qué Espíritu somos? Un tratado sobre por qué buscamos recuperar la gran tradición de la iglesia de la ciudad	Volúmen 2	262
9	Sembrando la buena semilla: Primeros pasos para recuperar la gran tradición a través de la espiritualidad compartida	Volúmen 2	253
10	Resumen de las fases de ejercicio para la Escuela Evangel de World Impact de plantación de iglesias urbanas	Volúmen 2	150
11	Modelos de plantación de iglesias	Volúmen 1	385
12	La naturaleza de los movimientos dinámicos de plantación de iglesias: Definiendo los elementos de movimientos efectivos de plantación de iglesias	Volúmen 2	23
13	El cordón triple de los movimientos de plantación de iglesias urbanas transculturales	Volúmen 2	270
14	Movimientos de plantación de iglesias, vecindarios C1, y ventanas 80%: La importancia de la visión	Volúmen 1	320

#	Título del apéndice	Plantando Iglesias entre los pobres de la ciudad Vol. 1 o Vol. 2	# de pág.
15	Formando el equipo plantador de la Iglesia y entendiendo los papeles	Volúmen 1	371
16	Consiguiendo un buen ritmo de equipo: Gestión del tiempo y administración del ministerio	Volúmen 1	439
17	Ejemplo de cartilla de planificación de Iglesia: Vickery Meadows	Volúmen 2	135
18	Ejemplo de cartilla de planificación de Iglesia: Newark Hispanic	Volúmen 2	136
19	¿Por qué es prudente y necesario desarrollar una cartilla de planificación de equipo?	Volúmen 2	142
20	¿Cómo autorizamos a nuestros equipos de plantación de Iglesia a operar con autonomía y autoridad?	Volúmen 2	143
21	Inversión, empoderamiento y evaluación: Cómo el liderazgo como representación	Volúmen 2	138
22	Empoderamiento: Tanto independencia e interdependencia	Volúmen 2	139
23	Representando a Dios: Sirviendo a Cristo como emisario de su congregación local	Volúmen 2	49
24	Representando a Jesús como el representante elegido de Dios	Volúmen 2	65
25	Comprendiendo el liderazgo como representación: Las seis etapas del apoderado formal	Volúmen 2	66
26	Dirigiendo una adoración efectiva	Volúmen 2	316
27	Siete prácticas esenciales para el sacerdocio de todos los creyentes	Volúmen 1	264

Sesión 2
Preparar: "P"

- Juntándolo todo
- **T**ransicionar: *Liberar la Iglesia*
- **N**utrir: *Madurar la iglesia*
- **A**grupar: *Establecer la Iglesia*
- **L**anzar: *Expandir la Iglesia*
- **P**reparar: *Ser la Iglesia*
- Viendo el panorama general

Sesión 2
Preparar: Ser la Iglesia

**Adoración y devocional
Libertad en Cristo**

Libertad en Cristo

Dr. Don Davis • Vea *www.tumi.org/churchplanting*

La libertad no es un elemento en la vida cristiana. No es una de sus formas. No se expresa accidentalmente, o según las circunstancias, o por medio de encuentros. En algunas circunstancias, la templanza es obra de la fe, en otros la fidelidad, en otros la justicia estricta, en otros la clemencia extrema. La libertad, sin embargo, no es así. No es una parte o una expresión fragmentaria de la vida cristiana. Es la vida cristiana.

La libertad está fuera de la lista de virtudes. No es uno de los frutos del Espíritu. Es el pedestal en el cual todo el resto se puede fijar. Es el clima en el cual todas las cosas se desarrollan y crecen. Es la significación de todos los actos. Es su orientación. Es la condición del resto de la vida cristiana. La libertad no es, pues, uno de los elementos de la ética o moral cristiana. Sin ella no habría ética. La vida cristiana está puesta en ella.

Una vez más, la libertad no es una actitud que podamos poner o retrasar como queramos. Estamos tan acostumbrados a no traer la libertad a nuestro pensamiento cristiano que no se nos ocurre que es la situación de la que depende todo. Estamos listos para acusarnos de no ser justos o amar. Pero casi nunca soñamos con cuestionar nuestra falta de libertad o preguntarnos si la estamos expresando en la totalidad de nuestras vidas. Si somos teólogos, podemos argumentar que esta situación está hecha para nosotros. Somos libres porque hemos sido liberados. La libertad ha sido adquirida. Se ha dado. Nos hemos vuelto libres. No puede haber alteración de esto. Se ha convertido en más o menos un elemento constitutivo en mi vida y naturaleza. ¿Por qué, entonces, debería preocuparme? Es parte de la nueva naturaleza con la que me he invertido. No puedo perderlo puesto que está garantizado por mi gracia. . . .

. . . Ahora bien, este mensaje encuentra tan poco lugar en la enseñanza de la iglesia que nunca encontramos ni siquiera la más mínima referencia a ella en nuestros catecismos, ni hay ninguna investigación de la vida cristiana sobre la base de la libertad. Los manuales de ética o bien ignoran la libertad, o provisionalmente la colocan entre las virtudes, como Pablo no hace, o encontrar un lugar para ella en la descripción de la naturaleza humana. La libertad no se presenta en ninguna parte como una situación global que debería encontrar expresión en cada uno de nuestros actos. Tal vez esto es algo que se da por sentado. Pero la cuestión de la manifestación visible y concreta de la libertad nunca se toma como punto de partida. . . . Es un tema que ha desaparecido del horizonte cristiano. El creyente no se preocupa

> de saber si es libre ni está preocupado en lo más mínimo de las maneras de manifestar su libertad. En mi opinión, esto es precisamente lo que explica la insipidez de la vida cristiana, su falta de sentido, su incapacidad para hacer mucho impacto en la sociedad. Las obras de amor y servicio pueden multiplicarse, la justicia puede ser demostrada y la fe puede expresarse, pero nada de esto vale nada sin libertad.
>
> ~ Jacques Ellul. *The Ethics of Freedom*. [La ética de la libertad]. Traducido por Geoffrey W. Bromiley. Grand Rapids: Eerdmans, 1976. págs. 104-105.

Libertad "de"

I. **Vivir Libre: Fuera de la tiranía de Egipto – Los que somos libres en Cristo DE: Ascetismo, enjuiciamiento, legalismo, tradicionalismo y etnocentrismo**

Gál. 5:1 (RVR1995) – Estad, pues, firmes en la libertad con que Cristo nos hizo libres y no estéis otra vez sujetos al yugo de esclavitud.

1 Pe. 2:16 (RVR1995) – Actuad como personas libres, pero no como los que tienen la libertad como pretexto para hacer lo malo, sino como siervos de Dios.

Por medio del Nuevo Pacto en la sangre de Cristo, ahora nos acercamos a Dios y sostenemos nuestra relación con Él por gracia a través de la fe en Jesucristo, y somos librados de buscar establecer una justicia o relación con el Padre por nuestra cuenta.

A. Nos han librado del *ascetismo*: dependiendo de la disciplina personal, el sacrificio devocional y la negación de mi cuerpo para crear y sostener una relación con Dios.

   1. El principio: *Ninguna cantidad de disciplina devocional o negación del cuerpo nos hará aceptables a Dios por nuestra cuenta.*

   Col. 2:20-23 (RVR1995) – Si habéis muerto con Cristo en cuanto a los rudimentos del mundo, ¿por qué, como si vivierais en el mundo, os sometéis a preceptos tales como: «No uses», «No comas», «No toques»? Todos estos preceptos son sólo mandamientos y doctrinas de hombres, los cuales se destruyen con el uso. Tales cosas tienen a la verdad cierta reputación de sabiduría, pues exigen cierta religiosidad, humildad y duro trato del cuerpo; pero no tienen valor alguno contra los apetitos de la carne.

2 Cor. 11:13-15 (RVR1995) – porque éstos son falsos apóstoles, obreros fraudulentos, que se disfrazan de apóstoles de Cristo. Y esto no es sorprendente, porque el mismo Satanás se disfraza de ángel de luz. Así que, no es extraño si también sus ministros se disfrazan de ministros de justicia; cuyo fin será conforme a sus obras.

1 Tim. 4:1-3 (RVR1995) – Pero el Espíritu dice claramente que, en los últimos tiempos, algunos apostatarán de la fe, escuchando a espíritus engañadores y a doctrinas de demonios, de hipócritas y mentirosos, cuya conciencia está cauterizada. Estos prohibirán casarse y mandarán abstenerse de alimentos que Dios creó para que con acción de gracias participaran de ellos los creyentes y los que han conocido la verdad.

2. El punto: *perseguimos a Dios a través del cuerpo y la disciplina personal porque él ya nos ha aceptado y nos ha hecho su propio, no para ser aceptable para él.*

Fil. 2:12-13 (RVR1995) – Por tanto, amados míos, como siempre habéis obedecido, no solamente cuando estoy presente, sino mucho más ahora que estoy ausente, ocupaos en vuestra salvación con temor y temblor, porque Dios es el que en vosotros produce así el querer como el hacer, por su buena voluntad.

B. Hemos sido liberados del *enjuiciamiento*: Del temor a la ira de Dios por causa de nuestra pecaminosidad personal, y el juicio inminente de la muerte.

1. El principio: *No nos juzgamos moralmente unos a otros, porque la muerte de Cristo en la cruz nos ha pagado el precio; Él sufrió en nuestro lugar la ira de Dios, el castigo de la muerte y el juicio de Dios sobre nosotros.*

Juan 3:35-36 (RVR1995) – El Padre ama al Hijo y ha entregado todas las cosas en su mano. El que cree en el Hijo tiene vida eterna; pero el que se niega a creer en el Hijo no verá la vida, sino que la ira de Dios está sobre él.

1 Tes. 1:9-10 (RVR1995) – Ellos mismos cuentan de nosotros cómo nos recibisteis y cómo os convertisteis de los ídolos a Dios, para servir al Dios vivo y verdadero y esperar de los cielos a su Hijo, al cual resucitó de los muertos, a Jesús, quien nos libra de la ira venidera.

Heb. 2:14-15 (RVR1995) – Así que, por cuanto los hijos participaron de carne y sangre, él también participó de lo mismo para destruir por medio de la muerte al que tenía el imperio de la muerte, esto es, al diablo, y librar a todos los que por el temor de la muerte estaban durante toda la vida sujetos a servidumbre.

Rom. 5:1-2 (RVR1995) – Justificados, pues, por la fe, tenemos paz para con Dios por medio de nuestro Señor Jesucristo, por quien también tenemos entrada por la fe a esta gracia en la cual estamos firmes, y nos gloriamos en la esperanza de la gloria de Dios.

2. El punto: *Si Dios es por nosotros ahora por nuestra fe en Jesucristo, ¿quién puede estar en contra de nosotros?*

Rom. 2:1-4 (RVR1995) – Por eso eres inexcusable, hombre, tú que juzgas, quienquiera que seas, porque al juzgar a otro, te condenas a ti mismo, pues tú, que juzgas, haces lo mismo. Pero sabemos que el juicio de Dios contra los que practican tales cosas es según la verdad. Y tú, hombre, que juzgas a los que hacen tales cosas y haces lo mismo, ¿piensas que escaparás del juicio de Dios? ¿O menosprecias las riquezas de su benignidad, paciencia y generosidad, ignorando que su benignidad te guía al arrepentimiento?

Rom. 8:31-39 (RVR1995) – ¿Qué, pues, diremos a esto? Si Dios es por nosotros, ¿quién contra nosotros? El que no escatimó ni a su propio Hijo, sino que lo entregó por todos nosotros, ¿cómo no nos dará también con él todas las cosas? ¿Quién acusará a los escogidos de Dios? Dios es el que justifica. ¿Quién es el que condenará? Cristo es el que murió; más aun, el que también resucitó, el que además está a la diestra de Dios, el que también intercede por nosotros. ¿Quién nos separará del amor de Cristo? ¿Tribulación, angustia, persecución, hambre, desnudez, peligro o espada? Como está escrito: «Por causa de ti somos muertos todo el tiempo; somos contados como ovejas de matadero.» Antes, en todas estas cosas somos más que vencedores por medio de aquel que nos amó. Por lo cual estoy seguro de que ni la muerte ni la vida, ni ángeles ni principados ni potestades, ni lo presente ni lo por venir, ni lo alto ni lo profundo, ni ninguna otra cosa creada nos podrá separar del amor de Dios, que es en Cristo Jesús, Señor nuestro.

C. Hemos sido liberados del *Legalismo*: La obediencia a la Ley de Dios no nos brinda justicia, sino que sólo produce un sentimiento paralizante de condenación y culpa.

1. El principio: *Ningún ser humano puede llegar a ser justo o aceptable a Dios tratando de guardar sus leyes; porque nuestra carne es pecaminosa y débil, nadie puede ser aceptable basado en obedecer los mandamientos de Dios.*

    Gál. 3:2-6 (RVR1995) – Esto sólo quiero saber de vosotros: ¿Recibisteis el Espíritu por las obras de la Ley o por el escuchar con fe? ¿Tan insensatos sois? Habiendo comenzado por el Espíritu, ¿ahora vais a acabar por la carne? ¿Tantas cosas habéis padecido en vano? Si es que realmente fue en vano. Aquel, pues, que os da el Espíritu y hace maravillas entre vosotros, ¿lo hace por las obras de la Ley o por el oír con fe? Así Abraham creyó a Dios y le fue contado por justicia.

    Gál. 3:10-14 (RVR1995) - Todos los que dependen de las obras de la Ley están bajo maldición, pues escrito está: «Maldito sea el que no permanezca en todas las cosas escritas en el libro de la Ley, para cumplirlas.» Y que por la Ley nadie se justifica ante Dios es evidente, porque «el justo por la fe vivirá». Pero la Ley no procede de la fe, sino que dice: «El que haga estas cosas vivirá por ellas.» Cristo nos redimió de la maldición de la Ley, haciéndose maldición por nosotros (pues está escrito: «Maldito todo el que es colgado en un madero»), para que en Cristo Jesús la bendición de Abraham alcanzara a los gentiles, a fin de que por la fe recibiéramos la promesa del Espíritu.

2. El punto: *La justicia que poseemos y nuestro caminar con Dios no está sobre la base de nuestro intento de mantener su ley, sino a través de la fe en lo que Jesucristo hizo por nosotros en la cruz.*

    Rom. 8:1-4 (RVR1995) – Ahora, pues, ninguna condenación hay para los que están en Cristo Jesús, los que no andan conforme a la carne, sino conforme al Espíritu, porque la ley del Espíritu de vida en Cristo Jesús me ha librado de la ley del pecado y de la muerte. Lo que era imposible para la Ley, por cuanto era débil por la carne, Dios, enviando a su Hijo en semejanza de carne de pecado, y a causa del pecado, condenó al pecado en la carne, para que la justicia de la Ley se cumpliera en nosotros, que no andamos conforme a la carne, sino conforme al Espíritu.

Rom. 10:1-4 (RVR1995) – Hermanos, ciertamente el anhelo de mi corazón, y mi oración a Dios es por la salvación de Israel, porque yo soy testigo de que tienen celo por Dios, pero no conforme al verdadero conocimiento. Ignorando la justicia de Dios y procurando establecer la suya propia, no se han sujetado a la justicia de Dios, pues el fin de la Ley es Cristo, para justicia a todo aquel que cree.

D. Nos hemos liberado del *tradicionalismo*: la participación fiel en la práctica religiosa dentro de la tradición no puede proporcionar justicia ante Dios; sólo la fe en Jesús como Señor nos la da.

1. El principio: *El cumplimiento de las estructuras y prácticas de nuestra tradición nunca nos puede hacer aceptables ante Dios; la adhesión ciega a la tradición puede hacer que la Palabra de Dios sea vacía en nuestras vidas.*

    Col. 2:8-10 (RVR1995) – Mirad que nadie os engañe por medio de filosofías y huecas sutilezas basadas en las tradiciones de los hombres, conforme a los elementos del mundo, y no según Cristo. Porque en él habita corporalmente toda la plenitud de la divinidad, y vosotros estáis completos en él, que es la cabeza de todo principado y potestad.

    Mar. 7:1-13 (RVR1995) – Se acercaron a Jesús los fariseos y algunos de los escribas, que habían venido de Jerusalén; estos, viendo a algunos de los discípulos de Jesús comer pan con manos impuras, esto es, no lavadas, los condenaban, (pues los fariseos y todos los judíos, aferrándose a la tradición de los ancianos, si no se lavan muchas veces las manos, no comen. Y cuando regresan de la plaza, si no se lavan, no comen. Y otras muchas cosas hay que se aferran en guardar, como los lavamientos de los vasos de beber, de los jarros, de los utensilios de metal y de las camas.) Le preguntaron, pues, los fariseos y los escribas: —¿Por qué tus discípulos no andan conforme a la tradición de los ancianos, sino que comen pan con manos impuras? Respondiendo él, les dijo: —¡Hipócritas! Bien profetizó de vosotros Isaías, como está escrito: "Este pueblo de labios me honra, mas su corazón está lejos de mí, pues en vano me honran, enseñando como doctrinas, mandamientos de hombres", porque, dejando el mandamiento de Dios, os aferráis a la tradición de los hombres: los lavamientos de los jarros y de los vasos de beber. Y hacéis otras muchas cosas semejantes. Les decía también: —Bien invalidáis el mandamiento de Dios para guardar vuestra tradición, porque Moisés dijo: "Honra a tu padre y a tu madre" y "El que maldiga al padre o a la madre, muera irremisiblemente", pero vosotros decís:

"Basta que diga un hombre al padre o a la madre: 'Es Corbán (que quiere decir: "Mi ofrenda a Dios") todo aquello con que pudiera ayudarte'," y no lo dejáis hacer más por su padre o por su madre, invalidando la palabra de Dios con vuestra tradición que habéis transmitido. Y muchas cosas hacéis semejantes a éstas.

Mat. 15:1-9 (RVR1995) – Entonces se acercaron a Jesús ciertos escribas y fariseos de Jerusalén, diciendo: —¿Por qué tus discípulos quebrantan la tradición de los ancianos?, pues no se lavan las manos cuando comen pan. Respondiendo él, les dijo: —¿Por qué también vosotros quebrantáis el mandamiento de Dios por vuestra tradición? Dios mandó diciendo: "Honra a tu padre y a tu madre", y "El que maldiga al padre o a la madre, sea condenado a muerte", pero vosotros decís: "Cualquiera que diga a su padre o a su madre: 'Es mi ofrenda a Dios todo aquello con que pudiera ayudarte', ya no ha de honrar a su padre o a su madre." Así habéis invalidado el mandamiento de Dios por vuestra tradición. Hipócritas, bien profetizó de vosotros Isaías, cuando dijo: »"Este pueblo de labios me honra, mas su corazón está lejos de mí, pues en vano me honran, enseñando como doctrinas mandamientos de hombres."

2. El punto: *La obediencia a la tradición es un acto de devoción y gratitud; la tradición sola nunca puede hacer justo a alguien ante Dios.*

   Mantenga a la tradición de los apóstoles.

   2 Tes. 2:15 (RVR1995) – Así que, hermanos, estad firmes y retened la doctrina que habéis aprendido, sea por palabra o por carta nuestra.

   2 Tes. 3:6 (RVR1995) – Pero os ordenamos, hermanos, en el nombre de nuestro Señor Jesucristo, que os apartéis de todo hermano que ande desordenadamente y no según la enseñanza que recibisteis de nosotros.

   Manténgase firme en la libertad de Cristo.

   Gál. 5:1 (RVR1995) – Estad, pues, firmes en la libertad con que Cristo nos hizo libres y no estéis otra vez sujetos al yugo de esclavitud.

   2 Cor. 3:17 (RVR1995) – El Señor es el Espíritu; y donde está el Espíritu del Señor, allí hay libertad.

1 Pe. 2:16 (RVR1995) – Actuad como personas libres, pero no como los que tienen la libertad como pretexto para hacer lo malo, sino como siervos de Dios.

E. Hemos sido liberados del *etnocentrismo*: Dios no hace acepción de personas, y ningún trasfondo hace a alguien más aceptable ante Dios.

1. El principio: *La fe en Cristo ha borrado el significado de las categorías humanas de diferencia y comparación.*

   Juan 10:16 (RVR1995) – Tengo, además, otras ovejas que no son de este redil; a ésas también debo atraer y oirán mi voz, y habrá un rebaño y un pastor.

   1 Cor. 12:12 (RVR1995) – Así como el cuerpo es uno, y tiene muchos miembros, pero todos los miembros del cuerpo, siendo muchos, son un solo cuerpo, así también Cristo.

   Ef. 2:13-22 (RVR1995) – Pero ahora en Cristo Jesús, vosotros que en otro tiempo estabais lejos, habéis sido hechos cercanos por la sangre de Cristo. Él es nuestra paz, que de ambos pueblos hizo uno, derribando la pared intermedia de separación, aboliendo en su carne las enemistades (la ley de los mandamientos expresados en ordenanzas), para crear en sí mismo de los dos un solo y nuevo hombre, haciendo la paz, y mediante la cruz reconciliar con Dios a ambos en un solo cuerpo, matando en ella las enemistades. Y vino y anunció las buenas nuevas de paz a vosotros que estabais lejos y a los que estáis cerca, porque por medio de él los unos y los otros tenemos entrada por un mismo Espíritu al Padre. Por eso, ya no sois extranjeros ni forasteros, sino conciudadanos de los santos y miembros de la familia de Dios, edificados sobre el fundamento de los apóstoles y profetas, siendo la principal piedra del ángulo Jesucristo mismo. En él todo el edificio, bien coordinado, va creciendo para ser un templo santo en el Señor; en quien vosotros también sois juntamente edificados para morada de Dios en el Espíritu.

   Ef. 4:4 (RVR1995) – un solo cuerpo y un solo Espíritu, como fuisteis también llamados en una misma esperanza de vuestra vocación . . .

   Gal. 3:28-29 (RVR1995) – Ya no hay judío ni griego; no hay esclavo ni libre; no hay hombre ni mujer, porque todos vosotros sois uno en Cristo Jesús. Y si vosotros sois de Cristo, ciertamente descendientes de Abraham sois, y herederos según la promesa.

2. El punto: *La sangre de Jesucristo hace a cualquier persona y cada persona libre puramente sobre la base de la fe y no por identidades o categorías particulares.*

Rom. 1:16 (RVR1995) – No me avergüenzo del evangelio, porque es poder de Dios para salvación de todo aquel que cree, del judío primeramente y también del griego.

Rom. 3:29-30 (RVR1995) – ¿Es Dios solamente Dios de los judíos? ¿No es también Dios de los gentiles? Ciertamente, también de los gentiles, porque Dios es uno, y él justificará por la fe a los de la circuncisión, y por medio de la fe a los de la incircuncisión.

Rom. 10:12-13 (RVR1995) – porque no hay diferencia entre judío y griego, pues el mismo que es Señor de todos, es rico para con todos los que lo invocan; ya que todo aquel que invoque el nombre del Señor, será salvo.

2 Cor. 10:12 (RVR1995) – No nos atrevemos a contarnos ni a compararnos con algunos que se alaban a sí mismos; pero ellos manifiestan su falta de juicio al medirse con su propia medida y al compararse consigo mismos.

1 Cor. 12:13 (RVR1995) – porque por un solo Espíritu fuimos todos bautizados en un cuerpo, tanto judíos como griegos, tanto esclavos como libres; y a todos se nos dio a beber de un mismo Espíritu.

Gál. 5:6 (RVR1995) – porque en Cristo Jesús ni la circuncisión vale algo ni la incircuncisión, sino la fe que obra por el amor.

Col. 3:11 (RVR1995) – donde no hay griego ni judío, circuncisión ni incircuncisión, bárbaro ni extranjero, esclavo ni libre, sino que Cristo es el todo y en todos.

Libertad "Ser y hacer"

II. Viva libre: Corriendo hacia la tierra prometida: Lo que somos libres en Cristo PARA SER Y HACER

Ya que hemos sido liberados por medio de la gracia de Dios en Jesucristo, y ahora nos acercamos a Dios únicamente a través de Su bondad y bondad solamente, hemos sido liberados en el Espíritu Santo para amar a Dios y a los demás en formas dinámicas y creativas.

A. Hemos sido liberados en Cristo para *servir a Dios y glorificarlo con creatividad y excelencia en todo lo que hacemos y decimos.*

1 Pe. 2:16 (RVR1995) – Actuad como personas libres, pero no como los que tienen la libertad como pretexto para hacer lo malo, sino como siervos de Dios.

Col. 3:17 (RVR1995) – Y todo lo que hacéis, sea de palabra o de hecho, hacedlo todo en el nombre del Señor Jesús, dando gracias a Dios Padre por medio de él.

Col. 3:23 (RVR1995) – Y todo lo que hagáis, hacedlo de corazón, como para el Señor y no para los hombres.

1 Pe. 4:11 (RVR1995) – Si alguno habla, hable conforme a las palabras de Dios; si alguno ministra, ministre conforme al poder que Dios da, para que en todo sea Dios glorificado por Jesucristo, a quien pertenecen la gloria y el imperio por los siglos de los siglos. Amén.

1 Cor. 10:31 (RVR1995) – Si, pues, coméis o bebéis o hacéis otra cosa, hacedlo todo para la gloria de Dios.

1. Hemos sido liberados en Cristo para *ser semejantes a Cristo en nuestros caracteres, y no para convertirnos en adictos al pecado, o tener licencia para andar pecando.*

   1 Cor. 6:12 (RVR1995) – Todas las cosas me son lícitas, pero no todas convienen; todas las cosas me son lícitas, pero yo no me dejaré dominar por ninguna.

   1 Cor. 10:23 (RVR1995) – Todo me es lícito, pero no todo conviene; todo me es lícito, pero no todo edifica.

2. Hemos sido liberados en Cristo para *ser guiados por el Espíritu Santo de Dios y no seguir los deseos de nuestra naturaleza pecaminosa.*

   Gál. 5:16-18 (RVR1995) – Digo, pues: Andad en el Espíritu, y no satisfagáis los deseos de la carne, porque el deseo de la carne es contra el Espíritu y el del Espíritu es contra la carne; y estos se oponen entre sí, para que no hagáis lo que quisierais. Pero si sois guiados por el Espíritu, no estáis bajo la Ley.

2 Pe. 2:19 (RVR1995) – Les prometen libertad, y son ellos mismos esclavos de corrupción, pues el que es vencido por alguno es hecho esclavo del que lo venció.

Judas 4 (RVR1995) – porque algunos hombres han entrado encubiertamente, los que desde antes habían sido destinados para esta condenación, hombres impíos, que convierten en libertinaje la gracia de nuestro Dios y niegan a Dios, el único soberano, y a nuestro Señor Jesucristo.

B. Hemos sido liberados en Cristo para *edificar el cuerpo en amor.*

1. Debemos permanecer firmes en nuestra libertad en Cristo, es decir, vivir libremente de acuerdo con nuestras conciencias bíblicamente ligadas ante Dios, y no basados en reglas externas, reglamentos y juicios de otros.

   Gál. 5:13-14 (RVR1995) – Vosotros, hermanos, a libertad fuisteis llamados; solamente que no uséis la libertad como ocasión para la carne, sino servíos por amor los unos a los otros, porque toda la Ley en esta sola palabra se cumple: «Amarás a tu prójimo como a ti mismo.»

2. Hemos sido liberados en Cristo para *ser siervos amorosos de los demás, y no ofender a los cristianos de conciencias más débiles.*

   1 Cor. 8:9 (RVR1995) – Pero procurad que esta libertad vuestra no venga a ser tropezadero para los débiles.

   Rom. 14:13-15 (RVR1995) – Así que, ya no nos juzguemos más los unos a los otros, sino más bien decidid no poner tropiezo u ocasión de caer al hermano. Yo sé, y confío en el Señor Jesús, que nada es impuro en sí mismo; pero para el que piensa que algo es impuro, para él lo es. Pero si por causa de la comida tu hermano es entristecido, ya no andas conforme al amor. No hagas que por causa de tu comida se pierda aquel por quien Cristo murió.

   Rom. 14:20 (RVR1995) – No destruyas la obra de Dios por causa de la comida. Todas las cosas a la verdad son limpias; pero lo malo es comer algo que haga tropezar a otros.

1 Cor. 10:32 (RVR1995) – No seáis tropiezo ni a judíos ni a gentiles ni a la iglesia de Dios.

C. Hemos sido liberados en Cristo para *convertirnos en todas las cosas para todos, para salvar a algunos, compartiendo audazmente las Buenas Nuevas de Jesucristo y Su Reino.*

1. Hemos sido liberados en Cristo para *usar todas las cosas para contribuir y ser provechosos por el bien de Cristo y su Reino.*

   1 Cor. 3:18-23 (RVR1995) – Nadie se engañe a sí mismo; si alguno entre vosotros cree ser sabio en este mundo, hágase ignorante y así llegará a ser verdaderamente sabio. La sabiduría de este mundo es insensatez ante Dios, como está escrito: «Él prende a los sabios en la astucia de ellos.» Y otra vez: «El Señor conoce los pensamientos de los sabios, y sabe que son vanos.» Así que, ninguno se gloríe en los hombres, porque todo es vuestro: sea Pablo, Apolos o Cefas, sea el mundo, la vida o la muerte, sea lo presente o lo por venir. Todo es vuestro, y vosotros sois de Cristo y Cristo es de Dios.

   2 Cor. 4:5 (RVR1995) – No nos predicamos a nosotros mismos, sino a Jesucristo como Señor, y a nosotros como vuestros siervos por amor de Jesús.

   2 Cor. 4:15 (RVR1995) – Todas estas cosas padecemos por amor a vosotros, para que abundando la gracia por medio de muchos, la acción de gracias sobreabunde para gloria de Dios.

2. Hacemos todas las cosas a todas las personas para ganarlas.

   1 Cor. 9:19-23 (RVR1995) – Por lo cual, siendo libre de todos, me he hecho siervo de todos para ganar al mayor número. Me he hecho a los judíos como judío, para ganar a los judíos; a los que están sujetos a la Ley (aunque yo no esté sujeto a la Ley) como sujeto a la Ley, para ganar a los que están sujetos a la Ley; a los que están sin Ley, como si yo estuviera sin Ley (aunque yo no estoy sin ley de Dios, sino bajo la ley de Cristo), para ganar a los que están sin Ley. Me he hecho débil a los débiles, para ganar a los débiles; a todos me he hecho de todo, para que de todos modos salve a algunos. Y esto hago por causa del evangelio, para hacerme copartícipe de él.

Sesión 2
Preparar: Ser la Iglesia

Temas y Objetivos de la Sesión

Sesión 2
Preparar: Ser la Iglesia
Temas y Objetivos

Concepto principal
Preparar: Ser la Iglesia

Objetivos
Después de esta sesión usted será capaz de:

- Articular los temas básicos relacionados con la preparación efectiva de la plantación de iglesias, incluyendo la búsqueda de Dios por su liderazgo en relación con la población objetivo, la comunidad, la formación del equipo, las expresiones de iglesia que desea plantar y su discusión inicial de qué asociación, denominación o afiliaciones usted hará.

- Recitar la importancia de usar nuestra libertad en Cristo para respetar la cultura receptora de aquellos entre quienes estamos plantando una iglesia.

- A pesar de la población objetivo de nuestra iglesia, exponga los conceptos básicos que componen la teología bíblica de los pobres, lo que pone de manifiesto el llamado de Dios y nuestro correspondiente respeto por ellos, su elección según la gracia de Dios y su llamado a dirigir en asuntos del Reino de Dios.

- Definir las características básicas de un juego de equipo eficaz y cómo su equipo puede mejorar su capacidad de funcionar más eficazmente juntos en sus esfuerzos.

- Bosquejar en general las prácticas estándar que intenta incorporar a la vida de su iglesia (es decir, su teología, adoración, formación espiritual y testimonio) en la expresión de la iglesia que va a plantar.

Escritura Clave
Ef. 5:15-17 (RVR1995) – Mirad, pues, con diligencia cómo andéis, no como necios sino como sabios, aprovechando bien el tiempo, porque los días son malos. Por tanto, no seáis insensatos, sino entendidos de cuál sea la voluntad del Señor.

Contexto
Valores/Visión
Preparar
Lanzar
Agrupar
Nutrir
Transicionar
Horario/Cartilla

Principio de la guerra: Simplicidad
Se prefieren soluciones y estrategias sencillas sobre las complejas.

El principio relacionado con la plantación de Iglesias
Manténgalo simple; utilice sólo la complejidad suficiente para lograr la victoria.

> La guerra es una empresa caótica e impredecible. Los planes elaborados rápidamente se deshacen bajo el estrés del combate. Las organizaciones militares grandes, elaboradas y complejas requieren planificación para mantenerlas en marcha y no es fácil mantener los procedimientos simples. La calidad de sus líderes y su capacidad para hacer lo correcto al unísono es la clave.
>
> ~ James F. Dunnigan

Contexto
Valores/Visión
Preparar
Lanzar
Agrupar
Nutrir
Transicionar
Horario/Cartilla

Sesión 2
Preparar: Ser la Iglesia

Enseñanza del seminario

Seminario 1
La diferencia que hace la diferencia
Plantación transcultural de iglesias y el asunto de la cultura

Seminario 2
La teología de los pobres para plantadores de iglesias

Seminario 3
Construyendo el equipo para el éxito:
Principios del juego eficaz de equipo

Seminario 1
La diferencia que hace la diferencia
Plantación transcultural de iglesias y el asunto de la cultura

Rev. Dr. Don L. Davis • *Ministry in a Multi-Cultural and Unchurched Society [Ministerio en una sociedad multicultural y sin iglesia]*

> La teología es una descripción sistemática y una explicación de la manera en que las cosas son realmente, la manera en que Dios las ve, y hablaremos de esto como "Teología" con una T mayúscula. En otras ocasiones usamos el término cuando hablamos de descripciones y explicaciones humanas de la realidad que surge de nuestro estudio de la Biblia. Hablaremos de esto como "teología" con una t minúscula. Demasiado a menudo confundimos las dos. Creemos que nuestros estudios de la Biblia son imparciales, que nuestras propias interpretaciones de las Escrituras son las únicas verdaderas. Nos inquieta, por lo tanto, cuando empezamos a descubrir que las teologías están influenciadas por la cultura. El hecho mismo de que formulamos nuestra teología en español puede perjudicar nuestra comprensión de la Biblia. No hay un lenguaje teológicamente imparcial. El hecho es que todas las teologías desarrolladas por los seres humanos son moldeadas por sus contextos históricos y culturales particulares, por el lenguaje que usan y las preguntas que hacen. Todas las teologías humanas son sólo comprensiones parciales de la teología como Dios la ve. Vemos a través de un vaso oscuro. . . . Pero el hecho de que somos seres humanos y ver a través de un vaso oscuro no significa que no veamos en absoluto. Podemos leer las Escrituras y entenderlas. El mensaje central del evangelio es claro: la creación, el pecado y la redención. De éstos podemos estar seguros. Son los detalles finos los que claramente vemos menos.
>
> ~ Paul Hiebert, *Anthropological Insights for Missionaries (Perspectivas antropológicas para los misioneros)*, pág. 198.

Contexto
Valores/Visión
Preparar
Lanzar
Agrupar
Nutrir
Transicionar
Horario/Cartilla

Encuentre el siguiente argot (modismo) cultural a su equivalente más apropiado en su sentido en español

"¡Su estilo con facilidad están locos!"	No eres bueno en todo.
"¡Qué hora es!"	¡Que cosa tan maravillosa fue eso!
"¡Eres tan eneldo – sopla!"	Me gusta mucho esa canción.
"¡Esto fue el negocio bomba!"	Está equivocado en ese punto.
"Todos ustedes están en mi parrilla".	No estoy de acuerdo con eso.
"¡Esto está totalmente descontrolado!"	Tengo un montón de dinero.
"Ese ultimo atasco era grasa".	Su ropa parece realmente aguda.
"Estoy dándole patadas a la acera".	¿Hola, cómo le va?
"¡Raro tú!"	Me niego hablar esto con usted e ir más lejos.
"¡Háblable a la mano!"	Está demasiado preocupado con mis asuntos.
"¡Tengo dinero!"	Nuestra relación tiene que terminar ahora.
"¡¿Nada de eso era fresco, sabes lo que te estoy diciendo?!"	Eso no fue particularmente divertido.

El evangelio vs. cultura

Identifique cuáles de los siguientes son meramente negociables, esenciales, permisibles o no admisibles.

1. Construir, poseer un edificio para la vida de la iglesia
2. Realizar una liturgia a la música *hip-hop*
3. Permitir el baile en la iglesia
4. Elegir a los líderes de la iglesia por votación
5. Comunión celebrada en convivios en casas
6. Los laicos bautizando a los nuevos convertidos
7. Usando solo instrumentos eléctricos en la adoración
8. Clase de la escuela dominical
9. Las mujeres como maestras y pastoras
10. "Tiempos de silencio" en la mañana
11. Apoyo a las viudas y huérfanos
12. Vestirse para el culto dominical
13. No demandar a otros cristianos
14. Recoger ofrendas/diezmos cada semana
15. Citas
16. Las mujeres no enseñan a los hombres
17. Organizarse políticamente en la iglesia
18. Gobernado por un pastor soltero

Dando una vuelta rápida del mundo hoy

I. "¿Qué estamos haciendo en el mundo?": El mundo de hoy

   A. Si el mundo estuviera compuesto de 100 personas . . .

   B. El mundo se está convirtiendo en urbano.

      1. En este momento, hay 111,000 no cristianos que se convierten en habitantes urbanos cada día (este número se triplicará en los próximos 30 años).

      2. En 1900 había sólo 20 ciudades en el mundo entero con más de un millón de personas; hoy en día, hay 360 ciudades con más de un millón de personas.

3. Para el año 2025, habrá 650 áreas urbanas con más de un millón de personas.

4. En 1900, aproximadamente 20 millones de personas vivían en barrios marginales urbanos; en la actualidad, unas 715 millones están clasificados como habitantes de barrios de tugurios urbanos. Para el 2025, más de dos mil millones de personas vivirán en barrios marginales urbanos y el número total de habitantes urbanos en situación de pobreza será de más de tres mil millones de personas.

5. Cuando llegue a la edad de jubilación (es decir, 2025), una de cada tres personas en la tierra será parte de los pobres urbanos, y tres cuartas partes de la población total del mundo vivirán en ciudades.

II. **El mundo del futuro: Dramáticamente diverso, completamente urbano**

A. Más de 360 ciudades de más de un millón de habitantes, 250 pueden decirse son de importancia mundial.

B. Centro de población humana: Las cifras pronosticadas en términos de millones de las diez mayores aglomeraciones del mundo para el año 2000 son

1. Ciudad de México - 27.6 millones de personas
2. Sao Paulo - 26 millones
3. Tokio/Yokohama - 24 millones
4. Área de Nueva York - 23 millones
5. Shanghai - 23 millones
6. Beijing - 20 millones
7. Rio de Janeiro - 19 millones
8. Gran Bombay - 17 millones
9. Calcuta - 17 millones
10. Yakarta - 17 millones

C. Imposible pensar razonablemente de la civilización moderna sin referirse a las grandes ciudades del mundo – Washington, Nueva York, Seúl, El Cairo, Brasilia, Estambúl, Moscú, Estocolmo, Londres, París, Buenos Aires, Ámsterdam, Los Ángeles, etc. Las ciudades son importantes debido a su importancia estratégica.

1. Ciudades culturales (liderando el mundo en moda, tendencias e ideas), por ejemplo, París, Oxford, Boston, San Francisco

2. Ciudades políticas y administrativas (centros de órganos decisorios mundiales, o que contienen gobiernos y sus burocracias), por ejemplo, Washington, Moscú, Nueva Delhi

3. Las ciudades industriales (ruidosas, cuellos de obra, centros fabriles que acogen a industrias manufactureras centrales), por ejemplo, Bombay, Sao Paulo, área de Chicago-Gary)

4. Ciudades comerciales (gigantescos mercados o bazares donde los bienes y servicios se hacen trueques e intercambian a nivel mundial), por ejemplo, Nueva York, Hong Kong

5. Ciudades simbólicas (ciudades donde las grandes luchas se luchan, se asientan y simbolizan o representan cuestiones de división, opresión, guerra, odio religioso o libertad dentro de sus países o al resto del mundo), por ejemplo Soweto, Belfast, Berlín, Beirut, Jerusalén

6. Ciudades principales (ciudades que combinan todas las características precedentes, y se puede decir que son las más grandes de las grandes ciudades), por ejemplo, Bangkok, Ciudad de México, Londres

D. Las ciudades de América son microcosmos del mundo, llenos de toda la complicada diversidad del mundo.

1. Miami es la capital de facto de América Latina.

2. Según estimaciones conservadoras, por lo menos un millón de hispanos vierten ilegalmente sobre la frontera de 2400 millas entre México y Estados Unidos cada año.

3. Los Ángeles, con sus 4.5 millones de hispanos, es ahora la segunda ciudad más grande de México, mientras que Houston es la de más rápido crecimiento.

4. Diversas poblaciones conforman la típica ciudad norteamericana. Los residentes de Los Ángeles hablan más de 100 idiomas y cuatro quintos de los escolares de Houston son hispanos, negros o asiáticos.

5. Hace veinte años, en mayo de 1982, una encuesta del *NY Times* de Chinatown encontró refugiados de todas las provincias de China continental dentro de un área de cuatro cuadras en medio de la ciudad de Nueva York.

6. Chicago tiene tantos nativos americanos como todas menos las reservas más grandes en el país, y más polacos que virtualmente cualquier otro lugar con la excepción de Varsovia.

7. La mayoría de las ciudades norteamericanas de cualquier tamaño (2 millones o más) albergan diversas poblaciones culturales y étnicas.

III. El concepto de diferencia: Cultura

"La cultura es un patrón de comportamiento y cosmovisión integrado, bien establecido y definido en comunidad que influye en las dimensiones cognitivas, afectivas y evaluativas de su expresión".

- Patrones aprendidos
- Visión del mundo y comportamiento
- Dimensiones cognitiva, afectiva y evaluativa

A. Los riesgos y la promesa del ministerio en una sociedad multicultural y sin iglesia

1. Misteriosa diversidad

2. Barreras interpersonales formidables

3. Brechas dramáticas en la riqueza y la realidad socioeconómica

4. Patrones complejos de relaciones de parentesco

5. La sofisticación tecnológica y la riqueza

6. Visiones éticas volátiles y cambiantes del bien humano

7. Nuevos dragones modernos: el surgimiento de los espiritualmente sin Dios

B. "Las dimensiones de la cultura"

1. La dimensión cognitiva – "El conocimiento compartido por los miembros de un grupo o sociedad" (Hiebert, pág. 30)

   a. Arreglo de conocimientos, categorías, sistemas de significado

   b. Lo que existe y lo que no

   c. Visión del mundo y marcos conceptuales: las culturas como sistemas de relaciones que componen y dictan lo que consideramos posible y real

      (1) Ontología – el estudio del ser

      (2) Cosmología – el estudio de la creación

      (3) Epistemología – el estudio del conocimiento

   d. Suposiciones y creencias que hacemos acerca de la realidad, la naturaleza del mundo y cómo funciona

   e. Almacenamiento

      (1) Imprimir

      (2) Oral

      (3) Tecnología

      (4) Historia

      (5) Arte

2. La dimensión afectiva – "los sentimientos que la gente tiene, con sus actitudes, nociones de belleza, sabores en comida y vestido, gustos y disgustos, y maneras de divertirse o experimentar el dolor" (Hiebert, pág.32)

   a. Expresión de emociones

b. Ubicuo - visto en prácticamente todas las áreas de la vida

c. "Cultura expresiva": arte, literatura, música, danza, teatro

3. La dimensión evaluativa – "valores por los cuales [una cultura] juzga que las relaciones humanas son morales o inmorales"

   a. Tres esferas de juicio evaluativo

      (1) Verdad-falsedad afirma

      (2) Reclamaciones de belleza-fealdad

      (3) Reclamaciones correctas incorrectas

   b. Códigos morales: El poder de la preocupación última y la santidad en la sociedad humana

C. Manifestaciones de la cultura

1. Comportamiento – costumbres, productos y lenguas aprendidas como sistemas simbólicos de formas y significado aprendido

   a. Formar

   b. Sentido

   c. Símbolo

2. Productos - objetos materiales, entornos vividos

3. Creencias explícitas y sistemas de valores – todas aquellas formas mediante las cuales nosotros a través de la práctica, el ritual, la tradición y la estructura incorporamos, articulamos y celebramos nuestra cosmovisión

   a. Estética

   b. Política

   c. Religión

   d. Relaciones de parentesco

e. Organizaciones sociales

f. Ciencias económicas

g. Tecnología

h. Etc.

IV. **Las implicaciones de la diferencia cultural en el ministerio a los sin iglesia y a las diversas poblaciones**

A. Las diferencias entre las personas son importantes (contextos C1, C2, C3).

1. Dios creó la diferencia, Hechos 17.

2. El Reino reflejará la diferencia, Ap. 5:9-10.

B. Las diferencias entre las personas son reales.

1. Lo que compartimos en común (por ejemplo, la *imago Dei*) es más significativo que las diferencias superficiales que nos separan.

2. Nuestras diferencias, sin embargo, son vistas como cruciales y significativas, no para ser ignoradas o eclipsadas por alguna cultura genérica (vea Juan 1:14-18).

C. Las diferencias entre las personas son significativas.

1. Estas diferencias son más que cosméticas.

2. Tienen implicaciones profundas sobre cómo la gente piensa, actúa, siente y lo que valora y se esfuerza por lograr. (Ejemplo – diferencias entre blancos y negros en la percepción durante el juicio de O. J. Simpson).

D. Las diferencias entre las personas no son necesariamente malas o malas.

1. Toda cultura tiene elementos morales, es decir, coherentes con la forma en que Dios desea que pensemos y actuemos (ejemplos: castigo por asesinato, cuidado de niños, etc.).

2. Toda cultura tiene elementos inmorales, es decir, inconsistentes o opuestos a la forma en que Dios desea que pensemos y actuemos (ejemplos: infanticidio de la descendencia femenina, búsqueda de la riqueza material como valor último).

3. Cada cultura tiene elementos amorales, es decir, diferencias que surgen del gusto, la costumbre, la tradición y el hábito (ejemplos: comer tacos, usar sombreros, hablar inglés, bailar en bodas).

E. Las diferencias entre las personas tienden a alienar y dividir grupos.

1. Nuestras diferencias tienden a dividirnos porque somos etnocéntricos, preferimos nuestra propia cultura y tendemos a juzgar a otros a la luz de ella.

2. Raíces antropológicas de la división

   a. El enorme poder de la enculturación

   b. La naturaleza oculta de la cultura

   c. Amamos a los que son como nosotros.

   d. Choque cultural: los efectos inquietantes de operar fuera de nuestra propia clase, cultura o subcultura

3. Raíces teológicas de la división

   a. Tendemos a colocarnos en el centro del universo.

   b. Olvidamos o ignoramos lo que Dios está haciendo en el mundo con respecto a la construcción de su reino en la tierra.

   c. No cambiamos nuestras lealtades de nuestro propio marco nacional, cultural y de clase a la visión de la nueva humanidad de Dios en Cristo.

4. Cerramos nuestros corazones al amor de Dios por todas las personas.

5. Rechazamos la noción de que no es necesario cambiar la cultura para convertirse en cristianos y ser el pueblo de Cristo.

F. Nuestras diferencias pueden erigir barreras y hacernos tratar a las personas de manera diferente.

Cuando se permite que las diferencias se dividan, normalmente respondemos a los demás de tres maneras inapropiadas.

1. Nos volvemos paternalistas: "ayudamos al pobre síndrome nativo".

   Nuestra expresión benévola de supuesta superioridad a menudo resulta en un intento de modificar las acciones y los valores de un grupo diferente (ejemplo: misioneros que distribuyen ropa occidental a los isleños del Pacífico Sur).

2. En sospecha, nos aislamos y nos separamos de las personas que son diferentes.

   La expresión pasiva de los prejuicios de mi grupo a través de la limitación deliberada del contacto entre mi grupo y las personas, acciones y valores del grupo que es diferente (ejemplo: barrios segregados).

3. En el odio y la malicia, rechazamos a la otra cultura como mala o malvada o no merecedora, y buscamos socavarla y perseguirla.

   La expresión activa del odio de mi grupo hacia las personas, las acciones y los valores del grupo que es diferente (ejemplo: limpieza étnica en Bosnia o Ruanda, Holocausto en Alemania, etc.).

V. Una teología bíblica de la cultura

A. La cultura es intrínseca a la creación de Dios.

1. Dios como el autor de la vida humana (Gén. 1-2).

2. El mandato de creación de Dios como una bendición intrínseca de la producción cultural creativa humana.

   a. Ser mayordomos de la tierra: herramientas, tecnología, entorno de conformación.

   b. Vayan y multiplíquense: parentesco, organización social, estructura.

B. Las diferencias entre los pueblos han sido reconocidas y reconciliadas en el ministerio de Cristo.

1. Nuestras diferencias son ahora reconciliadas a través de la obra de Cristo en la cruz.

   a. Entre judío y gentil, esclavo y libre, varón y hembra, bárbaro y escita, Ef. 2; Col. 3:11; Gál. 3:28

   b. Dios se reconcilia con todas las personas ahora en su Hijo, 2 Cor. 5:18-21.

   c. Compartimos tanto la culpa como la gloria, Rom. 3; 1:16-17.

2. El objetivo de la redención es la semejanza a Cristo, no la similitud cultural. (El objetivo es siempre ayudar a las personas a ser más como Jesús, no más como nosotros.)

   a. Colosenses 3:11 y Gálatas 3:28 no defienden la eliminación de la identidad cultural, sino el fin de la parcialidad impía.

   b. La cultura ha sido redimida en la encarnación de Jesús, 1 Juan 1:1-3.

3. Nuestras diferencias se manifiestan y se celebran en la Iglesia única, santa, apostólica y universal de Jesucristo.

   a. Una nueva humanidad en la Iglesia

   b. Diverso, sin embargo, uno: Aunque somos muchos miembros compuestos de toda clase, tribu, pueblo y nación, de cada idioma y clan, de cada clase y cultura, sin embargo somos un cuerpo en Cristo. Debemos esforzarnos por hacer que esta unidad sea visible en nuestras vidas diarias y en nuestras relaciones.

   c. En la redención Dios no borra, no protege, ni elimina nuestras diferencias, sino que reconoce y se regocija en ellas, Hechos 15.

   d. Mientras conservamos nuestras diferencias, ahora en Cristo a través de la *koinonia* (compañerismo) que tenemos con Dios y entre nosotros.

(1) Compartimos un parentesco común.

(2) Compartimos un llamado común.

(3) Compartimos un destino común.

4. Nuestras diferencias son superadas en la unidad de Cristo para el propósito del ministerio de la reconciliación.

   a. Expresamos el amor de Dios en nuestras relaciones reconciliadas, haciendo que el evangelio sea atractivo para los incrédulos, Juan 13:34-35.

   b. Estamos reconciliados para llamar al mundo para que se reconcilie con Dios en Cristo, 2 Cor. 5:18-21.

   c. Nuestras diferencias nos permiten penetrar en todas las culturas y grupos de personas con el evangelio, y hacer discípulos y plantar iglesias dondequiera que Cristo todavía no haya sido escuchado y seguido.

C. La primacía de la encarnación del Hijo de Dios

   1. La encarnación de Jesús demuestra la neutralidad moral de la cultura, Juan 1:14-18.

   2. La identificación completa de Jesús con la humanidad en el nivel más íntimo (por ejemplo, pensó en hebreo, Hebreos 4:14ss.).

   3. Jesús tomó la naturaleza de la humanidad en su totalidad por causa de la revelación y la redención.

      a. Jesús como Revelación Perfecta muestra que la humanidad es un vaso a través del cual Dios puede ser perfectamente entendido, Col. 2:6-10; Jn. 1:18; 2 Cor. 4:6.

      b. Jesús como redención perfecta muestra que la humanidad puede ofrecer a Dios en Cristo lo que Dios exige, Fil. 2:5-11; 1 Pe. 3:18; 1 Tim. 2:5-6.

   4. Jesús eleva el significado de la cultura humana; a través de la encarnación, la cultura es abrazada, Juan 4.

D. La importancia del Consejo de Jerusalén

1. El *faux pas* (Fr. paso en falso) Petrino: la banda de Cornelio y la salvación gentil, Hechos 10-11

2. La réplica del Consejo de Jerusalén, Hechos 15

    a. No hay necesidad de cambiar las culturas: Dios habla en y a través de la cultura.

    b. Uno puede retener la distinción cultural mientras abraza la búsqueda de la semejanza de Cristo.

    c. Todas las culturas son igualmente viables en la cosmovisión cristiana (la cultura es válida, las culturas son relativas).

> El principio bíblico de la neutralidad cultural, que alentaba el liderazgo autóctono en todas las culturas, permitió que el evangelio de Cristo fuera universalmente aplicable. Estableció el escenario para los esfuerzos misioneros de la Iglesia en todo el mundo. Pronto Felipe y Pablo comenzaron a evangelizar y plantar iglesias entre los pueblos no judíos que nunca habían oído hablar de Cristo. Su ejemplo es relevante para nuestras ciudades del interior de hoy.
>
> ~ Keith Phillips, *Out of Ashes [De las cenizas]*, pág. 103.

E. La carga apostólica: convertirse en todas las cosas para todos los seres humanos

1. La carga está en el mensajero, no en aquellos que reciben el mensaje para cambiar, 1 Cor. 9:19-22.

2. Dios ya está entre la gente, habiendo arreglado providencialmente a los pueblos como lo determinó, Hechos 17.

3. Reciban a otros como Cristo los ha recibido, Rom. 15:6ss.

VI. Descodificar y codificar el mensaje de Dios en una sociedad multicultural y sin iglesia

Correlacionar el mensaje intemporal de Dios con la oportuna tarea de encarnar y proclamar la Palabra de Dios efectivamente dentro de la sociedad contemporánea

A. Decodificar el significado de Dios: Hágase discípulo de Jesús usted mismo.

   Abrazar y encarnar el mensaje de Dios exhaustiva y completamente en la propia vida en preparación para enseñar a otros, Lucas 6:40

   1. El desafío de la aptitud del oyente y del mensajero: quienes somos como discípulos individuales y como congregaciones en la sociedad (es decir, su carácter, su competencia, su compasión, su claridad, su llamado)

      a. Para ser una carta viviente, 2 Cor. 3

      b. Para mostrar la gloria, Mat. 5

      c. Para establecer el ritmo espiritual, 1 Cor. 11

      d. Para observar a sí misma y a sus enseñanzas, 1 Tim. 4

   2. El reto de la amplitud del mensaje: lo que enseñamos y proclamamos al mundo respecto a Cristo y su Reino

      a. La Palabra de Dios en la persona de Jesucristo

      b. El evangelio de la Gracia

      c. La visión del Reino de Dios

B. Codifique el mensaje de Dios: Conviértase en un embajador para Cristo donde esté.

   Comunicando y concretando la verdad del Reino dentro de una cultura receptora de tal manera que escuchen la voz de Dios mientras habla

   1. Admita su propio etnocentrismo latente; reconozca y respete las diferencias que existen entre nosotros, Hechos 10.

2. Pague el precio para aprender el idioma y los sistemas de símbolos de los que sirven y ministran, por ejemplo, Juan 1:1.

3. Adopte un estilo de vida de escuchar y el comportamiento de un estudiante (es decir, haga su tarea aprendiendo la historia y la cultura de la gente a la que servirá), 1 Cor. 9:19 ss.

4. Comienza al principio. Empiece en una escala pequeña con expectativas modestas (Las relaciones reconciliadas toman tiempo y esfuerzo prolongados.) Ef. 4:1-3.

5. No ser superado por la sospecha inicial y el rechazo. Sus motivos serán cuestionados, así que no se rinda, Gal. 6:7-10.

6. Reconozca que la relación debe ser recíproca; ganar el derecho de ser escuchados al no imponer su agenda a otros pueblos, 1 Juan 1:1-4.

7. Separe las normas de cultura de los mandatos bíblicos, por ejemplo, 1 Cor. 12-14.

8. Ejercite la prudencia en el habla y la acción. Un *faux pas* (paso en falso) cultural puede tener consecuencias devastadoras, Prov. 22:3.

9. No exija que las personas de otras culturas se unan a las suyas para ser discípulos de Cristo, Gál. 5:1; 2 Cor. 3:17.

10. Viva la libertad bíblica: aplique los principios bíblicos, y no eleve las tópicos culturales (los principios en 1 Corintios 6-8-10).

11. Reconozca la naturaleza universal del Reino de Dios, y cambie su lealtad. Acérquese a lo que el plan universal, global e histórico de Dios es para la Iglesia de Jesucristo. Conviértase en un cristiano del mundo sirviendo aquí en su asamblea local, Mat. 28:18-20.

12. Ore para que Dios le guíe en el proceso y le permita ser eficaz en la comprensión y el servicio, Mat. 7:7.

Contexto
Valores/Visión
Preparar
Lanzar
Agrupar
Nutrir
Transicionar
Horario/Cartilla

El resultado final: _____

Revise los siguientes apéndices sobre *Plantando iglesias entre los pobres de la ciudad: Una antología de recursos de plantación de iglesias urbanas* (consulte la tabla del apéndice al final de esta sesión para encontrar la ubicación de cada documento que se muestra a continuación, es decir, su volumen y número de página), y luego responder juntos las preguntas bajo *Discusión de grupo del seminario*.

- Nuestra declaración de dependencia: La libertad en Cristo
- Segmentación de grupos no alcanzados en barrios de iglesias
- Interacción de clase, cultura y raza
- La complejidad de la diferencia: Raza, cultura, clase
- La vocación misionera: Evaluando la adaptación transcultural
- La contínua práctica cultural
- Cinco puntos de vista sobre la relación entre Cristo y la cultura
- Auténtica libertad en Jesucristo
- El ciclo de la libertad
- La diversidad teológica
- Traduciendo la historia de Dios

Discusión de grupo del seminario

1. Resuma lo que usted cree que la Biblia nos enseña acerca de la libertad que Cristo nos ganó en la cruz. ¿Por qué es esta libertad en Cristo un principio esencial al permitir que cada sala de cultura contextualice el evangelio en sus propias expresiones?

2. ¿Cuáles son los principios esenciales de la cultura que serán importantes para nosotros en nuestra plantación de la iglesia?

3. En la cultura donde estamos plantando una iglesia, ¿qué elementos son morales, inmorales y amorales?

4. ¿De qué maneras específicas podemos contextualizar mejor el evangelio donde estemos para que la "comunidad" pueda entender mejor el evangelio en su propio idioma y maneras?

Seminario 2
La teología de los pobres para plantadores de iglesias
Rev. Terry Cornett

Incluso si su equipo no apunta a los pobres en su iglesia, este seminario es importante para que su equipo entienda el corazón de Dios por los pobres y cómo su nueva iglesia se relacionará con los pobres en su comunidad de destino.

San Lorenzo el diácono (258 d. C.) es uno de los grandes líderes y mártires de los primeros 300 años de la Iglesia.

I. **¿Nuestro equipo piensa en nuestro campo de misión como duro o fácil?**

   A. Los afluentes son difíciles de evangelizar y discipular.

   Deu. 8:12-14 – . . . no suceda que comas y te sacies, y edifiques buenas casas en que habites, y tus vacas y tus ovejas se aumenten, y la plata y el oro se te multipliquen, y todo lo que tuvieres se aumente; y se enorgullezca tu corazón, y te olvides de Jehová tu Dios, que te sacó de tierra de Egipto, de casa de servidumbre (como. Sal. 73:3-6; Pro. 30:8-9; Ez. 16:49; Os. 13:4-6).

   La enseñanza del Nuevo Testamento es mucho más explícita. Jesús sorprende a sus discípulos con la enseñanza de que la riqueza tiene una tendencia inherente a embotar los sentidos espirituales y llevar a uno a abandonar a Dios.

   > En la enseñanza de Jesús las posesiones materiales no son consideradas como malas, sino como peligrosas.
   >
   > ~ R.E. Dixon. *New Bible Dictionary [Nuevo Diccionario de la Biblia].*

   Mat. 6:19-21 – No os hagáis tesoros en la tierra, donde la polilla y el orín corrompen, y donde ladrones minan y hurtan; sino haceos tesoros en el cielo, donde ni la polilla ni el orín corrompen, y donde ladrones no minan ni hurtan. Porque donde esté vuestro tesoro, allí estará también vuestro corazón.

Jesús nos advierte que la acumulación tiene un efecto inevitable en nuestro corazón. Hay cosas que podemos hacer al respecto (dar imprudente, asociarnos con personas de bajo estatus y mala reputación), pero no podemos cambiar la realidad de que la riqueza ejerce un constante alejamiento de la espiritualidad.

Mat. 13:22 – El que fue sembrado entre espinos, éste es el que oye la palabra, pero el afán de este siglo y el engaño de las riquezas ahogan la palabra, y se hace infructuosa.

Mat. 19:21-26 – Jesús le dijo: Si quieres ser perfecto, anda, vende lo que tienes, y dalo a los pobres, y tendrás tesoro en el cielo; y ven y sígueme. Oyendo el joven esta palabra, se fue triste, porque tenía muchas posesiones. Entonces Jesús dijo a sus discípulos: De cierto os digo, que difícilmente entrará un rico en el reino de los cielos. Otra vez os digo, que es más fácil pasar un camello por el ojo de una aguja, que entrar un rico en el reino de Dios. Sus discípulos, oyendo esto, se asombraron en gran manera, diciendo: ¿Quién, pues, podrá ser salvo? Y mirándolos Jesús, les dijo: Para los hombres esto es imposible; mas para Dios todo es posible.

Lucas 1:53 – A los hambrientos colmó de bienes, y a los ricos envió vacíos.

Lucas 6:24 – Más ¡ay de vosotros, ricos! porque ya tenéis vuestro consuelo.

1 Tim. 6:9-11 – Porque los que quieren enriquecerse caen en tentación y lazo, y en muchas codicias necias y dañosas, que hunden a los hombres en destrucción y perdición; porque raíz de todos los males es el amor al dinero, el cual codiciando algunos, se extraviaron de la fe, y fueron traspasados de muchos dolores. Mas tú, oh hombre de Dios, huye de estas cosas, y sigue la justicia, la piedad, la fe, el amor, la paciencia, la mansedumbre.

1 Tim. 6:17 – A los ricos de este siglo manda que no sean altivos, ni pongan la esperanza en las riquezas, las cuales son inciertas, sino en el Dios vivo, que nos da todas las cosas en abundancia para que las.

Santiago 5:1-6 – ¡Vamos ahora, ricos! Llorad y aullad por las miserias que os vendrán. Vuestras riquezas están podridas, y vuestras ropas están comidas de polilla. Vuestro oro y plata están enmohecidos; y su moho testificará contra vosotros, y devorará del todo vuestras carnes como fuego. Habéis acumulado tesoros para los días postreros. He aquí, clama el jornal de los obreros que han cosechado vuestras tierras, el cual por engaño no les ha sido pagado por vosotros; y los clamores de los que habían segado han entrado en los oídos del Señor de los ejércitos. Habéis vivido en deleites sobre la tierra, y sido disolutos; habéis engordado vuestros corazones como en día de matanza. Habéis condenado y dado muerte al justo, y él no os hace resistencia.

Heb. 13:5 – Sean vuestras costumbres sin avaricia, contentos con lo que tenéis ahora; porque él dijo: No te desampararé, ni te dejaré.

Ap. 3:17 – Porque tú dices: Yo soy rico, y me he enriquecido, y de ninguna cosa tengo necesidad; y no sabes que tú eres un desventurado, miserable, pobre, ciego y desnudo.

La enseñanza específica del Nuevo Testamento . . .

No podemos pretender ser convertidos a Dios y no elegir convertirnos a los pobres.

> El Magnificat de María, su canción de exaltación cantada en la casa de Zacarías e Isabel, aclara su esperanza para el nuevo Reino. . . . Cinco tipos de personas se asombran y sorprenden. En la visión de María, los que están en la cima de la pirámide social: los orgullosos, los ricos y los poderosos derrocados. . . . Mientras tanto, los pobres y los hambrientos, los que están en el fondo de la colina social, toman un paseo sorpresa hasta la cima. . . . Una pobre campesina galilea, María esperaba que el Reino mesiánico volteara su mundo social al revés. . . . [Pero] el Reino de Dios no sólo está al revés. También es autoritario para nuestra situación. Los valores del Reino abordan problemas y dilemas actuales.
>
> ~ Donald B. Kraybill. *The Upside Down Kingdom [El Reino al revés]*, Rev. ed. Scottsdale, PA: Herald Press, 1990. págs. 17-21.

B. Los pobres son un campo receptivo para el evangelio.

El contrapunto a la enseñanza del Nuevo Testamento sobre la dureza espiritual de los ricos es la enseñanza de que los pobres son espiritualmente abiertos. Se supone a través de los Evangelios que los pobres son los ejemplos naturales de la piedad. Por ejemplo:

- La ofrenda de la viuda pobre, Marcos 12:41-44
- La parábola de Lázaro y el hombre rico, Lucas 16:19-31
- La viuda a quien se niega la justicia, Lucas 18:1-8
- Los invitados en la fiesta de la boda, Lucas 14:16-24

Y como es de esperarse, las afirmaciones proposicionales directas de Jesús refuerzan completamente lo que las historias nos implican.

Lucas 4:18-19 – El Espíritu del Señor está sobre mí, por cuanto me ha ungido para dar buenas nuevas a los pobres; me ha enviado a sanar a los quebrantados de corazón; a pregonar libertad a los cautivos, y vista a los ciegos; a poner en libertad a los oprimidos; a predicar el año agradable del Señor.

Lucas 6:20 – Y alzando los ojos hacia sus discípulos, decía: Bienaventurados vosotros los pobres, porque vuestro es el reino de Dios.

C. "Trabajando con el grano del universo".

> El teólogo menonita John Howard Yoder habla de seguir los mandamientos del Nuevo Testamento incluso cuando van en contra de la sabiduría popular o no aparece en la superficie para lograr los resultados que esperamos o deseamos. Yoder habla de ver el panorama más amplio detrás de las batallas y fracasos del día a día. Él dice que cuando tomamos en serio las enseñanzas del Nuevo Testamento, estamos "trabajando con el grano del universo".
>
> ~ Stanley Hauerwas. "Remembering John Howard Yoder" [Recordando a John Howard Yoder]. *First Things* 82 (abril de 1998): págs. 15-16.

Cuando sus equipos llevan el evangelio a los pobres es exactamente lo que están haciendo. Ellos están "trabajando con el grano del universo". Sus campos son receptivos, están "maduros para la cosecha".

Virtud clave del plantador de iglesias: Agradecimiento abierto de que la misión del equipo esté en un campo receptivo espiritualmente.

II. ¿Es la misión de nuestro equipo para los pobres enraizada en nuestra comprensión de Jesús?

No estamos en misión por nuestra propia iniciativa, sino que somos embajadores que actúan y hablan como los que representan a alguien más. Nuestra misión es simplemente la continuación de la misión de Jesús. O para decirlo de otra manera, el ejemplo y la enseñanza de Jesús son el estándar para evaluar nuestras afirmaciones para conocer y representar el mensaje de Dios.

Juan 14:23-24 – Respondió Jesús y le dijo: El que me ama, mi palabra guardará; y mi Padre le amará, y vendremos a él, y haremos morada con él. El que no me ama, no guarda mis palabras; y la palabra que habéis oído no es mía, sino del Padre que me envió.

1 Juan 2:4-6 – El que dice: Yo le conozco, y no guarda sus mandamientos, el tal es mentiroso, y la verdad no está en él; pero el que guarda su palabra, en éste verdaderamente el amor de Dios se ha perfeccionado; por esto sabemos que estamos en él. El que dice que permanece en él, debe andar como él anduvo.

Para Jesús, la misión mesiánica se definió principalmente como predicación de noticias liberadoras a los pobres y oprimidos. El evangelio era la buena noticia de que el Reino había llegado a los que no tenían esperanza. Servimos como representantes de Cristo sólo en la medida en que nuestra misión se ajusta a la suya.

A. Jesús se identificó a sí mismo con los pobres.

2 Cor. 8:9 – Porque ya conocéis la gracia de nuestro Señor Jesucristo, que por amor a vosotros se hizo pobre, siendo rico, para que vosotros con su pobreza fueseis enriquecidos.

1. Nacido de padres pobres

Lucas 2:22-24 – Y cuando se cumplieron los días de la purificación de ellos, conforme a la ley de Moisés, le trajeron a Jerusalén para presentarle al Señor (como está escrito en la ley del Señor: Todo varón que abriere la matriz será llamado santo al Señor, y para ofrecer conforme a lo que se dice en la ley del Señor: Un par de tórtolas, o dos palominos.

> La ley levítica proveía siempre que después del nacimiento de un hijo de una mujer sería impura durante siete días que conducían a la circuncisión y que por otros treinta y tres días debía mantenerse alejada de todas las cosas sagradas. . . Entonces ella debía ofrecer un cordero y un palomino. Si ella era demasiado pobre para un cordero, una segunda paloma o paloma bastaba en su lugar. (Levítico 12:6-13). La ofrenda de María fue, pues, la de los pobres.
>
> ~ Leon Morris. *The Gospel According to St. Luke.*
> *Tyndale New Testament Commentaries*
> [*El Evangelio Según San Lucas. Comentarios Tyndale del Nuevo Testamento*].
> Grand Rapids: Wm. B. Eerdmans, 1983. pág. 87.

    2. Como un marginado social

        a. Nacido en un establo, Lucas 2:7

        b. Bajo la ilegitimidad asumida, Lucas 3:23

    3. Él vive la vida de los pobres.

        a. No hay lugar donde poner la cabeza, Mat. 8:20

        b. Oprimido por las autoridades establecidas, religiosas y seculares, Isa. 53:7-8; Mat. 21:46; 22:15-16; Mar. 3:6; Juan 7:32.

        c. Apoyado por las contribuciones de otros, Lucas 8:3.

B. Jesús definió y validó su misión mesiánica al hacer de los pobres su prioridad central.

Lucas 4:16-21 – Vino a Nazaret, donde se había criado; y en el día de reposo[a] entró en la sinagoga, conforme a su costumbre, y se levantó a leer. Y se le dio el libro del profeta Isaías; y habiendo abierto el libro, halló el lugar donde estaba escrito: El Espíritu del Señor está sobre mí, por cuanto me ha ungido para dar buenas nuevas a los pobres; Me ha enviado a sanar a los quebrantados de corazón; a pregonar libertad a los cautivos, y vista a los ciegos; a poner en libertad a los oprimidos; a predicar el año agradable del Señor. Y enrollando el libro, lo dio al ministro, y se sentó; y los ojos de todos en la sinagoga estaban fijos en él. Y comenzó a decirles: Hoy se ha cumplido esta Escritura delante de vosotros.

Mateo 11:2-6 – Y al oír Juan, en la cárcel, los hechos de Cristo, le envió dos de sus discípulos, para preguntarle: ¿Eres tú aquel que había de venir, o esperaremos a otro? Respondiendo Jesús, les dijo: Id, y haced saber a Juan las cosas que oís y veis. Los ciegos ven, los cojos andan, los leprosos son limpiados, los sordos oyen, los muertos son resucitados, y a los pobres es anunciado el evangelio; y bienaventurado es el que no halle tropiezo en mí.

C. Jesús vinculó directamente la salvación y el discipulado a una preocupación similar por los pobres y oprimidos.

Lucas 19:2-10 – Y sucedió que un varón llamado Zaqueo, que era jefe de los publicanos, y rico, procuraba ver quién era Jesús; pero no podía a causa de la multitud, pues era pequeño de estatura. Y corriendo delante, subió a un árbol sicómoro para verle; porque había de pasar por allí. Cuando Jesús llegó a aquel lugar, mirando hacia arriba, le vio, y le dijo: Zaqueo, date prisa, desciende, porque hoy es necesario que pose yo en tu casa. Entonces él descendió aprisa, y le recibió gozoso. Al ver esto, todos murmuraban, diciendo que había entrado a posar con un hombre pecador. Entonces Zaqueo, puesto en pie, dijo al Señor: He aquí, Señor, la mitad de mis bienes doy a los pobres; y si en algo he defraudado a alguno, se lo devuelvo cuadruplicado. Jesús le dijo: Hoy ha venido la salvación a esta casa; por cuanto él también es hijo de Abraham. Porque el Hijo del Hombre vino a buscar y a salvar lo que se había perdido.

Mateo 19:21-23 – Jesús le dijo: Si quieres ser perfecto, anda, vende lo que tienes, y dalo a los pobres, y tendrás tesoro en el cielo; y ven y sígueme. Oyendo el joven esta palabra, se fue triste, porque tenía muchas posesiones. Entonces Jesús dijo a sus discípulos: De cierto os digo, que difícilmente entrará un rico en el reino de los cielos.

Lucas 12:32-34 – No temáis, manada pequeña, porque a vuestro Padre le ha placido daros el reino. Vended lo que poseéis, y dad limosna; haceos bolsas que no se envejezcan, tesoro en los cielos que no se agote, donde ladrón no llega, ni polilla destruye. Porque donde está vuestro tesoro, allí estará también vuestro corazón.

Lucas 14:12-14 – Dijo también al que le había convidado: Cuando hagas comida o cena, no llames a tus amigos, ni a tus hermanos, ni a tus parientes, ni a vecinos ricos; no sea que ellos a su vez te vuelvan a convidar, y seas recompensado. Mas cuando hagas banquete, llama a los pobres, los mancos, los cojos y los ciegos; y serás bienaventurado; porque ellos no te pueden recompensar, pero te será recompensado en la resurrección de los justos.

Lucas 11:41 – Pero dad limosna de lo que tenéis, y entonces todo os será limpio.

Mat. 25:41-46 – Entonces dirá también a los de la izquierda: Apartaos de mí, malditos, al fuego eterno preparado para el diablo y sus ángeles. Porque tuve hambre, y no me disteis de comer; tuve sed, y no me disteis de beber; fui forastero, y no me recogisteis; estuve desnudo, y no me cubristeis; enfermo, y en la cárcel, y no me visitasteis. Entonces también ellos le responderán diciendo: Señor, ¿cuándo te vimos hambriento, sediento, forastero, desnudo, enfermo, o en la cárcel, y no te servimos? Entonces les responderá diciendo: De cierto os digo que en cuanto no lo hicisteis a uno de estos más pequeños, tampoco a mí lo hicisteis. E irán éstos al castigo eterno, y los justos a la vida eterna.

Virtud clave del plantador de iglesias: Recordatorios constantes al equipo de que la fidelidad a Jesús está inextricablemente ligada a la fidelidad a los pobres.

III. ¿La esperanza de nuestra misión por los pobres está anclada en la elección de la gracia de Dios?

eklegomai - para seleccionar: hacer elección, escoger (salir), elegido.

> Elegir, escoger, elegir por sí mismo, no necesariamente implica el rechazo de lo que no se elige, sino favorecer al sujeto elegido, teniendo en cuenta una relación a establecer entre la elección y el objeto elegido. Implica preferencia y selección entre muchas opciones.
>
> ~ Spiros Zoddhiates. "eklegomai."
> *The Complete Word Study Dictionary: New Testament.*
> [Diccionario completo de estudio de palabra: Nuevo Testamento].
>
> Cuando se usa en relación con la elección de Dios, tiene una referencia especial ". . . A aquellos a quienes ha juzgado aptos para recibir sus favores y separados del resto de la creado para ser peculiarmente suyos y ser atendidos continuamente por su graciosa supervisión".
>
> ~ *Thayer's Greek English Lexicon of the Bible.*
> [Léxico inglés-griego de Thayer de la Biblia].

Lucas 6:13 – Y cuando era de día, llamó a sus discípulos, y escogió [*eklegomai*] a doce de ellos, a los cuales también llamó apóstoles.

Ef. 1:4-5 – . . . según nos escogió [*eklegomai*] en él antes de la fundación del mundo, para que fuésemos santos y sin mancha delante de él, en amor habiéndonos predestinado para ser adoptados hijos suyos por medio de Jesucristo, según el puro afecto de su voluntad.

Por lo tanto, es significativo que el apóstol Santiago adopte el mismo concepto con respecto a los pobres.

Santiago 2:5 – Hermanos míos amados, oíd: ¿No ha elegido [*eklegomai*] Dios a los pobres de este mundo, para que sean ricos en fe y herederos del reino que ha prometido a los que le aman?

Cuando la teología del Antiguo Testamento y los Evangelios acerca de los pobres se mantiene junto con la teología de los pobres en las Epístolas, surge un cuadro notable.

> Dado exclusivamente a Israel, el pueblo escogido (*'am segullah*), como marca de la elección de Dios, el amor a la *Shekináh* ahora descansaba en los pobres, que como el nuevo Israel heredaría su esplendor en el próximo reino mesiánico.
>
> ~ James B. Adamson. "Santiago 2.5." *The Epistle of James. The New International Commentary on the New Testament*. [La Epístola de Santiago. El Nuevo Comentario Internacional sobre el Nuevo Testamento]. Grand Rapids: Eerdmans, 1976. pág. 110.
>
> En el Nuevo Testamento, los pobres reemplazan a Israel como el foco del Evangelio.
>
> ~ C. M. N. Sugden. *New Dictionary of Theology*. [Nuevo Diccionario de Teología].

Virtudes clave del plantador de iglesias: Conduce al equipo en una vida de oración en grupo que lucha con Dios recordándole sus propias promesas y propósitos declarados (Deuteronomio 9:25-29, Salmo 74, Jeremías 14:20-21, Lucas 18:1-8). Guía al equipo para que encuentre todas las oportunidades para la evangelización debido a la confianza de que el equipo está trabajando entre aquellos a quienes Dios ha escogido.

IV. ¿Nuestra misión entre los pobres se caracteriza por el respeto y la expectativa?

> Si quieres hacer algo y no tienes poder para hacerlo, es *talauchi* (pobreza).
>
> ~ Nigeria
>
> Cuando uno es pobre, no tiene voz en público, se siente inferior. No tiene comida, así que hay hambre en su casa; sin ropa y sin progreso en su familia.
>
> ~ Una mujer de Uganda.
>
> Para una persona pobre todo es terrible: enfermedad, humillación, vergüenza. Estamos lisiados; tenemos miedo de todo; dependemos de todo el mundo. Nadie nos necesita. Somos como basura que todo el mundo quiere deshacerse.
>
> ~ Una mujer ciega de Tiraspol, Moldavia
>
> ~ "Voices of the Poor." [Voces de los Pobres]. PovertyNet. http://www.worldbank.org/poverty/voices/listen-findings.htm#1

A. Respeto, Respeto, Respeto

Creo en el enfoque de Aretha Franklin hacia una teología de los pobres. "R-E-S-P-E-T-O descubro lo que significa para mí".

> Una de las formas en que San Francisco describe su relación con los pobres (y otros) fue a través de la palabra cortesía. "Usamos la palabra 'cortesía' para significar modales. Originalmente, significaba el comportamiento y la etiqueta que se esperaba de alguien que servía en un tribunal noble. . . . Para San Francisco. . . cortesía era una manera de ver y actuar hacia los demás.
>
> ~ Lawrence Cunningham. San Francisco de Asís. San Francisco: Harper and Row. 1981.

El ejemplo de Pablo y Onésimo:

Filemón 10-17 – te ruego por mi hijo Onésimo, a quien engendré en mis prisiones, el cual en otro tiempo te fue inútil, pero ahora a ti y a mí nos es útil, el cual vuelvo a enviarte; tú, pues, recíbele como a mí mismo. Yo quisiera retenerle conmigo, para que en lugar tuyo me sirviese en mis prisiones por el evangelio; pero nada quise hacer sin tu consentimiento, para que tu favor no fuese como de necesidad, sino voluntario. Porque quizá para esto se apartó de ti por algún tiempo, para que le recibieses para siempre; no ya como esclavo, sino como más que esclavo, como hermano amado, mayormente para mí, pero cuánto más para ti, tanto en la carne como en el Señor. Así que, si me tienes por compañero, recíbele como a mí mismo.

¡Muchos eruditos creen que este mismo Onésimo se convirtió en obispo en la iglesia primitiva!

> No tenemos ni idea de cuán viejo era Onésimo de Pablo cuando escribió sobre él; pero un joven en su adolescencia tardía o principios de los años veinte en ese momento sería alrededor de setenta por el tiempo del martirio de Ignacio – no una edad increíble para un obispo en esos días. . . . Debe explicarse la preservación de esta carta privada [Carta de Filemón]. Que Onésimo se convirtiera en el obispo de Éfeso no es improbable. Si es así . . . Onésimo apenas podía llegar a conocer sobre {la recopilación del corpus paulino], y se aseguraría de que su carta paulina hallase un lugar en ella.
>
> ~ F. F. Bruce. *Epistles to the Colossians, to Philemon, and to the Ephesians. The New International Commentary on the New Testament.* [Epístolas a los Colosenses, a Filemón y a los Efesios. El nuevo comentario Internacional sobre el Nuevo Testamento]. Grand Rapids: Eerdmans, 1984. pág. 202.

Cada persona pobre debe ser tratada basada en el potencial inherente a su vocación.

B. Expectativas: los pobres como actores en lugar de actuar sobre ellos.

> La pobreza no es tanto la ausencia de bienes como la ausencia de poder – la capacidad de poder cambiar la situación.
>
> ~ Robert C. Linthicum. *Empowering the Poor: Community Organizing Among the City's 'Rag, Tag, and Bobtail.'* [Capacitando a los pobres: Comunidad que organiza entre el "trapo, la etiqueta, y el rabo corto de la ciudad"].Monrovia, CA: MARC, 1991. pág. 10.

La Iglesia debe ser el lugar donde se espera que los pobres asuman el liderazgo. Debemos saber esto acerca de los pobres incluso antes de que ellos lo sepan de ellos mismos. Debemos asegurarnos de que los requisitos que se establezcan para los líderes sean totalmente bíblicos, pero no se expresen en las formas culturales de clase media.

El paternalismo puede tomar dos formas igualmente mortíferas: no esperando que los pobres dirijan o simplemente darles liderazgo para lo que una persona no está equipada como una especie de *tokenismo* (La práctica o la política de hacer nada más que un esfuerzo o gesto simbólico, como ofrecer oportunidades a las minorías iguales a las de la mayoría).

1. El Reino al revés

    Sal. 18:27 – Porque tú salvarás al pueblo afligido, Y humillarás los ojos altivos.

    Is. 23:9 – Jehová de los ejércitos lo decretó, para envilecer la soberbia de toda gloria, y para abatir a todos los ilustres de la tierra.

    Ez. 21:26 – así ha dicho Jehová el Señor: Depón la tiara, quita la corona; esto no será más así; sea exaltado lo bajo, y humillado lo alto.

    Lucas 6:20-24 – . . . Y alzando los ojos hacia sus discípulos, decía: Bienaventurados vosotros los pobres, porque vuestro es el reino de Dios . . . Mas ¡ay de vosotros, ricos! porque ya tenéis vuestro consuelo.

    Santiago 1:9-10 – El hermano que es de humilde condición, gloríese en su exaltación; pero el que es rico, en su humillación; porque él pasará como la flor de la hierba.

    Lucas 1:52 – . . . Quitó de los tronos a los poderosos, Y exaltó a los humildes.

2. Los pobres como líderes

    Hechos 4:13 – Entonces viendo el denuedo de Pedro y de Juan, y sabiendo que eran hombres sin letras y del vulgo, se maravillaban; y les reconocían que habían estado con Jesús.

    1 Cor. 12:7, 11 – Pero a cada uno le es dada la manifestación del Espíritu para provecho…Pero todas estas cosas las hace uno y el mismo Espíritu, repartiendo a cada uno en particular como él quiere.

Santiago 2:5 – Hermanos míos amados, oíd: ¿No ha elegido Dios a los pobres de este mundo, para que sean ricos en fe y herederos del reino que ha prometido a los que le aman?

Ap. 1:5-6 – y de Jesucristo el testigo fiel, el primogénito de los muertos, y el soberano de los reyes de la tierra. Al que nos amó, y nos lavó de nuestros pecados con su sangre, y nos hizo reyes y sacerdotes para Dios, su Padre; a él sea gloria e imperio por los siglos de los siglos. Amén.

> Tengo mi defensa, pero consiste en las oraciones de los pobres. Los ciegos y los cojos, los débiles y los viejos, son más fuertes que los guerreros resistentes.
> ~ St. Ambrose (340-397). "Sermon Against Auxentius." *Nicene and Post-Nicene Fathers*, Second Series, Vol. 10. ["Sermón contra Auxentius". Padres nicenos and post-nicenos, Segunda Serie, Vol. 10.] pág. 436.

Virtudes clave del plantador de iglesias: Constantemente vigilantes contra el paternalismo y las respuestas a los pobres basadas en el "cristianismo remediador". Constantemente invirtiendo en y confiando autoridad a, los líderes fieles entre los pobres como medio por el cual la iglesia será plantada.

Revise los siguientes apéndices sobre *Plantando iglesias entre los pobres de la ciudad: Una antología de recursos de plantación de iglesias urbanas* (consulte la tabla del apéndice al final de esta sesión para encontrar la ubicación de cada documento que se muestra a continuación, es decir, su volumen y número de página), y luego responder juntos las preguntas bajo *Discusión de grupo del seminario*.

- Ética del Nuevo Testamento: Viviendo en el Reino de Dios al revés
- Principios de plantación de iglesias transculturales
- La vocación misionera: Evaluando la adaptación transcultural
- Que podamos ser uno: Elemento de un movimiento de plantación de Iglesias integrado entre los pobres urbanos
- La red SIAFU - Agrupando a los guerreros de Dios: Hacia una estrategia para ganar la ciudad
- Aptos para representar: Multiplicando discípulos del Reino de Dios

Discusión de grupo del seminario

1. Según la Escritura, ¿qué desafíos existen en la comunicación del evangelio a los ricos y opulentos? ¿Qué barreras existen para compartir el evangelio con los pobres y los indigentes?

2. ¿Está usted de acuerdo con la afirmación: "La enseñanza específica del Nuevo Testamento [es ésta]: No podemos pretender estar convertidos a Dios y no elegir convertirnos a los pobres". ¿Por qué sí o por qué no?

3. ¿Por qué nuestras expectativas de los pobres y sus posibilidades son tan importantes para el ministerio entre ellos? Explique.

4. ¿Qué clase de actitudes serán necesarias cultivar para creer que Dios quiere que los pobres no sólo se transformen sino que sean los líderes del Reino en sus propios vecindarios?

Seminario 3
Construyendo el equipo para el éxito
Principios del juego eficaz de equipo
Rev. Dr. Don L. Davis

El trabajo en equipo es quizás el medio más eficaz para lograr los objetivos. Independientemente del dominio – ya sea en los negocios, atletismo, comercio, industria, música, ciencia, política, educación o lo militar – el trabajo en equipo puede ser una fuerza integral en la formación del crecimiento personal, así como lograr el éxito del grupo. Si bien se ha escrito mucho sobre la naturaleza de los equipos, para nuestros propósitos debemos mirar los principios que sustentan y apoyan todo el juego efectivo del equipo. La siguiente lista de principios se ha tomado de mi propia reflexión sobre la naturaleza del juego de un equipo eficaz, y no se consideran ser una lista exhaustiva. En mi opinión, sin embargo, considero que estos diez principios son emblemáticos en el desempeño de todos los grandes equipos, independientemente de la tarea que enfrentan, y cómo funcionan juntos.

I. **Articular de manera persuasiva la visión de la asociación, acciones, esfuerzos del equipo: El principio de la ARTICULACIÓN.**

   A. Escritura clave: 1 Cor. 14:6-8

   B. Definición del concepto

      1. "Entender y abrazar, en cada nivel de participación del equipo, nuestra misión, propósito y declaración de objetivos mutuamente acordados y claramente establecidos"

      2. "Articular en un equipo es prever para el equipo el sueño, el fin y el objetivo que es y se seguirá durante toda la 'temporada'"

   C. El principio explicado

      1. Este principio involucra la visión que subyace a los términos de la asociación mutua del equipo, es decir, "¿Por qué estamos juntos y qué queremos?".

      2. El contenido de la articulación en un contexto de equipo es sus visiones, convicciones, creencias y valores compartidos, junto con su determinación recíproca de vivir estos juntos como una unidad.

3. Lo contrario de Articulación es el *silencio o el murmullo respecto a la visión*.

4. El resultado de no articulación es la *confusión entre los miembros del equipo*.

D. La clave de oro: ¡Deje que el líder sople un cierto sonido! (1 Cor. 14:8).

II. **Dé la bienvenida e involucre a todos los miembros como participantes: El principio de la INCORPORACIÓN.**

A. Escritura clave: Rom. 15:4-7

B. Definición del concepto

1. "Ser recibidos en un grupo particular de personas que se han unido intencionalmente ellos mismos para encarnar y/o alcanzar un propósito o fin común"

2. Cuando incorporamos un nuevo miembro a nuestro equipo, nuestra primera prioridad es:

   a. Unir, mezclar o combinar a la (s) persona (s) en nuestras estructuras ya existentes para . . .

   b. Darles una sensación inmediata de seguridad y significado, mientras que al mismo tiempo . . .

   c. Ayudándoles a contribuir a los esfuerzos de nuestro equipo para formar un todo indistinguible.

C. El principio explicado

1. Para ser incorporado debe ser comisionado y llamado.

2. Todos los privilegios, derechos y responsabilidades del miembro más veterano se dan a los principiantes una vez que los hemos abrazado dentro de nuestra lealtad de equipo.

3. La incorporación es el acto de dar la bienvenida, recibir y aceptar a otro como un socio pleno, igual y significativo en el equipo.

4. Lo contrario de Incorporación es el estado de *no-relación entre los miembros*.

5. El resultado de no incorporar nuevos miembros es *desperdiciar los recursos de los miembros del equipo*.

D. La clave de oro: Encuentre el lugar adecuado para cada miembro del equipo tan pronto como sea posible.

III. Aprenda y exprese el poder de la responsabilidad compartida: El principio de la COOPERACIÓN.

A. Escritura clave: 1 Cor. 12:11-14

B. Definición del concepto

1. "Comprometerse a sí mismo y a todas sus capacidades, dones y recursos para el trabajo y el éxito del equipo"

2. La cooperación exige que cada miembro del equipo esté dispuesto a aprender de los demás.

3. También exige una disposición a colaborar con otros miembros del equipo para alcanzar nuestro objetivo común.

C. El principio explicado

1. La cooperación produce sinergia y anula la posibilidad de conflicto y antagonismo.

2. Cuando los miembros cooperan, celebran la importancia de la diversidad dentro del equipo.

3. La cooperación pone en relieve el beneficio del trabajo compartido, en el que cada miembro es libre de aprovechar sus fortalezas y ser apoyado en sus limitaciones.

4. Criterios necesarios

a. Talentos especiales y únicos de cada miembro

b. Espíritu de cooperación para trabajar juntos para los objetivos del equipo

5. Lo contrario de cooperación es la *competencia divisiva*.

6. El resultado de la falta de cooperación es la ***acción individual desconectada de los objetivos del equipo***.

D. La clave de oro: Celebre la diversidad de talentos y la carga entre el equipo.

IV. Descubra y utilice los dones, la experiencia y las fortalezas de cada miembro: El principio de la IDENTIFICACIÓN.

A. Escritura clave: Rom. 12:3-8

B. Definición del concepto

1. "Evaluar y determinar mediante un cuidadoso análisis los dones, habilidades y aptitudes de cada miembro del equipo para determinar cómo pueden contribuir mejor a los esfuerzos del equipo"

2. La identificación es el proceso en el que diseñamos y facilitamos el funcionamiento del papel y la función de cada miembro del equipo.

C. El principio explicado

1. La identificación se refiere a la división del trabajo en un equipo eficaz.

2. Al identificar a los miembros del equipo y sus funciones, tratamos de ayudar a cada miembro a definir su propio papel especial en el equipo y encontrar su "lugar" en el equipo que mejor se adapte a sus dones, capacidades y cargas.

3. Facilitamos la identificación empleando una variedad de métodos y enfoques diseñados para probar y evaluar los dones y aptitudes generales del miembro del equipo y cómo estos recursos pueden maximizarse dentro del propio equipo.

    a. Entrevista

    b. Experimentación

    c. Asignación

4. Su propósito: aproveche al máximo la individualidad y las fortalezas únicas de cada persona de tal manera que el equipo se realce y descubra que carece de nada esencial para su eficacia general.

5. Lo contrario de la identificación es la *colocación al azar*.

6. El resultado de no identificar los dones individuales es la *frustración entre los miembros*.

D. La clave de oro: Tome la diferencia individual en serio; ayude a los miembros a descubrir su nicho.

V. Estratégicamente planifique y organice la acción y el movimiento del equipo: El principio de la ORGANIZACIÓN.

A. Escritura clave: 1 Pe. 4:9-11

B. Definición del concepto

1. "Determinar el proceso por el cual el equipo abordará sus tareas, gestionará sus recursos y avanzará hacia su objetivo con la mayor eficiencia y confusión posible"

2. La organización del equipo se enfoca en que cada miembro y unidad del equipo establezcan metas medibles y alcanzables en sincronía con la meta general del equipo y luego desarrollar planes y estrategias para movilizar a los miembros del equipo en torno a su "plan de juego" en general.

C. El principio explicado

1. La organización ocurre mejor dentro de equipos que reclutan liderazgo efectivo, que funciona para capacitar y facilitar la efectividad de cada miembro individualmente, y el equipo como un todo.

2. La organización implica tanto elementos procesales como estructurales.

a. Procedimentalmente, involucra el proceso de establecer metas, determinar prioridades, hacer planes estratégicos para llevar a cabo nuestros objetivos, programar nuestras vidas y gestionar nuestros recursos juntos para alcanzarlos.

b. Estructuralmente, se trata de seleccionar los líderes a los que se les ha delegado la responsabilidad y la autoridad para capacitar a cada miembro del equipo para que conozca su papel, así como a quién se reporta y ante quién es responsable.

3. La organización del equipo surge de dentro de muchos contextos, y tiene lugar en todos los niveles de responsabilidad del juego en equipo.

4. La organización no es lo mismo que el encarcelamiento de alguna estrategia en particular; más bien, implica administrar a nuestra gente, recursos, dinero, equipo e instalaciones con sabiduría y habilidad, avanzando hacia las metas de nuestro equipo con el mínimo desperdicio, esfuerzo y conflicto.

5. Lo opuesto a la organización es *el desorden y el azar*.

6. El resultado de una falta de organización es una *gran ineficiencia*.

D. La clave de oro: Planifique su esfuerzo y actividad antes de ejecutar y actuar.

VI. Capacitar a los miembros del equipo para maximizar sus dones y fortalezas individualmente y juntos: El principio de la PREPARACIÓN.

A. Escritura clave: Ef. 4:11-16

B. Definición del concepto

1. "Desarrollar un sentido de preparación y competencia en cada miembro del equipo para que puedan estar preparados para los diversos desafíos y asuntos que surgirán a medida que ejecutan sus roles"

2. La preparación implica una práctica rigurosa que pretende hacer que cada miembro del equipo esté completamente preparado para ejecutar su papel con eficacia, sin importar la situación o circunstancia encontrada.

C. El principio explicado

1. La preparación se centra en la preparación y se concentra en los esfuerzos para capacitar a los miembros del equipo para aprender a anticipar "el futuro con antelación" para que el equipo pueda funcionar sin dificultad o confusión en el momento crítico.

2. Es sinónimo de entrenamiento, el acto, el proceso y el arte de impartir el conocimiento y la habilidad requeridos a una persona que les capacita para funcionar en su papel con competencia y satisfacción.

3. Lo opuesto a la preparación es el *estado de estar mal equipado y no entrenado*.

4. El resultado de no tener preparación es la *mediocridad y el desperdicio*.

D. La clave de oro: La práctica (y el tipo correcto de práctica) perfecciona lo que se practicaba.

VII. Ejecute sus estrategias de equipo con excelencia y entusiasmo: El principio de la IMPLEMENTACIÓN.

A. Escritura clave: Col. 3:16-17

B. Definición del concepto

1. "Llevar a cabo con excelencia y con eficacia las funciones, requisitos y tareas adscritas a su función"

2. Implementar como miembro del equipo es ejecutar y realizar, como individuos y un grupo, nuestras asignaciones y tareas.

C. El principio explicado

1. La aplicación se centra en criterios de rendimiento aceptable y excelente.

2. Está vinculado a la delegación de autoridad y a la rendición de cuentas de los miembros del equipo cuando cumplen con sus responsabilidades y funciones.

3. Al ejecutar su tarea, los miembros del equipo siguen sus regímenes y horarios acordados, realizando sus tareas en todos los contextos.

4. Lo que exige

    a. Comunicación abierta y honesta entre los miembros del equipo

    b. Comentarios, aliento, instrucción y sugerencias sobre el terreno de los líderes y otros miembros del equipo

    c. Sentido claro de la tarea y capacidad para llevarlo a cabo

5. Lo contrario de la implementación es *un mal desempeño*.

6. El resultado de no implementar estrategias *no es el logro de los objetivos del equipo*.

D. La clave de oro: Capacitar a cada miembro para que haga su trabajo, y mantenerlos responsables de hacerlo.

VIII. Proporcionar liderazgo y supervisión a todas las dimensiones del esfuerzo de equipo: El principio de la COORDINACIÓN.

A. Escritura clave: 1 Cor. 12:15-27

B. Definición del concepto

1. "Llevar los esfuerzos de los diversos miembros del equipo en un movimiento sincronizado, decidido y armonizado a través del apoyo mutuo y la supervisión cuidadosa"

2. La coordinación es el acto donde los miembros aprenden a funcionar y operar sus roles particulares solos y juntos de tal manera que todo el equipo prospere y tenga éxito.

C. El principio explicado

1. Esto es sinónimo de un tipo de entrenamiento que orquesta (no domina) las actividades y los esfuerzos del equipo hacia sus objetivos predeterminados.

2. La coordinación es entrenar, y como tal, ayuda a establecer y mantener a los miembros del equipo en relación mutua y recíproca.

3. En función del liderazgo, la coordinación intenta mantener todas las actividades del equipo en una relación esencial entre ellas, a menos que los miembros del equipo funcionen por separado como unidades no vinculadas.

4. Cómo funciona

   a. Retroalimentación e instrucción en el lugar, no sólo a individuos, sino también a pares y unidades dentro del equipo que se relacionan directamente entre sí

   b. Planes detallados de cómo y cuándo los miembros deben interactuar

5. Lo opuesto a la coordinación es *una acción individualizada y no coordinada.*

6. El resultado de una falta de coordinación es la *confusión del equipo y mal desempeño.*

D. La clave de oro: El propósito del liderazgo de equipo es coordinar las fortalezas de los miembros en un plan unido que les permita alcanzar su meta.

IX. **Evaluar críticamente los procesos y los impactos de los esfuerzos del equipo: El principio de la EVALUACIÓN.**

A. Escritura clave: 1 Cor. 9:23-27

B. Definición del concepto

1. "Analizar y juzgar cuidadosamente tanto el esfuerzo global como el impacto del juego en equipo, tanto individualmente como en equipo"

2. La evaluación mide de manera crítica, pero simpática, nuestro equipo y el desempeño individual para obtener información sobre cómo podemos construir sobre nuestras fortalezas y compensar nuestras limitaciones.

C. El principio explicado

1. La evaluación implica revisar nuestros hechos reales en contra de nuestras expectativas.

2. Esto es con el propósito de ganar sabiduría en el desempeño del equipo, no evaluar la censura o la culpa.

3. La evaluación, tanto de los líderes como de los miembros, requiere una mirada comprensiva pero cuidadosa en el desempeño de cada miembro del equipo en comparación con sus metas y la descripción o los criterios del trabajo.

4. Finalidad y calendario

   a. Mejorar el rendimiento, no censurar o reprender.

   b. Para criticar y dar retroalimentación; para elogiar, desarrollar, entrenar y mejorar nuestras acciones individuales y de equipo para un mayor éxito para todo el equipo.

   c. La evaluación del rendimiento debe ser fomentada en todas las fases del juego en equipo, durante la práctica y el juego.

5. Lo contrario de evaluación es *no proporcionar retroalimentación sobre el desempeño o el progreso*.

6. El resultado de no tener una evaluación es *poca o ninguna mejora en el rendimiento o en el juego en equipo*.

D. La clave de oro: Ofrezca la retroalimentación generosa a todos los miembros individualmente, y en conjunto.

X. **Modifique su estrategia de equipo y su desempeño basado en su análisis de la situación: El principio de la ADAPTACIÓN.**

A. Escritura clave: 2 Tim. 3:16-17

B. Definición del concepto

1. "Ser sensible y responder a las circunstancias, ambientes o contextos nuevos y/o cambiantes"

2. Ser adaptable es estar dispuesto a "estar audible", es decir, estar abierto a ajustar sus planes en respuesta a nuevas situaciones, y estar dispuesto a modificar o adaptar las acciones del equipo de acuerdo con las necesidades de la configuración actual y población particular.

C. El principio explicado

1. La adaptación es la apertura al cambio.

2. Produce una fluidez y un dinamismo que el compromiso servil de planificar o pasado puede inhibir y eclipsar.

3. Adaptar significa que usted está dispuesto a renunciar a la lealtad a la mala estrategia, y permite la máxima capacidad de cambio por el bien de una acción más sabia y más eficaz.

4. Lo que la adaptación sugiere y exige

   a. Amplia gama de modificaciones en la acción del equipo, desde un ajuste modesto de un juego en particular, hasta un cambio mayorista en la estrategia y plan de juego

   b. El cambio al por mayor o modesto, depende de lo que se determina que es de importancia crítica

   c. Para adaptarse, los miembros deben ser capaces de cambiar, y tener la libertad y la autoridad para innovar (dentro de ciertos límites).

5. Lo contrario de la adaptación es la *conformidad con la tradición y las metodologías pasadas*.

6. El resultado de no adaptarse es el *fracaso prolongado en un curso de acción familiar*.

D. La clave de oro: Conceda a los líderes y miembros del equipo la autoridad y el derecho de adaptar sus métodos e instrucciones para aumentar la efectividad del equipo.

El resultado final que hay que cumplir: Cuando los siguientes principios se emplean consistentemente, usted puede capacitar al equipo para INTEGRAR sus esfuerzos juntos, tanto individual como corporativamente. Éste es el objetivo más alto de todo el juego eficaz del equipo.

- Facilitar a cada miembro del equipo y a las unidades de la función de los miembros del equipo juntos como partes significativas de un todo único y unificado.
- Integrar algo implica unir, combinar y adaptar un sistema de partes para lograr un efecto particular en conjunto.

Esta es la culminación de todos los demás principios en funcionamiento, lo que da lugar a un equipo en el que cada elemento individual se une para formar una unidad de trabajo eficaz, mezclando sus esfuerzos individuales en un todo único, funcional y unificado. Más que nada, la integración exige que todos los miembros adopten como su principal perspectiva y mentalidad que los objetivos del equipo, el éxito y la victoria es primordial, y que la prominencia personal será un producto bien recibido y, sin embargo, secundario de nuestra victoria en equipo. Estar integrado debe ser sincronizado de tal manera que cada miembro conozca su papel, lo ejecute con excelencia y apoye a sus compañeros de equipo.

Resumen de los principios del juego en equipo

I. Explicar de manera persuasiva la visión de la asociación, las acciones y los esfuerzos del equipo:
El principio de la ARTICULACIÓN

II. Dar la bienvenida e involucrar a todos los miembros como participantes:
El principio de la INCORPORACIÓN

III. Aprender el poder de la responsabilidad compartida:
El principio de la COOPERACIÓN

IV. Descubrir y utilizar los puntos fuertes de cada miembro:
El principio de la IDENTIFICACIÓN

V. Planificar estratégicamente y organizar las acciones y movimientos de su equipo:
El principio de la ORGANIZACIÓN

VI. Capacitar a los miembros del equipo para maximizar sus dones y fortalezas individualmente y juntos:
El principio de la PREPARACIÓN

VII. Ejecutar sus estrategias de equipo con excelencia y entusiasmo:

   El principio de la IMPLEMENTACIÓN

VIII. Proporcionar liderazgo y supervisión a todas las dimensiones del esfuerzo del equipo:

   El principio de la COORDINACIÓN

IX. Evaluar críticamente los procesos y los impactos de los esfuerzos del equipo:

   El principio de la EVALUACIÓN

X. Modificar la estrategia y el rendimiento de su equipo basándose en su análisis de la situación:

   El principio de la ADAPTACIÓN

Cuadro de diagnóstico de los principios de la eficacia del equipo

Una forma de seguir el crecimiento en estos principios es utilizando el cuadro de diagnóstico adjunto. Una vez cada trimestre pida a los miembros del equipo que evalúen cómo está haciendo el equipo en cada una de las diez áreas de eficacia del equipo usando la tabla de calificación en la página siguiente (La tabla de clasificación pide a cada miembro que asigne el rendimiento del equipo en cada característica de un número de 1-10, siendo 10 el mejor y 1 el peor).

Después de que cada miembro del equipo (incluido el líder del equipo) haya calificado al equipo en cada área, recoja los resultados y encuentre la calificación promedio de cada característica. (Ejemplo: Sobre la característica de la articulación, el miembro # 1 del equipo le asignó un seis, el miembro # 2 un siete, el miembro # 3 un cuatro y el miembro # 4 un 7. Cuando los cuatro resultados se suman y se dividen por el número de miembros del equipo, el puntaje promedio para la característica de articulación es seis).

Luego trace el número seis en la tabla de evaluación de efectividad del equipo bajo la característica de articulación. Después de que cada característica se haya trazado en el gráfico, conecte los puntos con una línea. El gráfico ayudará al equipo a ver cómo se percibe.

Las preguntas que deben hacerse son:

- ¿Parece equilibrado en cada una de estas áreas o tenemos fortalezas y debilidades obvias?

- ¿Qué áreas necesitan más mejoras y cómo afectan nuestra efectividad? ¿Hay cambios inmediatos que debemos hacer?
- ¿Qué áreas fuertes debemos construir a medida que planeamos nuestra estrategia?
- ¿Hemos estado enfocando nuestra oración en las áreas adecuadas?

Tabla de calificación de eficacia del equipo

Por favor califique a su equipo en cada una de las siguientes características de la efectividad del equipo. Para cada característica, 1 representa un desempeño pobre, 5 un desempeño promedio y 10 un desempeño excelente.

ARTICULACIÓN

1 2 3 4 5 6 7 8 9 10

INCORPORACIÓN

1 2 3 4 5 6 7 8 9 10

COOPERACIÓN

1 2 3 4 5 6 7 8 9 10

IDENTIFICACIÓN

1 2 3 4 5 6 7 8 9 10

ORGANIZACIÓN

1 2 3 4 5 6 7 8 9 10

PREPARACIÓN

1 2 3 4 5 6 7 8 9 10

IMPLEMENTACIÓN

1 2 3 4 5 6 7 8 9 10

COORDINACIÓN

1 2 3 4 5 6 7 8 9 10

EVALUACIÓN

1 2 3 4 5 6 7 8 9 10

ADAPTACIÓN

1 2 3 4 5 6 7 8 9 10

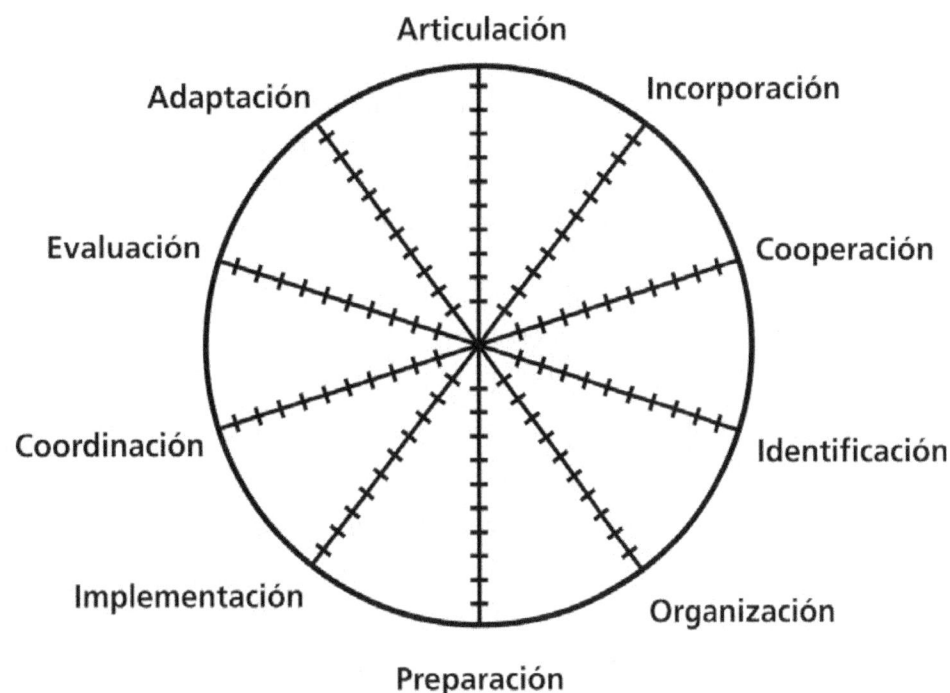

Práctica de trabajo en equipo (Siglas en inglés TEAMWORK) de equipos de plantación de iglesias sólidos

T La ventaja táctica se obtiene al redactar y trabajar un plan de juego completo y flexible.

E Equipe a los miembros generosamente para maximizar el lugar, la posición y las fortalezas de cada persona.

A Audible libremente si el plan de juego original vacila o se derrumba.

M Mantenga el más alto nivel de excelencia en modelado y rendimiento, incluso en los detalles.

W Acoja los obstáculos y los conflictos como oportunidades de innovación y crecimiento.

O Supere las habilidades para ganar confianza y alcanzar la perfección de la práctica.

R Revise la ejecución regularmente, ofreciendo retroalimentación constructiva sobre la práctica y el desempeño del equipo y los miembros.

K Mantenga el ritmo anticipando el futuro y adaptándose a las tendencias cambiantes.

Contexto
Valores/Visión
Preparar
Lanzar
Agrupar
Nutrir
Transicionar
Horario/Cartilla

Revise los siguientes apéndices sobre *Plantando iglesias entre los pobres de la ciudad: Una antología de recursos de plantación de iglesias urbanas* (consulte la tabla del apéndice al final de esta sesión para encontrar la ubicación de cada documento que se muestra a continuación, es decir, su volumen y número de página), y luego responder juntos las preguntas bajo *Discusión de grupo del seminario*.

- El equipo plantador de Iglesia: Formando de una banda apostólica
- El poder y la lucha del equipo
- Definiendo los líderes y miembros de un equipo plantador de Iglesia
- Equipamiento del miembro del equipo plantador de Iglesia: Desarrollo de estrategias de capacitación viables
- El contexto comunal del auténtico liderazgo cristiano
- Inversión, capacitación y evaluación: Cómo el liderazgo como representación proporciona libertad para innovar
- Empoderamiento: Tanto independencia e interdependencia

Discusión de grupo del seminario

1. Enumere los elementos esenciales de los equipos eficaces. Discuta cómo estos elementos interactúan y trabajan en un equipo cuyo objetivo es plantar una iglesia sana entre los no alcanzados.
2. ¿Cuáles son los papeles del equipo de una iglesia? ¿Cómo puede asegurarse de que no sufre ni confusión de papeles ni conflictos entre los miembros del equipo, basándose en sus diferencias?
3. ¿Cuáles son las diversas funciones y responsabilidades de los miembros de nuestro equipo actual? ¿Qué papeles o habilidades carecemos, y cómo vamos a llenar esas posiciones, o hacer que esos papeles se hagan?
4. De todas las cosas mencionadas, ¿cuál cree que es la característica formativa de un miembro del equipo realmente bueno? ¿Cómo calificaría su prontitud en ese rasgo en este momento? Sea específico.

Contexto
Valores/Visión
Preparar
Lanzar
Agrupar
Nutrir
Transicionar
Horario/Cartilla

Sesión 2
Preparar: Ser la Iglesia

Ejercicios de equipo
Preparar: Ser la Iglesia

Resumen de las fases de ejercicio para la
Escuela de plantación de iglesias urbanas Evangel de World Impact

Pautas del ejercicio

Instrucciones de ejercicio

Preguntas sobre el ejercicio

Lecturas del ejercicio
World Impact sobre "Capacitando a los pobres urbanos"
Respondiendo al llamado de Dios a los pobres
Al formar su plan, mantenga su propósito general en mente
Papeles clave de un equipo de plantación de iglesias

Resumen de las fases de ejercicio para la Escuela de plantación de iglesias urbanas Evangel de World Impact
World Impact

		Definición y propósito	Cómo relaciona la metáfora Padre-Hijo
Preparar *Ejercicios de equipo*	**Preparar** *Ser la Iglesia*	**Definición** Formar un equipo de miembros llamados que se preparan así mismos para plantar una iglesia bajo la guía del Espíritu Santo **Propósito** Pedir a Dios en cuanto a la población y comunidad objetivo, la formación del equipo de plantación de la iglesia, organizando intercesión estratégica por la comunidad, y hacer la investigación sobre sus necesidades y oportunidades	Decisión y concepción
	Lanzar *Expandir la Iglesia*	**Definición** Penetrar la comunidad seleccionada al conducir eventos evangelísticos entre la población objetivo **Propósito** Movilizar al equipo y reclutar voluntarios para conducir eventos evangelísticos y alcance integral para ganar asociados y vecinos para Cristo	Cuidado Pre-natal
	Agrupar *Establecer la Iglesia*	**Definición** Reunir las células de conversos para formar una asamblea local de creyentes, anunciando la nueva iglesia a los vecinos de la comunidad **Propósito** Formar grupos celulares, estudios bíblicos, o compañerismo en las casas para el seguimiento, continuar con la evangelización, y crecimiento continuo hacia el nacimiento de la nueva iglesia	Recién nacidos
	Nutrir *Madurar la Iglesia*	**Definición** Nutrir miembros y discipular el liderazgo, permitiendo a los miembros que funcionen en sus dones espirituales, y establecer una infraestructura sólida dentro de la asamblea cristiana **Propósito** Desarrollar individuos y grupos de discipulado para llenar los papeles clave en el cuerpo basados en la carga y dones de los miembros	Crecimiento y crianza de los hijos
	Transicionar *Liberar la Iglesia*	**Definición** Capacitar a la iglesia para su independencia al equipar a los líderes para autonomía, transfiriendo autoridad, y creando estructuras de independencia económica **Propósito** Comisionar miembros y ancianos, instalar pastor, y fomentar las asociaciones de iglesias	Madurez hacia la adultez

Pregunta centrada durante el diálogo	Virtud cardinal y vicios críticos	Línea de fondo
Preguntas acerca de: • preparar a su equipo • la comunidad objetivo • iniciativas estratégicas de oración • estudios demográficos	**Virtud** Apertura al Señor **Vicios** Presunción y "parálisis del análisis"	Cultivar un período de escuchar y reflexionar
Preguntas acerca de: • carácter y número de eventos evangelísticos • comunicación y anuncio de los eventos • reclutamiento y coordinación de voluntarios • identidad y nombre del alcance	**Virtud** Coraje para conectar a la comunidad **Vicios** Intimidación y altanería	Iniciar su compromiso con firmeza y confianza
Preguntas acerca de: • seguimiento e incorporación de los nuevos creyentes • creación de un pequeño grupo de vida • el carácter de la adoración pública • estructuras y procedimientos iniciales de la iglesia • cuerpo de vida inicial y crecimiento • simpatía cultural de la iglesia	**Virtud** Sabiduría para discernir el tiempo de Dios **Vicios** Impaciencia y cobardía	Celebrar el anuncio de su cuerpo con gozo
Preguntas acerca de: • discipulado individual y de líderes • ayudar a los miembros a identificar sus dones y cargas (equipos) • credenciales para el liderazgo • orden de la iglesia, gobierno, disciplina	**Virtud** Centrarse en fieles del núcleo **Vicios** Negligencia y micro-dirección	Concentrarse en invertir en los fieles
Preguntas acerca de: • incorporación • afiliaciones y asociaciones • transfiriendo liderazgo • transición misionera • multiplicación continua	**Virtud** Dependencia sobre la capacidad del Espíritu **Vicios** Paternalismo y rápida liberación	Pasar la estafeta con la confianza en que el Espíritu seguirá trabajando

Preparar: Ser la Iglesia
Pautas del ejercicio

I. **Definición:** La primera fase de la plantación de iglesias que implica formar un equipo de miembros llamados que se preparan para plantar una iglesia bajo la dirección del Espíritu Santo.

II. **Propósito del ejercicio:** Hacer una lluvia de ideas y discutir cómo podría:

   A. Buscar a Dios con respecto a la población objetivo y la comunidad.

   B. Buscar a Dios con respecto a la formación del equipo plantador de la iglesia, la iglesia inicial a la cual los creyentes de la comunidad pueden unirse.

   C. Seleccionar modelos reproducibles para contextualizar las prácticas de la iglesia estándar.

   D. Iniciar discusiones sobre asociaciones, denominaciones u otras afiliaciones.

III. **Relación con la metáfora padre-hijo:** Decisión y concepción

IV. **Enfoque de pregunta para el diálogo de su equipo en este ejercicio:**

   A. Preguntas acerca de preparar a su equipo para ser la iglesia

   B. Preguntas sobre la comunidad objetivo

   C. Preguntas sobre modelos reproducibles

   D. Preguntas sobre asociaciones o afiliaciones

V. **La virtud cardinal para la fase de PREPARACIÓN:** Apertura a la dirección y dirección del Señor.

VI. **Vicios críticos para la fase de PREPARACIÓN:**

   A. Presunción con respecto a lo que Dios quiere y piensa

   B. "Parálisis del análisis": falta el momento de Dios para avanzar por el exceso de enfoque en prepararse para actuar.

VII. **El resultado final:** Cultive un período de escucha y reflexión.

Contexto
Valores/Visión
Preparar
Lanzar
Agrupar
Nutrir
Transicionar
Horario/Cartilla

Línea de tiempo PLANT

	Ahora	6 Meses	12 Meses
Preparar	———————▶		
Lanzar	——————▶		
Agrupar	——————————————————▶		
Nutrir		————————————▶	
Transicionar		· · · · · · · · · · · · · ▶	

Preparar: Ser la Iglesia
Instrucciones de los ejercicios

I. **Abra en oración, dedique su tiempo al Señor y busque su sabiduría.**

II. **Hable a través de sus puntos de vista sobre cada una de las preguntas de PREPARACIÓN.**

   A. Para mejorar su diálogo y prepararse juntos para su reflexión, lea los siguientes documentos, localizados al final de esta sección, y discuta sus implicaciones para el esfuerzo de plantación de iglesias:

   1. *World Impact* sobre "Capacitando a los pobres urbanos"
   2. Respondiendo al llamado de Dios a los pobres
   3. Al formar su plan, mantenga su propósito general en mente
   4. Papeles clave de un equipo de plantación de iglesias

   B. Piense sólo en términos de los próximos 6 meses.

   C. Algunas preguntas tomarán un minuto o dos para discutir mientras que otras tomarán más de 30 minutos.

   D. Discuta las ideas por no más de 15 minutos. Cualquier cosa que demore más de 15 minutos debe post-ponerse y presentarse más tarde. Manténgalo en movimiento.

III. **A partir de sus preguntas de discusión, desarrolle metas (asegúrese de que son medibles, con fechas de vencimiento, y las personas responsables de ver que se hagan) para apoyar sus decisiones (30 min.). Está bien posponer las decisiones sobre las preguntas hasta después de la escuela, siempre y cuando se establezca una meta para completar la pregunta, por ejemplo, "decidir sobre las credenciales pastorales para el 30 de junio".**

IV. **Comprométase por lo menos a 30 minutos a la oración, enfocándose en esta fase del esfuerzo de plantación de la iglesia.**

V. **Presentaciones**

Puntos principales para PREPARAR

1. Formar un equipo plantador de la iglesia para ser la iglesia
2. Seleccionar un área y una población objetivo
3. Seleccionar modelos, prácticas y afiliaciones en potencia para la iglesia

Preparar: Ser la Iglesia
Preguntas sobre el ejercicio

A continuación encontrará una serie de preguntas relacionadas con la preparación de su equipo para plantar una iglesia juntos. Por favor no sienta la necesidad de trabajar en cada pregunta separada con el mismo tiempo y atención. Por el contrario, su enfoque y discusión debe ser evaluado por cada pregunta de acuerdo con las siguientes directrices:

- ¿Es esta una pregunta que nosotros como equipo podemos y debemos responder ahora?
- ¿Podemos responder a esta pregunta con el fin de establecer una dirección general ahora, y luego esperar a trabajar en los detalles específicos?
- ¿Deberíamos retrasar la respuesta a esta pregunta para incluir el aporte de otros (especialmente líderes autóctonos)?

Esta lista pretende ser comprensiva, no exhaustiva. Esté abierto a ver cómo ciertas preguntas y discusiones que ustedes encuentran juntos pueden pedirle que se mueva en otras direcciones inesperadas que podrían ser útiles para explorar.

Preparando al equipo de plantación de iglesias

1. ¿Cuál es nuestra comprensión inicial de los dones, fortalezas y pasiones de cada miembro del equipo?

2. ¿Qué papeles jugaremos como miembros del equipo al comenzar? ¿Cómo nos organizaremos? ¿Quién está a cargo de qué?

3. ¿Tenemos los papeles clave en un equipo plantador de la iglesia cubiertos? (Ver Papeles claves de un equipo de plantación de iglesias y Respondiendo al llamado de Dios a los pobres). Si hay vacíos en nuestro equipo, ¿cómo pretendemos cerrar estas brechas?

4. Independientemente de la población objetivo a la que su iglesia buscará participar, ¿por qué es necesario estar siempre atentos al corazón de Dios por los pobres, los quebrantados y los oprimidos en esa área? (Véase World Impact en "Impulsando a los pobres de las zonas urbanas")

5. ¿Qué tipo de entrenamiento necesitaremos durante los primeros seis meses de la plantación (evangelización, lenguaje, etc.)?

Contexto
Valores/Visión
Preparar
Lanzar
Agrupar
Nutrir
Transicionar
Horario/Cartilla

6. ¿Qué modelo de plantación de iglesia emplearemos inicialmente?

7. ¿Cuándo, dónde y con qué frecuencia nos reuniremos para la adoración y la oración?

8. ¿Hay alguna provisión que se debe considerar para la adoración, como obtener permiso para usar un cuarto o pagar alquiler?

9. ¿Quién hará la predicación inicial y la enseñanza?

10. ¿Cuáles serán los temas iniciales de la predicación y la enseñanza? (Vea el Apéndice de Antología, *Qué debo predicar, Cómo creceremos: El dilema del pastor urbano*)

11. ¿Cómo será un servicio semanal típico y quién será responsable de cada elemento en el servicio?

    a. Componentes esenciales

    b. Longitud (servicio y sermón) y puntualidad

    c. Equipo (instrumentos, sillas, mesas)

    d. Envolvimiento

12. ¿Qué ofreceremos inicialmente en términos de cuidado infantil o ministerio de niños durante el servicio de adoración?

13. ¿Cómo incluiremos la contribución de niños y adolescentes durante el culto de adoración?

14. ¿Cuándo, dónde y con qué frecuencia nos reuniremos para recibir capacitación?

15. ¿Dónde viviremos durante el proceso de plantación de iglesias?

16. ¿Tenemos un grupo de intercesores organizados para orar por nosotros y por la plantación de la iglesia?

17. ¿Cuál es nuestra información de contacto oficial (por ejemplo, dirección, números de teléfono, correo electrónico, sitio en la red, medios sociales)?

18. ¿Cuándo, dónde y con qué frecuencia nos reuniremos para la planificación?

19. ¿Cuál será el nombre inicial de nuestra iglesia?

20. ¿Qué métodos de comunicación utilizaremos para nuestro equipo? ¿Para la familia en la iglesia inicial?

Contexto
Valores/Visión
Preparar
Lanzar
Agrupar
Nutrir
Transicionar
Horario/Cartilla

21. ¿Tenemos una declaración o afirmación de fe o necesitamos desarrollar una?

22. ¿Necesitamos incorporar? ¿Necesitamos solicitar un estado de exención de impuestos a través de una carta de determinación? (Vea "La Iglesia y el Estado" en la *Plantando iglesias entre los pobres de la ciudad: Una antología de recursos de plantación de iglesias urbanas.*)

23. ¿Necesitamos seguro de responsabilidad, de propiedad, contra incendios o cualquier otro tipo de seguro?

Preparándose para la tarea
(Por favor refiérase *Al formar su plan, mantenga su propósito general en mente* en esta sección mientras responde a las preguntas abajo.)

1. ¿Qué trabajo demográfico todavía se necesita hacer?

2. Si el papel del misionero/plantador de iglesias es traducir las Escrituras transculturalmente, ¿cómo podemos saber más acerca de la cultura en la que estamos plantando esta iglesia (es decir, asistir a ciertas salas de cines, visitar barberías/salones de belleza, buscar en bibliotecas, para encontrar donde la gente en esta comunidad se congrega)?

3. ¿Necesitamos hacer más trabajo para descubrir la historia de esta comunidad (es decir, hechos importantes, preocupaciones clave y problemas)?

4. ¿Quiénes son los líderes y modelos a seguir en esta comunidad? ¿Quiénes son los principales tomadores de decisiones en esta comunidad?

5. ¿Qué tipo de cosas se encuentran ofensivas en esta comunidad?

6. ¿Qué idioma (s) se usará (n) en la plantación de la iglesia?

7. ¿Tenemos la intención de plantar una iglesia mono-étnica o multiétnica?

8. ¿Con quiénes en la comunidad perseguiremos nuestros primeros contactos evangelísticos (adultos/niños, hombres/mujeres, padres/abuelos, ocupación, origen étnico)?

9. ¿Cuáles son algunas de nuestras ideas para entrar en esta comunidad?

10. ¿Qué estilo de música de culto vamos a usar en nuestras reuniones iniciales? ¿Por qué?

11. ¿Cómo identificaremos, reconoceremos y capacitaremos a los líderes emergentes?

12. ¿Cómo discutiremos y responderemos a las preguntas sobre varias asuntos éticos, por ejemplo, el divorcio, fumar, abuso de sustancias, vestuario?

13. ¿Qué recursos necesitaremos y cómo podemos obtenerlos?

14. ¿Cómo supervisaremos el manejo del dinero (recoger, contar, recibir, registrar, depositar, reconciliar, escribir/firmar cheques, escribir informes para mantener al liderazgo/cuerpo actualizado sobre ingresos/gastos, etc.)? (Ver "Cuentas bancarias y recibir donaciones" en *Plantando iglesias entre los pobres de la ciudad: Una antología de recursos de plantación de iglesias urbanas* para más información).

15. ¿Qué opciones tenemos para la afiliación con una asociación o cuerpo grande de iglesias, para recibir compañerismo, supervisión, protección, responsabilidad y ánimo? ¿Animaremos a la iglesia emergente a unirse a una asociación o denominación? De ser asi, ¿cuál(es)? ¿Por qué?

16. ¿Qué tipo de entorno físico ú obras de arte serán relevante para nuestra meta?

17. ¿Cómo manejaremos la disciplina de la iglesia?

¿Alguna de sus metas está desalineada con respecto a los Diez Principios?

1. Jesús es el Señor.
2. Evangelizar, equipar y capacitar a las personas no alcanzadas para alcanzar a la gente.
3. Ser inclusivo: Quien quiera que pueda venir.
4. Sea culturalmente neutral: Venga como usted es.
5. Evite una mentalidad de fortaleza.
6. Continúe evangelizando para evitar el estancamiento.
7. Cruce barreras raciales, de clase, de género y de idioma.
8. Respete el dominio de la cultura receptora.
9. Evite la dependencia.
10. Piense reproductivamente.

World Impact sobre *"Capacitando a los urbanos pobres"*
Rev. Dr. Don L. Davis

Desde su fundación hace más de cuarenta años, World Impact ha hablado proféticamente sobre la elección de Dios de los pobres, el abandono benigno de la iglesia evangélica de los pobres de la ciudad y la necesidad de la evangelización, discipulado y plantación de iglesias en las comunidades urbanas pobres no alcanzadas. Creemos que la misión urbana creíble debe demostrar el evangelio, testificando tanto en la palabra proclamada como en la acción concreta. A la luz de esto, hemos enfatizado el vivir en las comunidades que servimos, atendiendo a las necesidades de toda la persona, así como a los miembros de toda la familia urbana. Hemos buscado a este testigo con el objetivo de ver las comunidades alcanzadas y transformadas por Cristo, creyendo que aquellos que viven en la ciudad y son pobres pueden estar facultados para vivir en la libertad, la integridad y la justicia del Reino de Dios, Iglesias y movimientos urbanos viables de plantación de iglesias. Toda nuestra visión, oración y esfuerzos se concentran en un grupo social particular, los "pobres urbanos", y nuestro compromiso de "capacitarlos" a través de todas las facetas de nuestro trabajo.

Si bien la frase "los urbanos pobres" puede ser malinterpretada o mal utilizada, hemos optado por emplearla con nuestros propios significados estipulados, informados tanto por la teología bíblica como por la sociología urbana. Empleamos el término para identificar a aquellos a quienes Dios nos ha encargado servir, así como para representar el llamado profético de Dios a proclamar las buenas nuevas a los pobres, tanto a la iglesia como a nuestra sociedad en general.

Debe reconocerse, por supuesto, que el término "urbanos pobres" puede ser fácilmente mal aplicado y mal utilizado. La ciudad norteamericana es dramáticamente diversa, profundamente compleja en sus mezclas de clases, culturas, y etnias. En medio de tanta diversidad, una frase como "los urbanos pobres" puede, a primera vista, parecer demasiado denotativa para ser adecuada como una designación resumida de aquellos a quienes servimos, siendo algo seca y académica. Sin establecer claramente lo que quiere decir cuando se usa, puede fácilmente convertirse en una simple etiqueta, que tiende a reforzar los estereotipos, alentando generalizaciones sobre los habitantes de la ciudad que son demasiado vagas o genéricas para ser útiles.

Además, algunos podrían incluso sugerir que dicho lenguaje se utiliza para su efecto sensacionalista, para efecto "desgarrador", utilizado en gran parte para la respuesta ilícita de los donantes sin proporcionar información clara sobre una determinada comunidad o agrupación. Se argumenta que un lenguaje como los "urbanos pobres" fomenta la generalización excesiva y, usando tales términos para describir a miles, incluso millones de culturas y comunidades discretas es humillante y descuidado, y por lo general menospreciado para la gente urbana. Otros sugieren que los términos "urbanos pobres" deberían ser reemplazados por otros términos más sensibles a las personas urbanas, sugiriendo frases alternativas como "los marginados" o "económicamente oprimidos". Algunos podrían incluso sugerir que usar cualquier lenguaje que afirme diferencias particulares entre los habitantes urbanos y ellos basados en la clase es inapropiado, e innecesariamente crea división entre aquellos por quienes Cristo murió.

Si bien estos argumentos y otros relacionados tienen cierta validez, especialmente para aquellos que usan frases como ésta de una manera insensible y sin pensar, ninguna de ellas, ya sea separadas o juntas, descalifica el uso legítimo de ese término. Durante más de cuatro décadas como una organización de misiones nacionales, *World Impact* ha identificado firmemente a su población objetivo como aquellos que residen en la ciudad que son socio-económicamente pobres. Utilizamos el lenguaje de "los urbanos pobres" bajo esta luz, informados por la demografía de la ciudad y la enseñanza de las Escrituras sobre el compromiso de Dios con los pobres.

La pobreza en los Estados Unidos sigue aumentando. En los datos recogidos hasta el 2010, la tasa de pobreza ha aumentado hasta el 15.1 por ciento en el 2010 de 14.3 por ciento en el 2009 y 13.2 por ciento en el 2008. Según el grupo de investigación, el Instituto Urbano, había 46.2 millones de personas pobres en el 2010 en comparación con 43.2 millones en el 2009, con el indicador de pobreza asomando más alto que ha sido desde 1993 (Instituto Urbano, Proyecto de Desempleo y Recuperación, 13 de septiembre de 2011). La lentitud de los mercados de trabajo, el alto desempleo y las crecientes tasas de pobreza han afectado dramáticamente a las comunidades urbanas, con literalmente miles de familias carentes de ingresos y acceso a los recursos básicos para vivir y sobrevivir. *World Impact* enfoca su tiempo y atención en evangelizar, equipar y capacitar a las comunidades más afectadas por nuestras recesiones, perjuicios económicos y todos los subproductos de la violencia, el crimen, la familia quebrantada y la desesperación en general que la pobreza y la desesperanza trae consigo.

No usamos el término "urbanos pobres" sólo para identificar claramente a la población a la que históricamente hemos sido llamados. También usamos el término debido al significado profético de los pobres en la Escritura. Muchas docenas de textos tanto en el Antiguo como en el Nuevo Testamento revelan una perspectiva consistente con respecto a Dios y los pobres. Demuestran que Dios siempre ha tenido una carga por aquellos que carecen de poder, recursos, dinero o las necesidades de la vida. Los estándares que Dios dio a su pueblo del pacto con respecto a los pobres revelan su compromiso con los desamparados, y todos los grupos y clases asociados con ellos. Está claro que el Antiguo Testamento incluye una serie de grupos cercanos a los pobres, incluídos los huérfanos, las viudas, los esclavos y los oprimidos (por ejemplo, Deu. 15, Rut, Isa. 1). Aquellos que explotaron y se aprovecharon de los vulnerables debido a su pobreza y debilidad fueron juzgados, y la misericordia y la bondad fueron exhortados como el estandarte universal del pueblo de Dios en favor de los pobres. La Ley proveía numerosos mandamientos con respecto al trato justo y amable de los pobres y necesitados, de la demanda de proveer a los hambrientos y desprovistos de comida, y del tratamiento liberal de los pobres (Deuteronomio 15:11).

El Nuevo Testamento revela el corazón de Dios para los pobres cristalizados en la encarnación de Jesús. Jesús proclamó en su sermón inaugural que fue ungido con el Espíritu de Dios para proclamar las buenas nuevas del Reino a los pobres (Lucas 4:18; 6:20), y confirmó su identidad mesiánica a Juan el Bautista con la predicación a los pobres, a la par de las sanidades y milagros (Lucas 7:18-23). El Señor declaró la justicia de Zaqueo a los pobres como una señal de su salvación (Lucas 19:8-10), y se identificó inequívocamente con los que estaban enfermos, en la cárcel, extraños, hambrientos, sedientos y desnudos (Mt. 25:31-45). Cada faceta de la vida y del ministerio de Jesús se entrecruzaba con las necesidades de aquellos que carecían de recursos y dinero, y por lo tanto podían ser fácilmente explotados, oprimidos y aprovechados.

En las acciones y escritos de los Apóstoles, también vemos declaraciones claras acerca de la elección de Dios y el cuidado de aquellos que están económicamente pobres. Santiago 2:5 dice que Dios ha escogido a los pobres en este mundo para ser ricos en fe y heredar el Reino que prometió a los que lo aman. Pablo dijo a los corintios que Dios ha escogido las cosas necias del mundo para avergonzar a los sabios, a las cosas débiles del mundo para avergonzar a las personas fuertes, humildes y despreciadas de este mundo para anular las cosas que son, para que nadie pueda presumir en su presencia (1 Corintios 1:27-29). Este texto y otros enriquecen nuestra visión de los pobres como meramente carentes de bienes, servicios y recursos: más que eso, los pobres son aquellos que necesitan hacerlos vulnerables al efecto de su necesidad y la explotación del mundo, y están lo suficientemente desesperados como para confiar sólo en la fuerza de Dios.

Al usar el término "pobres urbanos" dejamos en claro tanto a la población objetivo que guía las decisiones y alcances de nuestro ministerio, como también testificamos sin vergüenza la perspectiva bíblica de la elección y compromiso de Dios hacia las personas más vulnerables, necesitadas y expuestas dentro de nuestra sociedad. Los habitantes urbanos superan en número a todas las demás poblaciones de hoy, y nuestras ciudades han sido imanes para las migraciones masivas de los pueblos urbanos en busca de mejoras económicas. Creemos que "capacitar a los pobres urbanos" es, por lo tanto, estratégicamente misionero y proféticamente potente. Misionalmente, la frase es estratégica porque justamente denota el gran número de personas que permanecen sin alcanzar con el evangelio de Cristo que habitan en nuestras ciudades. Proféticamente, es potente porque revela nuestro llamamiento audaz y sin vergüenza al seguir los pasos de Jesús, nuestro respeto por los más pobres de los pobres, nuestra creencia de que Dios está llamando a los pobres a ser miembros de su iglesia y nuestra confianza de que los pobres urbanos tienen un lugar significativo en la elevación de los líderes que llegarán a las ciudades de nuestra nación, y más allá.

¿Qué hay del uso del término "pobres urbanos" y de los socios y donantes de oración de *World Impact*, y de nuestros amigos y vecinos en la ciudad? Para empezar, hemos utilizado el término con claridad y circunspección para ayudar a cualquier persona interesada en nuestra agencia misionera a conocer precisamente a aquellos a quienes Dios nos ha llamado a alcanzar. Amamos a las familias e individuos a quienes servimos en la ciudad, y nunca debemos usar el lenguaje (esta frase o cualquier otra) para avergonzar o explotar nuestra relación con ellos. No usamos este término como una etiqueta estereotipada, un sello peyorativo para limitar el potencial de las comunidades donde vivimos y trabajamos. Más bien, utilizamos la frase en nuestros materiales para comunicarnos de manera clara, franca y persuasiva argumentar la prioridad de este largo campo descuidado en la misión evangélica. Desde el principio hemos comprometido sin vergüenza nuestras vidas y recursos a hacer discípulos y plantar iglesias entre los pobres urbanos de nortemérica. Esto es una mayordomía, el trabajo de nuestro llamado individual y corporativo como misioneros de Cristo. ¡Dios no permita que cualquiera de nosotros use ese lenguaje para denigrar a los mismos por quienes Cristo murió, a aquellos a quienes somos llamados, y aquellos que creemos son la clave para la misión futura en norteamérica y más allá! Hablar claramente con respecto a nuestra vocación es nuestro deber, que nunca incluye avergonzar o menospreciar a ninguna persona a la que seamos llamados. Por el bien de nuestra misión, nuestros donantes, y aquellos a quienes servimos, debemos ser inequívocos con respecto a nuestra población objetivo; Asimismo, nunca debemos avergonzarlos ni denigrarlos en nuestro uso de ninguna comunicación, jamás.

"Capacitar a los pobres urbanos", por lo tanto, como nuestro lenguaje adoptado, no es ni un simple lema ni un lema pegadizo. Más bien, para nosotros funciona como una representación de nuestra visión única, la misión integradora de nuestro trabajo como un ministerio interdenominacional en la ciudad. Creemos que el empoderamiento no es meramente satisfacer las necesidades, tratando sólo con los meros síntomas de las estructuras subyacentes de la pobreza, ni tampoco es el patrono hegemónico de los pobres, haciéndolos dependientes para siempre de nuestra caridad y servicio. Como misioneros de Cristo, creemos que los pobres, como cualquier otra gente, pueden ser redimidos, transformados y liberados para ser el pueblo de Dios en sus propias comunidades. Cuando Dios quiso dar poder a su pueblo, envió su Espíritu Santo a la compañía apostólica, y formó una comunidad que le confió la vida de Dios y la Palabra de vida. La respuesta de Dios a la pobreza sistémica y al descuido era formar un pueblo que encarnaba la vida misma del Reino donde residen la libertad, la totalidad y la justicia. A estas comunidades se les confía una misión de reunir a los elegidos de entre los más pobres y quebrantados de la tierra y, por el poder del Espíritu y de la comunidad cristiana, ver el Reino venir a la tierra en nuevas relaciones de hospitalidad, generosidad y rectitud, justo donde viven. Cada iglesia que funciona sana es un puesto de avanzada del Reino de Dios, y puede ser un lugar donde la verdadera transformación tiene lugar. ¡Nada "da poder" a los pobres como una simple asamblea de creyentes, obedientes al Señorío de Cristo!

Armados con esta perspectiva, creemos sinceramente que ninguna organización en la historia del mundo puede reconocer la dignidad y el valor de los pobres como la Iglesia de Jesucristo. A la luz de esta convicción, *World Impact* se esfuerza por plantar tantas iglesias lo más rápido posible entre las diversas culturas representadas por los pobres urbanos, en todas nuestras ciudades y más allá. Estamos convencidos de que ninguna otra organización social tiene el respaldo de Dios, la jefatura de Cristo y el poder del Espíritu como una iglesia local que funcione sana. Y, nada da poder a una comunidad como facilitar los movimientos de plantación de iglesias entre los urbanos pobres, donde la vida y el poder del evangelio de Cristo pueden alcanzar y transformar comunidades enteras como puestos de avanzada del Reino. Todo lo que hacemos en misión y justicia (desde nuestros campamentos, nuestras escuelas, nuestros negocios, clínicas médicas y dentales, nuestro trabajo en las cárceles y las cárceles, y lo más importante de todo, nuestros esfuerzos misioneros de plantar iglesias y liderazgo) contribuyen a este trabajo de empoderamiento. En lugar de meramente satisfacer necesidades o servir como patrones a los pobres, creemos que el Espíritu de Dios puede ganarlos, levantar líderes, capacitarlos para dirigir y liberarlos como obreros en sus propias comunidades como embajadores de Cristo. Más que receptores de cuidado, creemos que pueden recibir inversiones para ser líderes de servicio de Dios, transformadores de sus comunidades y colaboradores en el trabajo del Reino de Dios.

En conclusión, si bien la frase "capacitar a los pobres urbanos" puede ser mal utilizada y mal aplicada, nosotros en *World Impact* abrazamos incondicionalmente la frase no sólo porque aclara la población objetivo de nuestra misión, sino también porque declara inequívocamente nuestro llamado profético a representar al compromiso inalterable de Dios con los más vulnerables y con menos recursos entre nosotros. Dejemos que el desafío de Jesús dado tantos siglos atrás para seguir siendo nuestro modelo y visión de ministerio hoy en día mientras buscamos cumplir la Gran Comisión entre los pobres urbanos del mundo:

> Entonces el Rey dirá a los de su derecha: "Venid, benditos de mi Padre, heredad el Reino preparado para vosotros desde la fundación del mundo, porque tuve hambre y me disteis de comer; tuve sed y me disteis de beber; fui forastero y me recogisteis; estuve desnudo y me vestisteis; enfermo y me visitasteis; en la cárcel y fuisteis a verme." Entonces los justos le responderán diciendo: "Señor, ¿cuándo te vimos hambriento y te alimentamos, o sediento y te dimos de beber? ¿Y cuándo te vimos forastero y te recogimos, o desnudo y te vestimos? ¿O cuándo te vimos enfermo o en la cárcel, y fuimos a verte?" Respondiendo el Rey, les dirá: "De cierto os digo que en cuanto lo hicisteis a uno de estos mis hermanos más pequeños, a mí lo hicisteis".
>
> ~ Mateo 25:34-40 (RVR1995)

Respondiendo al llamado de Dios a los pobres
World Impact

> Entonces dijo a sus discípulos: A la verdad la mies es mucha, mas los obreros pocos.
> ~ Mateo 9:37

World Impact está buscando personas altamente comprometidas que tengan un llamado de Dios para evangelizar, equipar y capacitar culturalmente a los pobres urbanos no alcanzados. Nutrimos y capacitamos a los misioneros que se unen a otros para formar un equipo plantador de iglesias que busca establecer una iglesia que se reproduce de manera autóctona.

Aquellos que se unen a los equipos plantadores de nuestras iglesias lo hacen con el compromiso de "hacer lo que sea necesario" para que la iglesia sea plantada, a pesar de la especialización o credenciales de una persona. Creemos que "quién eres" (carácter cristiano) es más importante que "lo que haces" (qué cualidades trae).

Una vez que el equipo se forme, Dios equipará a los miembros del equipo con los dones y cargas necesarias para establecer esa iglesia en particular, al igual que la iglesia misma (Romanos 12:5-8). Sólo el Espíritu Santo sabe qué dones y funciones serán necesarios en ese contexto dado. Por ejemplo, una iglesia podría tener un fuerte énfasis en el ministerio de adicción de adultos, mientras que otra podría comenzar a través de los clubes bíblicos de niños que crean entradas en las relaciones adultas.

Debido a la naturaleza dinámica de cada esfuerzo misionero, no es importante que usted venga con un papel predeterminado, dones, o énfasis. Lo que se necesita es un llamado de Dios y una disposición a servir de cualquier manera que sea necesario para penetrar familias enteras, discipularlas y entregar el liderazgo de la iglesia (1 Cor. 9:23-27). Lo que más importa es un compromiso de contribuir a la visión de establecer nuevas iglesias.

Una vez que un grupo de personas se forma en un equipo, entonces la tarea de asignar roles comienza (sabiendo que las asignaciones iniciales es probable que cambien). Algunas de las funciones comunes que emergen en muchas iglesias (esta lista no es exhaustiva) incluyen: ministerio de adultos (hombres, mujeres, matrimonios y familia), ministerio de niños y adolescentes, liderazgo de adoración, organización (proyectos y sistemas en desarrollo) y administración (sistemas en marcha). Las funciones más críticas son la evangelización, pastoreo/nutrición de los creyentes, y comunicar la Palabra de Dios (enseñanza y predicación).

Por supuesto, el líder del equipo debe asumir ciertas funciones que no deben ser delegadas a otros miembros del equipo, tales como liderazgo espiritual del equipo y lanzar la visión. El líder del equipo también debe servir como modelo a la iglesia emergente en las funciones críticas (evangelización, pastoreo y comunicación de la Palabra de Dios).

Algunas tareas, especialmente la evangelización, requieren la participación de todos los miembros de vez en cuando. De hecho, el equipo necesita ser lo suficientemente flexible como para sobreponerse en muchas, si no en todas las áreas. Puesto que no todo el mundo estará igualmente dotado u obligado en cada área, el equipo debe tener un espíritu de servidumbre y apertura, ya que asumen varios papeles para llevar a cabo la tarea.

En las áreas donde un equipo constantemente carece de experiencia, un miembro del equipo de apoyo puede ser alistado para ayudar en esa tarea. Por ejemplo, si nadie puede dirigir bien la adoración, se podría pedir a un miembro del equipo de apoyo que dirija música hasta que alguien dentro de la iglesia asuma el control.

Contexto
Valores/Visión
Preparar
Lanzar
Agrupar
Nutrir
Transicionar
Horario/Cartilla

Al formar su plan, mantenga su propósito general en mente:
Plantar transculturalmente una iglesia reproducible autóctonamente dirigida entre los residentes de una comunidad de bajos ingresos

World Impact

Marcas de una iglesia reproducible autóctonamente dirigida

Una identidad autóctona

- la cultura de la gente de la comunidad estampada en ella, no la cultura de los misioneros/plantadores de iglesias

Independencia financiera

- no necesita apoyo financiero externo

Propiedad autóctona de la visión

- para hacer ministerio en su comunidad y para la reproducción – plantar más iglesias

Liderazgo autóctono

- personas de la comunidad que han sido equipadas y capacitadas para dirigir

Métodos y estructura reproducibles

- mantenerlo simple pero no superficial

Cómo mantener el propósito enfocado

Tenga en cuenta los diez principios fundamentales para la plantación de iglesias transculturales:

1. Jesús es el Señor.
2. Evangelizar, equipar y capacitar a las personas no alcanzadas para alcanzar a la gente.
3. Ser inclusivo: Quien quiera pueda venir.
4. Sea culturalmente neutral: Venga como usted es.
5. Evite una mentalidad de fortaleza.
6. Continúe evangelizando para evitar el estancamiento.
7. Cruce barreras raciales, de clase, de género y de idioma.
8. Respete el dominio de la cultura receptora.
9. Evite la dependencia.
10. Piense reproductivamente.

Distinguir entre lo esencial y lo no esencial

I. **Esencial**

   A. Declaración de fe

   B. Observancia de los sacramentos

   C. Fundamentos de ser el cuerpo de Cristo

      1. Exaltar a Dios (adoración, oración).

      2. Equipar a los creyentes (estudio bíblico, enseñanza, mentoría, rendición de cuentas).

      3. Evangelizar a la comunidad (testimonio y servicio).

II. **No esenciales**

   A. Estilo de adoración (tipos de instrumentos utilizados, podrían tener que cantar a *cappella* o usar cintas)

   B. Lugar de adoración (puede ser un campo abierto o el hogar de alguien)

   C. Vestimenta para la adoración (venga como es)

   D. Métodos para evangelizar

   E. Tipos de servicios comunitarios (según lo que puedan permitirse)

Determinar qué decidir ahora y qué puede esperar hasta más tarde para permitir que las personas de la comunidad se involucren en tomar la decisión conforme se apropien y se aferren a su cultura y preferencias.

Contexto
Valores/Visión
Preparar
Lanzar
Agrupar
Nutrir
Transicionar
Horario/Cartilla

Papeles clave de un equipo de plantación de iglesias
World Impact

- Evangelista (bueno en desarrollar relaciones con personas nuevas para conducirlas a Dios)
- Líder de adoración
- Líder del ministerio de niños
- Pastor/cuidador (bueno en nutrir a los creyentes)
- Organizador (organiza proyectos especiales y construye sistemas para convertir la visión en realidad)
- Administrador (administra sistemas para ayudar al equipo a lograr los objetivos)
- Plantador de iglesias (funciones que no se pueden delegar)
    - Liderazgo espiritual y proyección de visión
    - Construcción de equipos y supervisión
    - Modelar el cuidado pastoral y la evangelización
    - Liderazgo general del ministerio de grupos pequeños

Preparar: Ser la Iglesia
Ejercicio de equipo: Presentaciones del Plan de Acción

Contexto
Valores/Visión
Preparar
Lanzar
Agrupar
Nutrir
Transicionar
Horario/Cartilla

Sesión 2
Preparar: Ser la Iglesia

Trazando su propio curso

Trazando su propio curso

Dependiendo del llamado particular que tenga al plantar su iglesia, puede alterar mucho su "preparación", siguiendo una pista muy diferente de otras cuyas expresiones y modelos difieren de los suyos. Piense en este material con su propio llamado único en mente y vea cómo y de qué manera su visión puede permitirle modificar su enfoque.

Por ejemplo, si ya tiene un buen conocimiento de la cultura receptora en la que está plantando una iglesia, sus responsabilidades exigirán más atención al re-aprendizaje y volver a enfatizar ciertas normas y elementos culturales a medida que vaya. Si usted entiende cómo la cultura usa el lenguaje, las normas, las costumbres y los estilos para comunicar mensajes, estará en un mejor lugar para comunicar las buenas nuevas con ellos en formas que se sienten más naturales y susceptibles a sus vecinos. Utilice el tiempo del ejercicio para considerar cuidadosamente cómo puede relacionarse culturalmente mejor dentro de la comunidad como un equipo en conjunto, aprovechando su conocimiento del grupo de personas por el bien de la misión efectiva.

Contexto
Valores/Visión
Preparar
Lanzar
Agrupar
Nutrir
Transicionar
Horario/Cartilla

*Sesión 2
Preparar: Ser la Iglesia*

Recursos para estudios adicionales

Recursos para estudios adicionales

Clifton, Donald and Paula Nelson. *Soaring with Your Strengths.* [Encumbrado con sus fortalezas]. Nueva York: Dell Publishing, 1992.

Davis, Don L., ed. *A Sojourners Quest: A Companion to the Sacred Roots Annual.* [La búsqueda del peregrino: Un compañero anuario de las raíces sagradas]. Wichita, KS: TUMI Press, 2010.

Davis, Don L. *Church Matters: Retrieving the Great Tradition.* [Asuntos de la Iglesia: Recuperando la Gran Tradición]. Wichita, KS: The Urban Ministry Institute, 2007, 2012.

———. *If I Perish, I Perish: Discipleship in Today's World. Sacred Roots Annual 2014-2015* [or current year] [Si perezco, perezco: Discipulado en el mundo de hoy. Anuario de Raíces Sagradas 2014-2015 (o año en curso)]. Wichita, KS: The Urban Ministry Institute, 2014.

———. *Let God Arise! A Sober Call to Prevailing Prayer for a Dynamic Spiritual Awakening and the Aggressive Advancement of the Kingdom in America's Inner Cities.* [¡Levántese Dios! Un llamamiento sobrio a la oración prevaleciente para un despertar espiritual dinámico y el avance agresivo del reino en las ciudades interiores de norteamérica]. Wichita, KS: The Urban Ministry Institute, 2000, 2013.

———. *Making Joyful Noises: Mastering the Fundamentals of Music.* [Haciendo ruidos alegres: Dominando los fundamentos de la música]. Wichita, KS: The Urban Ministry Institute, 2004, 2007.

———. *Marking Time: Forming Spirituality through the Christian Year.* [Marcando el tiempo: Formando espiritualidad a través del año cristiano]. Wichita, KS: The Urban Ministry Institute, 2007, 2012.

———. *Vision for Mission: Nurturing an Apostolic Heart.* [Visión para la misión: Nutriendo un corazón apostólico]. Wichita, KS: The Urban Ministry Institute, 1999, 2007, 2012.

———. *Winning the World: Facilitating Urban Church Planting Movements.* [Ganando el Mundo: Facilitando movimientos de plantación de iglesias urbanas]. Wichita, KS: The Urban Ministry Institute, 2007, 2012.

Smith, Efrem and Phil Jackson. *The Hip-Hop Church: Connecting with the Movement Shaping our Culture.* [La Iglesia *Hip-Hop*: Conectándose con el movimiento que forma nuestra cultura]. Downers Grove: InterVarsity Press, 2005.

Sesión 2
Preparar: Ser la Iglesia

Listado de apéndices

Listado de apéndices

#	Título del apéndice	Plantando Iglesias entre los pobres de la ciudad Vol. 1 o Vol. 2	# de pág.
1	Nuestra declaración de dependencia: Libertad en Cristo	Volumen 2	140
2	El ciclo de la Libertad	Volumen 1	234
3	La auténtica libertad en Jesucristo	Volumen 1	235
4	Segmentación de grupos no alcanzados en barrios de iglesias	Volumen 1	258
5	Interacción de clase, cultura y raza	Volumen 1	232
6	La complejidad de la diferencia: raza, cultura, clase	Volumen 1	233
7	La vocación misionera: Evaluando la adaptación transcultural	Volumen 1	255
8	Cinco puntos de vista de la relación entre Cristo y la cultura	Volumen 1	231
9	Demasiado legítimo para renunciar: La continuidad de la práctica cultural	Volumen 1	236
10	Traduciendo la historia de Dios	Volumen 1	253
11	La diversidad teológica	Volumen 1	238
12	Diferentes tradiciones de la respuesta afroamericana: Interpretando un legado, dando forma a una identidad y persiguiendo un destino como una persona de una cultura minoritaria	Volumen 1	257
13	Ética del Nuevo Testamento: Viviendo en el Reino de Dios al revés	Volumen 1	109
14	Principios transculturales de la plantación de iglesias	Volumen 1	254
15	*World Impact* en "Capacitando a los urbanos pobres"	Volumen 1	265
16	Respondiendo al llamado de Dios a los pobres	Volumen 1	271
17	La red SIAFU - Agrupando a los guerreros de Dios: Hacia una estrategia para ganar la ciudad	Volumen 2	114
18	El equipo de plantación de iglesias: Formando una banda apostólica	Volumen 2	94

#	Título del apéndice	Plantando Iglesias entre los pobres de la ciudad Vol. 1 o Vol. 2	# de pág.
19	Definiendo los líderes y miembros de un equipo plantador de iglesia	Volumen 1	396
20	El poder y la lucha del equipo	Volumen 2	95
21	Equipando a los miembros del equipo de plantación de iglesia: Desarrollo de estrategias de capacitación viables	Volumen 2	78
22	El contexto comunal del auténtico liderazgo cristiano	Volumen 2	48
23	Investigación de su comunidad	Volumen 1	405
24	El latido del corazón de un plantador de la iglesia: Discerniendo una identidad apostólica/pastoral	Volumen 1	337
25	Consiguiendo un buen ritmo de equipo: Gestión del tiempo y mayordomía del ministerio	Volumen 1	439
26	Inversión, capacitación y evaluación: Cómo el liderazgo como representación proporciona libertad para innovar	Volumen 2	138
27	Empoderamiento: Tanto independencia e interdependencia	Volumen 2	139
28	Apto para representar: Multiplicando discípulos del Reino de Dios	Volumen 2	197
29	Cuentas bancarias y recepción de donaciones	Volumen 2	307
30	Procesos financieros de la Iglesia	Volumen 2	351
31	Procedimientos de cuenta de caja chica	Volumen 2	354
32	Políticas financieras de plantación de iglesias	Volumen 2	356
33	La iglesia y el estado	Volumen 2	358
34	Plantilla de artículos de incorporación	Volumen 2	347
35	Muestra de Carta de Determinación 501 (c) (3)	Volumen 2	363
36	Formulario SS-4 del IRS: Solicitud de número de identificación de empleador	Volumen 2	365
37	Redacción de una constitución (Estatutos): Herramienta clave para fomentar la comunidad	Volumen 2	334
38	Declaración de fe de *World Impact*	Volumen 2	189

Sesión 3
**Lanzar y Agrupar:
"L" y "A"**

- Juntándolo todo
- **T**ransicionar: *Liberar la Iglesia*
- **N**utrir: *Madurar la iglesia*
- **A**grupar: *Establecer la Iglesia*
- **L**anzar: *Expandir la Iglesia*
- **P**reparar: *Ser la Iglesia*
- Viendo el panorama general

Sesión 3
Lanzar: Expandir la Iglesia
Agrupar: Establecer la Iglesia

Adoración y devocional
La oración es el radio comunicador de la Fe

La oración es el radio comunicador de la Fe
Rev. Dr. Don L. Davis • Vea *www.tumi.org/churchplanting*

A menos que se indique lo contrario, todas las Escrituras son tomadas de la versión Reina Valera 1960.

ORACIÓN: EL RADIO COMUNICADOR DE LA GUERRA ESPIRITUAL

El papel de la oración en el ministerio eficaz urbano, Ef. 6:10-20

> En tiempos de guerra, la oración adquiere un significado diferente. Se convierte en un radio comunicador en tiempos de guerra y ya no es un intercomunicador doméstico. Jesús dijo a sus discípulos: "No me elegisteis vosotros a mí, sino que yo os elegí a vosotros, y os he puesto para que vayáis y llevéis fruto, y vuestro fruto permanezca; para que todo lo que pidiereis al Padre en mi nombre, él os lo dé" (Juan 15:16).
>
> Nótese la sorprendente lógica de este verso. Él les dio una misión "con el fin de que" el Padre tendría que contestar muchas oraciones. Esto significa que la oración es para la misión. Está diseñado para avanzar el reino. Es por eso que la oración del Señor comienza pidiéndole a Dios que procure que su nombre sea santificado y que venga su reino.
>
> Santiago advirtió sobre el mal uso de la oración como un intercomunicador doméstico para llamar al mayordomo que traiga otra almohada. El dijo: "Ustedes no tienen porque no piden". Pedís y no recibís, porque pedís mal, para gastar en vuestros deleites" (Santiago 4:2-3).
>
> La oración es siempre orientada hacia el reino. Incluso cuando oramos por sanidad y ayuda, pedimos que el propósito del reino de Dios en el mundo puedan avanzar. De lo contrario, hemos vuelto de un radio comunicador de guerra en un intercomunicador doméstico.
>
> Oremos con el apóstol Pablo, "Que la palabra del Señor corra y sea glorificada" (2 Tes. 3:1)".
>
> ~ *The Desiring God Resource Library.*
> *"Driving Convictions Behind Foreign Missions."*
> [La Biblioteca de Recursos Deseando a Dios.
> "Guiando convicciones detrás de las misiones extranjeras"].
> 1 de Enero de 1996 por John Piper y Tom Steller.

Introducción: ¡El recurso de combate increíble, el radio comunicador!

- Para la transmisión de información táctica
- Para la adaptabilidad y la portabilidad
- Para contraer o transmitir el último campo de inteligencia de la batalla
- Para alertar a las autoridades de su posición, de las maniobras del enemigo, o para obtener refuerzos necesarios
- Para hacer descender ataques contra posiciones enemigas

El ministerio urbano es una guerra espiritual. Como un agente de Cristo, usted ha nacido en medio de la "madre de todas las batallas".

Usted debe aprender a utilizar las armas espirituales en esta batalla espiritual. ¡Las armas carnales simplemente no van a trabajar!

El dramático aumento de la expansión de las mega-ciudades y aglomeraciones urbanas

- En 1700, menos del 2% del mundo vivía en zonas urbanas
- Pekín, Londres - únicas ciudades con un millón de residentes
- En 1900, el 9% urbano, Londres era sólo una "súper-ciudad" del mundo; en 1950, el 27% vivía en ciudades
- En 2007, más del 50% es urbano, cientos de ciudades ahora con un millón o más
- En 2025, ¡más del 60% de los aproximadamente 8.3 mil millones de personas vivirán en zonas urbanas!
- De acuerdo con el Centro de Patrimonio Mundial, para el 2020, la población de Asia tendrá alrededor de 2.5 mil millones, habiéndose duplicado en 25 años
- Para entonces, más de la mitad de las áreas urbanas será en Asia, solo aquellas áreas contendrán más de un tercio de la población mundial.

~ Glen Smith. *"The Challenges of Urban Mission."* Lausanne Committee for World Evangelization, Sept. 2006. ["Los desafíos de la Misión Urbana". Comité de Lausana para la Evangelización Mundial, Sept. del 2006]. http://www.lausanneworldpulse.com/themedarticles.php/480/09-2006?pg=all.

Mat. 9:37-38 – Entonces dijo a sus discípulos: "A la verdad la mies es mucha, más los obreros pocos; Rogad, pues, al Señor de la mies, que envíe obreros a su mies".

Contexto
Valores/Visión
Preparar
Lanzar
Agrupar
Nutrir
Transicionar
Horario/Cartilla

I. Sujétese con la armadura de Dios, Ef. 6:13-17.

El equipo que Dios provee para nosotros nos permite sostener la victoria en el corazón en las situaciones difíciles en el ministerio.

A. Tomad toda la armadura de Dios para que podáis resistir en el día malo las asechanzas del diablo y habiendo acabado todo, estad firmes. v. 13.

B. Estas, pues, firmes, ceñidos vuestros lomos con la verdad, v. 14a.

C. Vestidos con la coraza de justicia, v. 14b.

D. Y calzados los pies con el apresto del Evangelio de la paz, v. 15.

E. Sobre todo, tomad el escudo de la fe, v. 16.

F. Y tomad el yelmo de la salvación, v. 17.

G. Y la espada del Espíritu (que es la Palabra de Dios), v. 17b.

Nuestra necesidad por una Buena Armadura: Se requiere un equipo especial para derrotar al enemigo contra el que luchamos – Solo la armadura de Dios tiene la habilidad de poder ayudarnos a subsistir en el día de la batalla.

II. La lucha espiritual requiere recursos espirituales.

La trinidad malvada: el mundo, la carne y el diablo solo se pueden superar con los recursos que Dios ofrece.

A. El mundo *despiadado*: 24/7 entrometiéndose' y fastidiando', 1 Juan 2:15-17.

B. La carne es *inflexible*: la naturaleza del pecado resiste la dirección del Espíritu, Gal. 5:16-24.

C. El diablo es *vicioso*: el busca a quien devorar, 1 Pe. 5:8-9.

Las cosas que usted necesita para trabajar sólo pueden ser adquiridas a través de la provisión y bendición de Dios:

- Fondos
- Instalaciones
- Gente
- Puertas abiertas
- Oportunidades
- Sabiduría
- Favor

III. La oración corporativa sostenida produce paciencia, Ef. 6:18-20.

La oración es la respuesta de Dios a la misión y al ministerio logrado en el poder del Espíritu Santo.

A. Orando en todo tiempo, con toda oración y súplica en el Espíritu v. 18a

B. Nunca pierda de vista la lucha, permanezca alerta y ore por todos los santos que están en la batalla, v. 18b

C. Ore por aquellos que sirven y padecen como embajadores del Reino, v. 19-20

IV. La oración es el radio comunicador de Dios (ejemplos bíblicos).

Los santos de creencias antiguas creían en la intercesión para completar las misiones que Dios les había confiado.

A. Moisés, Aarón y Hur durante la lucha contra los amalecitas, Ex. 17:8-13

B. Elías en el monte Carmelo con los sacerdotes de Baal, 1 Reyes 18

C. Daniel en el exilio, orando en nombre de la caída de Jerusalén, Daniel 9:1-23

D. Jesús nuestro Señor en Getsemaní, Lucas 22:39-46

V. ¡Levántese Dios!: Un movimiento espiritual dedicado para las ciudades del mundo

En el año 2000, TUMI comenzó ¡Levántese Dios! con el fin de buscar el favor y la bendición de Dios para las ciudades del mundo.

A. Basado en el punto de vista de la oración como lo esencial, se necesita un poder necesario subyacente para todo ministerio eficaz

B. Asalto constante, estratégico y masivo de oración a los fuertes que se oponen a su trabajo

C. Listas generadas en base a los últimos procesadores de inteligencia, y los reportes de situación ("informes de situación")

D. Reclutamientos intercesores competentes para su ministerio

E. Proporcionando estructura clara- fácil de usar para que pueda gestionar los últimos procesadores inteligentes, localizando la mayoría de las necesidades estratégicas

F. Lucha con enemigos invisibles, empleando las armas celestiales de Dios de guerra para como impacto, 2 Cor. 10:3-5

G. El patrocinio de eventos, conciertos, e iniciativas para crear y sostener la oración por su ministerio y configuración regional

Visite *www.letgodarise.com.*

VI. Las Siete A's de ¡Levántese Dios! Conciertos de oración

Cada evento ¡Levántese Dios! es informado con el doble objetivo de buscar al Señor, y suplicar su favor por el bien de Cristo y su reino.

- Búsqueda del Señor (Zac. 8:18-23; Is. 55:6)

A. *Adoración*: reunirse para adorar y alabar a Dios como Creador y Fuente

B. *Admisión*: confesando nuestra impotencia y debilidad ante el Señor

C. *Disponibilidad*: rindiendo todo lo que somos y tenemos a Cristo sin calificar

- Implorar el favor del SEÑOR (Zac. 8:18-23; Jer. 33:3)

D. *Despertamiento*: pidiendo ser lleno del Espíritu para la Iglesia, global y localmente

E. *Avance*: pidiendo el movimiento del Espíritu que movilice y libere nuevos alcances para ganar a los perdidos

F. *Afirmación*: animándonos unos a otros a través de la verdad, la Escritura, y el testimonio de la obra de Dios

G. *Reconocimiento*: dispersión de nuestras vidas y el trabajo de representar a Cristo con honor donde sea que nos haya colocado

VII. Una guía práctica para comenzar un movimiento espiritual fuerte para el ministerio

Busque la voluntad de Dios a medida que integra una iniciativa de oración estratégica, dedicada en su misión y ministerio.

A. Haga de la oración su primera prioridad

B. Comience con algo pequeño, sea fiel

C. Sienta el calor: consiga el folleto LD

D. Aprenda la mecánica de conciertos de oración

E. Reclute, entrene voluntarios para orar

F. Desarrolle recursos en línea

G. Reúna y comparta inteligencia a los intercesores

H. Acceso abundante, recursos gratis: *letgodarise.com*

I. Patrocine conciertos, retiros, eventos

J. Lleve un historial de las respuestas de Dios; ¡testifique!

Reto final
¡Comparta la visión: comunique a los demás la necesidad de una oración constante, prolongada, creíble por las ciudades del mundo!

> **Conclusión**
>
> De acuerdo con la Biblia, nuestras vidas están viviendo en medio de una guerra espiritual invisible. Una de las cosas más peligrosas que podemos hacer es simplemente ignorar esta realidad. Aceptamos la Biblia como verdad pero a menudo vivimos como si existiera la batalla en algún campo de la misión lejana, no aquí en nuestra ciudad. El hecho es que hay una batalla furiosa sobre nuestra ciudad y está afectándonos en estos momentos. . . . Cada uno de nosotros se enfrenta a las fuerzas demoníacas en nuestro ambiente local, pero como cristianos estamos llamados a una batalla más grande. Estamos contendiendo por toda nuestra generación. Estamos llamados a actuar localmente pero a pensar globalmente.
>
> ~ John Dawson. *Taking Our Cities for God*. [Tomando nuestras ciudades para Dios]. págs. 27, 29.
>
> Clama a mí y yo te responderé, y te enseñaré cosas grandes y ocultas que tú no conoces.
>
> ~ Jeremías 33:3

Sesión 3
Lanzar: Expandir la Iglesia
Agrupar: Establecer la Iglesia

Temas y Objetivos de la Sesión

Sesión 3
Lanzar: Expandir la Iglesia
Agrupar: Establecer la Iglesia
Temas y Objetivos

Concepto principal
Lanzar: Expandir la Iglesia
Agrupar: Establecer la Iglesia

Objetivos
Después de esta sesión usted será capaz de:

- Articular los principios teológicos y misionológicos que participan en el lanzamiento de los esfuerzos evangelísticos y el ministerio entre los vecindarios no alcanzados, y cómo incorporar nuevos creyentes una iglesia pública y establecida de Jesús.

- Narrar los conceptos centrales de lo que significa evangelizar a los perdidos a través de la red de *oikos*, y dar seguimiento a los que toman decisiones por Cristo, asegurando que son recibidos en una familia sana de creyentes locales.

- Indique cómo una teología de *Christus Victor* puede ayudar a dar forma a la teología, a la adoración, el discipulado y el testimonio de una nueva comunidad cristiana creciente, permitiendo al equipo a tener un plan más claro para formar espiritualmente y desarrollar cristianos autóctonos en la iglesia.

- Aprender a realizar y organizar eventos y proyectos eficaces de alcance, servicio y ministerio, asegurando que sus proyectos están a tiempo, dentro del presupuesto, y de acuerdo con las especificaciones exigidas por su evento.

- Delinear los pasos básicos que intervienen en la formación y el mantenimiento de la comunidad cristiana, incluyendo la predicación, seguimiento, bautismo, y discipulado.

Escritura Clave
Hechos 1:8 – Pero recibiréis poder cuando haya venido sobre vosotros el Espíritu Santo, y me seréis testigos en Jerusalén, en toda Judea en Samaria, y hasta lo último de la tierra.

Contexto
Valores/Visión
Preparar
Lanzar
Agrupar
Nutrir
Transicionar
Horario/Cartilla

Principio de la guerra: Ofensiva
La noción que es más sabio evitar una postura defensiva o simplemente mantenerse en la tierra que ya ha sido tomada.

El principio relacionado con la plantación de Iglesias
Comprometerse simplemente para sobrevivir es una admisión de derrota; manténgase a la ofensiva.

> Alentar a la gente a comprometerse a sobrevivir es una admisión de derrota.
> ~ George Barna
>
> Si tiene duda, ataque.
> ~ George Patton

Contexto
Valores/Visión
Preparar
Lanzar
Agrupar
Nutrir
Transicionar
Horario/Cartilla

Sesión 3
Lanzar: Expandir la Iglesia
Agrupar: Establecer la Iglesia

Enseñanza del seminario

Seminario 1
Evangelización y seguimiento como misión:
La incorporación en el Cuerpo de Cristo

Seminario 2
***Christus Victor*: Un motivo antiguo bíblico para conectar los puntos**
en la formación espiritual urbana y las misiones transculturales

Seminario 3
Realización de eventos y proyectos

Seminario 1
Evangelización y seguimiento como misión
La incorporación en el Cuerpo de Cristo
Rev. Dr. Don L. Davis

¿Cuáles son los diferentes significados que se usan para definir los siguientes términos?

- "Nacer de nuevo"
- "Compartir mi testimonio con ella"
- "Pedir a Jesús que entre en mi corazón"
- "Dar mi vida al Señor"
- "Declarar a Jesús el Señor de mi vida"

I. **Evangelización: Compartiendo las buenas nuevas de la nueva vida en Cristo Jesús**

   A. Definición de términos

      1. Evangelización como contenido – *evangelion*

         a. *Evangelion* como "Buen mensaje, buenas noticias" - "En el NT denota la salvación a través de Cristo, que se recibe por fe sobre la base de su muerte expiatoria, Su sepultura, resurrección y ascensión, cf. Hechos 15:7; 20:24; 1 Pe. 4:17" *Vine's Expository Dictionary* [Diccionario expositivo de palabras de Vine], pág. 275

         b. Significados alternos y matices

            (1) El evangelio de Dios, Mr. 1:14; Rom. 1:1; 15:16; 1 Tes. 2:9; 1 Pe. 4:17

            (2) El evangelio de su Hijo, Rom. 19

            (3) El evangelio de Jesucristo, el Hijo de Dios, Mr. 1

            (4) El evangelio de nuestro Señor Jesús 2 Tes. 1:8

            (5) El evangelio de la gloria de Cristo, 2 Cor. 4:4

(6) El evangelio de la gracia de Dios, Hch. 20:24

(7) El evangelio de la gloria del Dios bendito, 1 Tim. 1:11

(8) El evangelio de vuestra salvación, Ef. 1:13

(9) El Evangelio del Reino, Mat. 4:23; 9:35; 24:14

2. La evangelización como *presentación* (los verbos utilizados en asociación con el contenido del evangelio)

   a. *kerusso* – predicar como un heraldo, Mat. 4:23; Gál. 2:2

   b. *laleo* – hablar delante, 1 Tes. 2:2

   c. *diamarturomai* – declarar a fondo, Hch. 20:24

   d. *evangelizo* – predicar, 1 Cor. 15:1; 2 Cor. 11:7; Gál. 1:11

   e. *pleroo* – predicar plenamente, Rom. 15.19

3. Evangelización como *demostración* (términos utilizados en asociación con la presentación del evangelio)

   a. *Sunathleo en* – al trabajo con en, Fil. 4:3

   b. *Sunkakopatheo* – a sufrir penalidades, 2 Tim. 1:8

   c. Para manifestar la realidad del mensaje del Reino de palabra, la vida y obra

      (1) Reino de Dios (máxima autoridad de Cristo)

      (2) La justicia de Dios (carácter y la alianza de Dios)

      (3) El reino de Dios (restauración/reconciliación de todas las cosas)

B. Dinámica en testimonio evangélico

1. El papel de la *historia*, Rom. 1:1-4

2. El papel de la *cultura*, Mat. 28:18-20

3. El papel del *antagonismo espiritual*, 1 Jn. 3:8; 2 Cor. 4:4; Jn. 8:32ss.

4. El papel del *lenguaje*

5. La *autoridad final* del testimonio apostólico, Gál. 1:8-11; 1 Cor.15:1-4; Judas 3-4

6. El papel de la *actual agencia*

   a. El Espíritu Santo de Dios, Juan 14-16; Hechos 1

   b. El papel del predicador (el enviado), Rom. 10

7. La *receptividad* del oyente (por ejemplo, la parábola del sembrador), Mat. 13

C. Estilos de evangelización

   1. Orientaciones verbales (encuentro decisivo)

      a. Ejemplos

         (1) Todas las formas de testimonio verbal: La predicación

         (2) La evangelización personal

         (3) Cruzadas masivas

         (4) Predicación en las calles

         (5) Presentaciones mediáticos (radio, TV, Internet, etc.)

      b. Evaluación

         (1) La integridad del mensaje conservado

         (2) Doctrina comunicada con claridad

         (3) En sintonía con el registro bíblico

         (4) Menos posibilidades de mala interpretación de la intención del evangelio

         (5) No es tan eficaz cuando está separado de obras auténticas de compasión y amor, Stg. 2:14-26

2. Orientaciones no verbales (interacciones relacionales)

   a. Ejemplos

      (1) La justicia social y los ministerios de compasión

      (2) Buscador de servicios orientados

      (3) Testimonio como estilo de vida

      (4) Evangelización por amistad

   b. Evaluación

      (1) Subraya el amor de Dios a la persona perdida

      (2) Demuestra la realidad del reino

      (3) Nutre la auténtica relación con las personas como personas

      (4) Puede infiltrarse en *oikos* de la persona tocada

      (5) No puede ser utilizado como un sustituto de la presentación verbal del evangelio

D. Esencia de la verdadera respuesta a las buenas nuevas: El arrepentimiento y la fe, Hechos 17:22-31

Hechos 17:22-31 (RVR) – Entonces Pablo, puesto en pie en medio del Areópago, dijo: Varones atenienses, en todo observo que sois muy religiosos; porque pasando y mirando vuestros santuarios, hallé también un altar en el cual estaba esta inscripción: AL DIOS NO CONOCIDO. Al que vosotros adoráis, pues, sin conocerle, es a quien yo os anuncio. El Dios que hizo el mundo y todas las cosas que en él hay, siendo Señor del cielo y de la tierra, no habita en templos hechos por manos humanas, ni es honrado por manos de hombres, como si necesitase de algo; pues él es quien da a todos vida y aliento y todas las cosas. Y de una sangre ha hecho todo el linaje de los hombres, para que habiten sobre toda la faz de la tierra; y les ha prefijado el orden de los tiempos, y los límites de su habitación; para que busquen a Dios, si en alguna manera, palpando, puedan hallarle, aunque ciertamente no está lejos de cada uno de nosotros. Porque en él vivimos, y nos movemos, y somos; como algunos de vuestros propios poetas también han dicho: Porque linaje suyo somos. Siendo, pues, linaje de Dios, no debemos pensar que la Divinidad sea semejante a oro, o plata, o piedra, escultura de arte y de imaginación de hombres. Pero Dios, habiendo pasado por alto los tiempos de esta ignorancia, ahora manda a todos los hombres en todo lugar, que se arrepientan; por cuanto ha establecido un día en el cual juzgará al mundo con justicia, por aquel varón a quien designó, dando fe a todos con haberle levantado de los muertos.

1. El arrepentimiento: *metanoia* (El movimiento del corazón convicto)

    Redirección de la vida bajo el reino de Dios

    a. Cambio de mente, Mat. 21:28-29; Lucas 15:17-18; Hch. 2:38

    b. La pena piadosa por el pecado, Sal. 38:18; Lucas 18:9-14

    c. La confesión y el abandono del pecado, Lucas 15:18; 18:13; Prov. 28:13; Is. 55:7

    d. Volviendo a Dios en Cristo, Hechos 26:18; 1 Tes. 1:19

    e. Movimiento hacia la restitución y restauración, Lucas 19:8-9

2. Fe: *pistis* (El medio de compromiso de ahorro)

    Reorientación de los propios valores de la vida y la visión

    a. El conocimiento del testimonio apostólico acerca de Jesús de Nazaret, 1 Cor. 15:1-4

        (1) La encarnación

        (2) La pasión

        (3) La muerte

        (4) La resurrección

        (5) El testigo y el testimonio

b. La confesión de Jesús como Señor, Rom. 10:9

c. La creencia en la resurrección de Jesús, Rom. 10:9

Nota: El movimiento hacia el arrepentimiento y la fe es una obra espiritual; ninguna técnica o método puede ser suficiente para preparar el corazón de una persona para recibir la palabra de Dios con respecto a Cristo y su reino fuera del poder de convicción del Espíritu Santo, Juan 16:7-11.

E. El factor *Oikos*: la característica social distintiva central en el testimonio evangélico dinámico

> Un hogar por lo general contenía cuatro generaciones, incluyendo hombres, mujeres casadas, hijas solteras, esclavos de ambos sexos, personas sin ciudadanía, y 'forasteros', o trabajadores extranjeros residentes.
> ~ Hans Walter Wolff. *Anthology of the Old Testament.*
> [Antología del Antiguo Testamento].

El evangelio en nuestras narrativas del NT se describe como que viene a través y para las distintas personas en el hogar donde residían, (Marcos 5:19; Lucas 19:9; Juan 4:53; Juan 1:41-45, etc.). Ejemplo de Cornelio es un caso primordial, Hechos 10-11.

1. Las dimensiones de nuestras redes de relaciones naturales, humanas

   a. **Las relaciones de parentesco común** (inmediata, extendida, y las familias adoptadas)

   b. **Amistades comunes** (amigos, vecinos, intereses especiales)

   c. **Asociados comunes** (las relaciones de trabajo, intereses especiales, recreación, alianzas étnicas o culturales, las lealtades nacionales)

2. Por qué la evangelización *oikos* (hogar) a través de redes de relaciones es eficaz

   a. La evangelización *Oikos* es bíblica - Jesús y los apóstoles ministraron de esta manera.

b. *Oikos* es nuestra red más natural y menos amenazante de las relaciones existentes (no hay llamadas en frío, o la forma más verdadera de estilo de vida y la evangelización por amistad).

c. Los individuos de *Oikos* suelen ser receptivos a otros miembros (se basa en la historia compartida, la experiencia y preocupaciones).

d. Las relaciones *Oikos* "están incorporados" en el campo de misión residente.

e. Las relaciones de *Oikos* hacen un seguimiento menos tenso, impersonal.

f. *Oikos* permite que grupos enteros de la familia sean elegidos como blanco.

g. Las relaciones de *Oikos* constantemente vuelven a sembrar una nueva base de contactos.

> La reminiscencia: ¿Cómo el evangelio vino a usted? ¡Trace sus propios enlaces *oikos*!

3. Implicaciones para la *evangelización urbana*

   a. Piense "económicamente" en todas las relaciones personales que tome y cultive; trate de ganar el *oikos*, no sólo al individuo.

   b. Siente bases adecuadas para la penetración contínua dentro de la red relacional.

   c. Apúntele al *oikos* entero, incluso mientras busca conversiones individuales sólidas.

   d. Anime a cada convertido a convertirse en un Andrew a su propio *oikos*.

   e. Espere que Dios, el Espíritu Santo, mueva el mensaje de las buenas nuevas de forma natural a través de las relaciones *oikos* de los conversos que vea.

F. Los efectos de la evangelización: La regeneración y la adopción

1. *Regeneración* (compartir en la naturaleza de Dios)

   a. *palingenesia* – "nuevo nacimiento", Tito 3:5; Juan 3:5-6

   b. El poder de la Palabra de Dios, Santiago 1:18; 1 Pe. 1:23

   c. El poder transformador del Espíritu Santo, Juan 3:5-6; Ef. 5:26

2. *Adopción* (colocación en la familia de Dios y el cuerpo de Cristo)

   a. *huiothesia* – "una colocación" (combinación de los términos griegos para hijo y colocar)

   b. El Espíritu de adopción, Rom. 8:15-16

   c. El creyente como colocado en la posición de hijos queridos de Dios, tanto dentro de la familia y el cuerpo, cf. Gál. 4:5; Ef. 1:5; Rom. 8:23; 9:4

II. Seguimiento: La incorporación y el cuidado en la familia de Dios

A. Definición: "**La incorporación a la familia de Dios con el propósito de edificación y producción de fruto, para la gloria de Dios**"

1. *La incorporación a la familia de Dios* – introducción y bienvenida a la familia de Dios, Rom. 15:5-7

   a. Hacer visible lo que de hecho se ha hecho real

   b. La bienvenida como factor central de la *koinonía*, 1 Juan 1:1-4

2. Con el propósito de *edificación y producción de fruto*

   a. Edificación – Edificar a otro hacia la plenitud de Cristo, hacia la madurez en Cristo (Cristo), Ef. 4:9-15

b. Producción de fruto - para ser usado por Dios para levantar tantos discípulos como sea posible tan pronto como nos sea posible en aras de cumplir con la Gran Comisión, Juan 15:16

3. *Para la gloria de Dios* – el fin de todas las cosas, Rom. 11:36

B. Por qué el seguimiento es necesario

1. Necesidad de protección: los nuevos convertidos son vulnerables a los ataques (por ejemplo, la parábola del sembrador), Mat. 13

   a. Las mentiras y los engaños del diablo

   b. Los cuidados del mundo

   c. La falta de profundidad y sustancia

   d. La propensión al error

2. La necesidad de reorientar sus vidas en torno a su nueva identidad en Cristo: los nuevos convertidos requieren un sentido de pertenencia y seguridad, 2 Cor. 6:14-18

3. La necesidad de instrucción continua, nutrición y alimentación: los nuevos convertidos necesitan entender la Palabra y la voluntad de Dios, 1 Pe. 2:2; He. 5:11-6:4

4. La necesidad de amigos y cultivar nuevos patrones de vida basado en una perspectiva del reino: los nuevos convertidos necesitan amigos para fomentar una vida santa, Juan 13:34-35

5. Necesidad de cuidado regular, paternal y pastoral: los nuevos conversos necesitan pastores piadosos para vigilar sus almas, Heb. 13:17

C. Dinámicas de seguimiento

1. El apego a una asamblea local de creyentes, He. 10:24-25

2. Contacto inmediato, y consistente después de la decisión

3. Nutrición y enseñanza doctrinal

4. Amistades estratégicas

5. Reconocimiento *Oikos* y penetración

6. Alimentación y cuidado

7. Establecimiento de nuevas relaciones en el Cuerpo de Cristo

D. Las operaciones de seguimiento

1. El bautismo

2. Una mayor comprensión de la doctrina de la salvación y el Reino

3. Hacer amistad con el cuerpo: formar nuevas relaciones con los creyentes

    a. Grupo celular

    b. Relaciones personales

    c. Vida del cuerpo

    d. Afiliación

4. La Eucaristía (Comunión) y la disciplina de la adoración en el Cuerpo de Cristo

5. Compartir la fe personal de uno

6. Instrucción en las disciplinas de la vida espiritual

7. Conexión con el cuidado pastoral: edificación y supervisión

E. Principios y prácticas de Seguimiento

1. Comprender el objetivo del discipulado: Discípulos, no convertidos, Mat. 28:18-20

2. Aprender los conceptos básicos uno mismo: asegúrese de que son objeto de seguimiento, Lucas 6:40

3. Centrarse en la Palabra de Dios, no en los métodos y estrategias, 1 Pe. 2:2

4. Tratar a cada convertido como un recién nacido en Cristo: no abandonar a ninguno

5. Levante sus propios hijos espirituales, o encuentre padres sustitutos para criarlos

6. Reconozca la eficacia de seguimiento en un grupo de células

   a. Amistades

   b. Camaradería

   c. Experiencia compartida

   d. Maximice los planes de estudio, tiempo y recursos

   e. Desarrollo del liderazgo

7. Enfóquese en el oikos, incluso en las actividades de seguimiento

Revise los siguientes apéndices sobre *Plantando iglesias entre los pobres de la ciudad: Una antología de recursos de plantación de iglesias urbanas* (consulte la tabla del apéndice al final de esta sesión para encontrar la ubicación de cada documento que se muestra a continuación, es decir, su volumen y número de página), y luego responder juntos las preguntas bajo *Discusión de grupo del seminario*.

- El factor *Oikos*: Esferas de la relación e influencia
- La escala de receptividad
- Viviendo como un embajador de *Oikos*
- Dirigidas a los grupos no alcanzados en los barrios con iglesias
- Banda Apostólica; Cultivando alcances para una cosecha dinámica
- Recursos para el estudio de su comunidad
- Ideas sobre la evangelización en el barrio
- Qué hacer y qué evitar al hacer un escrutinio

- De puerta a puerta: Iniciando la conversación
- Qué voy a predicar, Cómo voy a crecer: El dilema del pastor urbano
- Orden de servicio: Muestra 1
- Orden de servicio: Muestra 2
- El servicio de un bautismo de creyentes

Discusión de grupo del seminario

1. Definir el significado de los términos "Evangelio", "evangelización", "seguimiento" e "incorporación", y ¿Cómo estos términos nos ayudan a entender la naturaleza y el significado de la salvación por gracia mediante la fe en Cristo?

2. Explicar el factor *oikos* en el testimonio evangélico, sus beneficios y razón bíblica. ¿Cómo se podría emplear este conocimiento en la expansión de la iglesia en su vecindario o grupo de personas?

3. ¿Cuáles son las dinámicas de seguimiento, y por qué debe fundamentar a los nuevos creyentes siempre vinculados a la introducción y bienvenida en un cuerpo local de creyentes?

4. ¿Qué estrategias de evangelización y seguimiento debemos considerar a la luz del enfoque de este seminario sobre la evangelización, la red *oikos*, y el seguimiento como la incorporación en la iglesia?

Contexto
Valores/Visión
Preparar
Lanzar
Agrupar
Nutrir
Transicionar
Horario/Cartilla

Seminario 2
Christus Victor
Un motivo antiguo bíblico para conectar los puntos en la formación espiritual urbana y las misiones transculturales
Rev. Dr. Don L. Davis

> **¡Ven, entra en el barrido completo de la historia al glorificar Al Cristo Resucitado!**
>
> La comunidad cristiana se reúne para recordar y promulgar su identidad particular, como los que son llamados por Dios en Cristo. Debido a que todos los ministerios están arraigados en la presencia redentora y la actividad de Cristo en el mundo, el sentido de tiempo y lugar de la iglesia está orientado hacia la entrega de Dios en toda la persona y obra de Jesucristo. El culto cristiano implica la reunión de un pueblo bautizado que es comisionado y capacitado para servir al mundo. Tal servidumbre no tiene lugar a menos que la iglesia recuerde con todo la extensión de la Escritura y pueda esperar un futuro real a la luz de las promesas de Dios.
>
> ~ Doug E. Sailers. *"The Origins of the Church Year."*
> [Los orígenes del año de la Iglesia].
> Robert Webber., ed. *The Services of the Church Year*.
> [Los servicios del año de la Iglesia].
> Nashville: Star Song Pub. Group, pág. 92.
>
> Cada cultura, cada tradición religiosa tiene su ciclo de las estaciones, días de fiesta (o festivos), y ocasiones de celebración especial. Sabemos de las estaciones de la tierra de invierno, primavera, verano y otoño. En los Estados Unidos, por ejemplo, la gente celebra fiestas nacionales como el Día de la Independencia y Día de los Caídos. El calendario del año cristiano marca las ocasiones que tienen que ver con la vida de Jesús: su concepción, nacimiento, bautismo, la enseñanza, el ministerio, sufrimiento, muerte, resurrección y ascensión Alguien ha dicho que el año de la Iglesia "es la vida de Cristo vivida de nuevo en un tiempo litúrgico – en el tiempo y en la memoria de su Iglesia".
>
> ~ Vicki K. Black. *Welcome to the Church Year*. [Bienvenidos al Año de la Iglesia].
> Harrisburg, PA: Morehouse Publishing, 2004, págs. 2-3.

Contexto
Valores/Visión
Preparar
Lanzar
Agrupar
Nutrir
Transicionar
Horario/Cartilla

I. Introducción al *Christus Victor* Motif: ¡A Cristo la victoria!

> El motivo *Christus Victor* ofrece una perspectiva alterna sobre la obra de Cristo, la visualización de la cruz y la resurrección desde la perspectiva de los conflictos y la victoria sobre Satanás, el pecado y la muerte en lugar de sacrificio ceremonial por los pecados. Es una perspectiva que ve la situación de Israel y la humanidad como la servidumbre a una potencia más que trabajando bajo la culpa (aunque estos no son en última instancia las perspectivas exclusivas). La cruz y la resurrección forman el clímax de la batalla paradójica que involucra fuerzas espirituales y humanas dentro de Israel, con la cruz, el símbolo duro del poder romano coercitivo, transformado en el símbolo de la victoria de Cristo.
>
> En las palabras de Pablo, "habiendo despojado los poderes y autoridades, los exhibió públicamente, y los condujeron en triunfo en la cruz" (Col. 2:15). En su resurrección de entre los muertos que ha vencido el antiguo enemigo: "La muerte ha sido devorada por la victoria. "¿Dónde está, oh muerte, tu victoria? ¿Dónde está, oh muerte, tu aguijón?" (1 Cor. 15:54-55 NVI; cf. Os. 13:14). Puesto que Jesús ha triunfado sobre sus enemigos, "Dios le exaltó hasta lo sumo" (Fil. 2:9) como Señor cósmico. Lo representan tanto como someter a sus enemigos (1 Cor. 15:24-26) y que reina en el triunfo sobre sus enemigos, que ahora están "debajo de sus pies" (Ef. 1:19-22; cf. Sal. 110:1). Y de nuevo vendrá con poder visible y gloria a vencer la última encarnación del mal (2 Tes. 2:1-12) y establecer su reino (1 Cor. 15:25-28).
>
> ~ Leland Ryken, et. al. *The Dictionary of Biblical Imagery*. [Diccionario de imágenes bíblicas]. Elec. Edición.

   A. *Christus Victor* de Gustaf Aulen: Tres puntos de vista de la expiación (es decir, la obra de Cristo en la Cruz)

   1. *El motivo de satisfacción*: Anselmo de Canterbury (1033-1109). El pecado de la humanidad había ofendido el honor de Dios, trayendo falta de armonía e injusticia en el orden creado por Dios. La expiación es el pago de la deuda necesario para restaurar el honor de Dios y restaurar de nuevo la justicia en el universo.

      a. La propiciación en respuesta al honor de Dios profanado

      b. La expiación en respuesta a la culpa y el castigo de los pecadores

2. *El motivo de la influencia moral*: Abelardo (1079-1142), el problema de la expiación no era para cambiar la mente de Dios por nosotros, sino en permitir a la humanidad pecadora ver cuán amoroso era Dios y es. Jesús murió como una manifestación del amor de Dios a la humanidad.

3. *El motivo Christus Victor*: se llama la vista "clásica" de la expiación. Este punto de vista hace hincapié en la imagen de la batalla cósmica entre el bien y el mal, entre las fuerzas de Dios y Satanás. "En ese combate el hijo de Dios, Jesucristo, murió, una aparente derrota y la victoria de Dios por Satanás. Sin embargo, la resurrección de Jesús volvió la aparente derrota en una gran victoria, que estableció para siempre el control del universo de Dios y liberó a los seres humanos pecadores del poder del pecado y Satanás" (J. Denny Weaver, *The Nonviolent Atonement* [La no violenta expiación] Grand Rapids: Eerdmans, 2001, págs. 14-15).

   a. Llamado "clásico" como el punto de vista predominante de la Iglesia primitiva

   b. Un número de variaciones (¡ninguno bíblico o convincente!)

      (1) El precio del rescate pagado a Satanás a cambio de liberar a los pecadores que tenía cautivos

      (2) Satanás fue engañado porque él no pudo percibir la presencia de Dios (es decir, la deidad de Cristo) escondido debajo de su carne

   c. El idioma nativo del Apocalipsis, la iglesia primitiva, y el sentido general de la Escritura: *¡Cristo ha venido a morir por los pecados, dejar sin efecto la maldición, derrotar a Satanás y los poderes, destruir las obras del diablo, y restablecer el reino de Dios en la tierra!*

B. ¿Por qué motivo bíblico *Christus Victor* pierde favor, después de casi 1.000 años de aceptación?

   1. La aversión a la idea de los derechos satánicos que Dios necesitaría respetar

   2. El malestar con el simbolismo militar y de batalla que produce

3. Los problemas cosmológicos modernos con la definición de la Historia en términos de malévolas, personajes malignos sensibles que deben ser sometidos

4. Rodeando problemas teodicales: Si Cristo es vencedor, ¿qué ha ido mal con el mundo?

5. Un marco dualista percibido: Comprensión de Dios o el diablo, con poco espacio para ambigüedades o grisura

C. La presencia de Jesús como el "Presencia del Futuro" en el aquí y ahora

1. El carácter distintivo del evangelio de Jesús: "El Reino está cerca", Marcos 1:14-15

2. Jesús y la inauguración de la edad para entrar en la era presente

   a. La venida de Juan el Bautista, Mat. 11:2-6

   b. La inauguración del ministerio de Jesús, Lucas 4:16-21

   c. El enfrentamiento de Jesús con las fuerzas demoníacas, Lucas 10:18ss; 11:20

3. La enseñanza de Jesús y su pretensión de autoridad absoluta en la tierra, Marcos 2:1-12; Mateo 21:27; 28:18

> La muerte de Cristo por nuestros pecados - Su pago de la multa declarada contra nosotros – fue su victoria legal con el cual le borró el derecho de Satanás a la raza humana. Pero también Cristo ganó la victoria dinámica. Es decir, cuando estaba justificado y hecho vivo, y se encuentra justificado en el tribunal supremo del universo, Satanás, el archienemigo de Dios y el hombre, estaba completamente desarmado y destronado. Cristo salió triunfante de aquella vieja prisión de muertos. Pablo dice que él "estropeó los principados y potestades" y "los mostró abiertamente, triunfando sobre ellos en ella" (Colosenses 2:15).
>
> ~ Paul Billheimer. *Destined for the Throne*. Destinado para el Trono. pág. 87.

4. "El Reino ha venido y el hombre fuerte está atado", Mat. 12:28, 29

    a. El reino de Dios "ha llegado" – *pleroo*

    b. El significado del verbo griego: "Cumplir, completar, ser cumplido, como en la profecía"

    c. La invasión, entrada, manifestación del poder real de Dios

5. Jesús como la carpeta del hombre fuerte, Mat. 12:25-30.

6. Jesús derrota al enemigo infernal de la humanidad, el diablo.

    1 Juan 3:8 – El que practica el pecado es del diablo; porque el diablo peca desde el principio. *Para esto apareció el Hijo de Dios, para deshacer las obras del diablo.*

    Gén. 3:15 – "*Y pondré enemistad entre ti y la mujer, y entre tu simiente y la simiente suya; ésta te herirá en la cabeza, y tú le herirás en el calcañar*".

    Heb. 2:14 – Así que, por cuanto los hijos participaron de carne y sangre, él también participó de lo mismo, *para destruir por medio de la muerte al que tenía el imperio de la muerte, esto es, al diablo.*

    Col. 2:15 – *y despojando a los principados y a las potestades, los exhibió públicamente,* triunfando sobre ellos en la cruz.

    a. Ciega la mente de los que no creen, 2 Cor. 4:4

    b. Funciona por engaño, mentira y acusación, Juan 8:44

    c. Anima los asuntos de las naciones, 1 Juan 5:19

    d. Distrae a los seres humanos de sus propios fines, cf. Gen. 3:1ss.

    e. Opone a los seres humanos a través del acoso, la calumnia, el temor, la acusación y la muerte, Heb. 2:14-15

    f. Resiste y persigue al pueblo de Dios, Ef. 6:10-18

7. Dos manifestaciones del Reino de Dios: El Reino del Ya/Todavía no (Oscar Cullman, *Christ and Time* [Cristo y el tiempo], George Ladd, *The Presence of the Future* [La presencia del futuro])

   a. El *primer* advenimiento: el príncipe rebelde atado y su casa saqueada y el reino de Dios viene en la presencia de Jesucristo.

   b. La *segunda* venida: el príncipe rebelde destruido y su regla confundida con la plena manifestación del poder real de Dios en un cielo y tierra recreados.

D. El orden cristo-céntrico: *El Mesías Yeshua de Nazaret* como pieza central tanto de la revelación y del gobierno de Dios

---

El mensaje de Jesús fue el Reino de Dios. Era el centro y la circunferencia de todo lo que Él enseñaba y hacía. . . . El Reino de Dios es la concepción maestra, el plan maestro, el propósito maestro, la voluntad-maestra que recoge todo en sí mismo y le da redención, coherencia, propósito, meta.

~ E. Stanley Jones. *Is the Kingdom of God Realism?*
[¿Es el Reino de Dios el realismo?]

El cristianismo toma tiempo seriamente. La historia es donde Dios es conocido. Los cristianos no tienen conocimiento de Dios sin el tiempo, porque es a través de eventos reales que suceden en el tiempo histórico que Dios es revelado. Dios escoge hacer la naturaleza divina y sabrá a través de eventos que tienen lugar dentro del mismo calendario que mide la vida cotidiana de hombres y mujeres. Las revelaciones de Dios ocurren en el mismo curso del tiempo que los eventos políticos: "En los días de Herodes rey de Judea" (Lucas 1:5), o "sucedió cuando Quirino fue gobernador de Siria" (Lucas 2:2). El tiempo de Dios es nuestro tiempo, también, marcado por un orden temporal llamado calendario. . . . Para el cristianismo, los significados últimos de la vida se revelan no por declaraciones universales atemporales, sino por actos concretos de Dios. En la plenitud del tiempo, Dios invade nuestra historia, asume nuestra carne, sana, enseña y come con los pecadores.

~ Hoyt L. Hickman, et. al. *The New Handbook of the Christian Year.*
[El nuevo manual del año cristiano]. Nashville: Abingdon Press, 1992, pág. 16.

1. La *misión* del Mesías: destruir las obras del diablo, 1 Juan 3:8

2. El *nacimiento* del Mesías: invasión de Dios en el dominio de Satanás, Lucas 1:31-33

3. El *mensaje* del Mesías: la proclamación e inauguración del Reino, Marcos 1:14-15

4. La *enseñanza* del Mesías: la ética del Reino, Mat. 5-7

5. Los *milagros* del Mesías: su autoridad y poder real, Marcos 2:8-12

6. La *expulsión de demonios* del Mesías: la derrota del diablo y sus ángeles, Lucas 11:14-20

7. *La vida y las obras* del Mesías: la majestad del Reino, Juan 1:14-18

8. La *resurrección* del Mesías: la victoria y vindicación del Rey, Rom. 1:1-4

9. La *comisión* del Mesías: el llamado a proclamar su Reino en todo el mundo, Mat. 28:18-20

10. La *ascensión* del Mesías: su coronación, Heb. 1:2-4

11. El *derramamiento del Espíritu Santo* por el Mesías: el arrabón (garantía, prenda) del Reino, 2 Cor. 1:20

12. La *Iglesia* del Mesías: El anticipo y agente del Reino, 2 Cor. 5:18-21

13. *Sesión* del Mesías: su generalización de sus fuerzas (1 Co. 15:24-28), y su alta intercesión sacerdotal y defensa a la derecha del Padre, Rom. 8:24; 8:27; Isa. 53:12; Juan 16:23; 16:26-27; 17:20-24; Heb. 4:14-15; 7:25; 9:24; 1 Juan 2:1-2

14. El *regreso* del Mesías: la consumación de su reino, Ap. 19:6-9; Zac. 14:5; Juan 14:3; Hechos 1:11; 1 Tes. 4:14, 16; 2 Tes. 1:5-9; 2:1; 1 Juan 3:2; Apo. 1:7

E. Lo que *Christus Victor* significa en la asamblea de los creyentes

1. La *Shekinah* ha reaparecido en medio de la Iglesia, que ahora es la morada de Dios como su templo, Ef. 2:19-22.

2. El pueblo (*ecclesia*) del Dios vivo se congrega aquí: el propio Cristo de cada parentela, pueblo, nación, tribu, estatus y cultura, 1 Pe. 2:8-9.

3. El reposo *sabático* de Dios se disfruta y se celebra aquí, la libertad, la integridad y la justicia de Dios, Heb. 4:3-10.

4. Ha llegado el *Año del Jubileo*: perdón, renovación y restitución, Col. 1:13; Mat. 6:33; Ef. 1:3; 2 Ped. 1:3-4.

5. La luz ha *brillado sobre los gentiles*, que ahora son coherederos del eterno esplendor por venir, Col 1:27; Rom. 16:25-27; Ef. 3:3-5.

6. *El Espíritu del Dios vivo* habita en nosotros (*arrabón*): Dios vive aquí y camina entre nosotros aquí, 2 Cor. 1:20.

7. *Saboreamos los poderes de la Era Venidera*: Satanás está atado en nuestro medio, la Maldición se ha roto aquí, la liberación se experimenta en el nombre de Jesús, Gal. 3:10-14.

8. Experimentamos *el shalom del reino eterno de Dios*: la libertad, la integridad y la justicia del nuevo orden están presentes entre nosotros, y visiblemente expuestas al mundo a través de nuestras buenas obras, Mat. 5:14-16; Rom. 5:1; Ef. 2:13-22.

9. Nosotros *anunciamos las Buenas Nuevas del reinado de Dios* (*evanggelion*): invitamos a todos a unirse a nosotros mientras caminamos hacia la plena manifestación del siglo venidero, Marcos 1:14-15.

10. ¡Aquí gritamos *Maranatha*!: nuestras vidas están estructuradas por la esperanza viva del futuro de Dios y la consumación, Ap. 22:17-21.

II. Implicaciones de la teología de *Christus Victor* para nuestra vida y testimonio

> El Reino de Dios significa la conquista divina sobre sus enemigos, una conquista que se realizará en tres etapas; y la primera victoria ya ha ocurrido. El poder del Reino de Dios ha invadido el reino de Satanás – la edad del mal actual. La actividad de este poder para liberar a los hombres del dominio satánico se evidenció en la expulsión de los demonios. De este modo, Satanás estaba atado; fue arrojado de su posición de poder; Su poder fue "destruido". Las bendiciones de la Era Mesiánica están ahora disponibles para aquellos que abrazan el Reino de Dios. Podemos disfrutar ya de las bendiciones resultantes de esta derrota inicial de Satanás. Sí, el Reino de Dios se ha acercado, ya está presente.
>
> Esto no significa que ahora disfrutemos de la plenitud de las bendiciones de Dios, o que todo lo que significa el Reino de Dios ha llegado a nosotros. . . . La Segunda Venida de Cristo es absolutamente esencial para el cumplimiento y consumación de la obra redentora de Dios. Sin embargo, Dios ya ha realizado el primer gran escenario en Su obra de redención. Satanás es el dios de esta era, pero el poder de Satanás se ha roto para que los hombres conozcan el gobierno de Dios en sus vidas. La Edad del mal continúa, pero los poderes de la Era Venidera han sido puestos a disposición de los hombres. Para el ojo humano, el mundo parece poco cambiado; El reino de Satanás es inquebrantable. Sin embargo, el Reino de Dios ha venido entre los hombres [sic]; Y los que lo reciben estarán preparados para entrar en el Reino de Gloria cuando Cristo venga a terminar la buena obra que Él ya ha comenzado. Este es el Evangelio del Reino.
>
> ~ George Eldon Ladd. *The Gospel of the Kingdom*. [El Evangelio del Reino]. Grand Rapids: Wm. B. Eerdmans Publishing, 1959, págs. 50-51.

A. Por la Iglesia

1. Como pueblo de Dios y la nueva humanidad de la nueva creación de Dios, la Iglesia *es el pueblo de la victoria* del Cristo resucitado, la encarnación misma de Jesús en el mundo.

2. Aclaración

   a. La Iglesia es el pueblo de Dios, 1 Pe. 2:8-9.

   b. La Iglesia es la nueva creación de Dios, 2 Cor. 5:17-21.

3. Implicación: La Iglesia es *tanto el locus como el agente* del Reino, la prueba positiva de *Christus Victor* en la tierra.

B. Para la teología y la doctrina

1. Como confesión arraigada en la tradición apostólica (es decir, las Escrituras canónicas), la teología y la doctrina es el comentario de la gran narración de Dios con respecto a su obra salvífica en la persona de Jesús de Nazaret, el Señor y el Mesías, 2 Tim. 3:15-17

2. Aclaración

   a. La Gran Tradición ha afirmado autoritariamente la verdad del acontecimiento de Cristo, es decir, *Christus Victor* y su significado en el mundo, Juan 5:39-40; Lucas 24:27; 44-48.

   b. El Credo Niceno es un resumen autoritario de la historia de la gracia triunfante de Dios en la persona de Jesús de Nazaret.

3. Implicación: *Christus Victor es el centro y el corazón de toda la teología bíblica y doctrina ortodoxa*, Fil. 2:5-11; Col. 1:15-20.

C. Por la espiritualidad

Comenzando con la afirmación de Dios como el que viene (y que vendrá), la Iglesia se mueve a través de la narración del nacimiento de Cristo, de su bautismo y revelación al mundo, de su tentación y su viaje al sufrimiento a la Cruz, Su resurrección y ascensión, de su envío del Espíritu, y de su reinado, junto con todos los santificados en él. A través de oraciones, cánticos, lecturas y respuestas, la Iglesia no sólo contempla estas etapas de la historia, sino que las vuelve a vivir, entra en ellas, es moldeada por ellas. La Iglesia viaja a través del Año Cristiano con el Cristo cuya historia se narra aquí; La Iglesia se une a él en su viaje y reafirma su viaje como su propio viaje, el camino por el cual se define y en el que participa. No se trata de una dogmática proposicional separada, ésta es una repetición y una permanencia de la historia que es profundamente envolvente e intrínsecamente transformadora. . . . Celebrar el Año Cristiano es entablar una reflexión teológica narrativa, doxológica y verdaderamente sistemática.

~ John E. Colwell. *The Rhythm of Doctrine*. [El ritmo de la doctrina]. Colorado Springs, CO: Paternoster, 2007, pág. 7.

1. Como experiencia, tanto personal y comunitaria, de nuestra unión con Cristo por la fe, la espiritualidad es la expresión viva del poder del Espíritu Santo en el pueblo de Dios al recordar, recrear y reflexionar sobre el misterio de Dios en *Christus Victor*, 2 Pe. 3:18; Juan 15:4-5.

2. Aclaración

    a. Es capturado en las disciplinas en curso arraigadas en la profundización de nuestro conocimiento de Dios en Cristo, 1 Tim. 4:7-9.

    b. Está formada por nuestras reuniones, nuestro leccionario, nuestra liturgia y nuestras observancias de la historia de Jesús en el Año de la Iglesia, Col. 3:1-11.

3. Implicación: Participar y ser transformado por la vida del Señor resucitado es *el núcleo de la auténtica espiritualidad*, Heb. 1:1-4.

D. Para la adoración

1. Como el reconocimiento continuo, la recreación y el recuerdo de los actos salvíficos de Dios en *Christus Victor*, la adoración es la celebración de la asamblea reunida del pueblo de Dios cuando entran en su presencia a través de la Palabra y la Santa Cena, Ef. 5:18-21; Col. 3;11-17; 1 Cor. 15:1-8.

2. Aclaración

    a. Se capta en nuestro recuerdo, recreación y celebración del acontecimiento de Cristo en nuestra adoración y servicio, 1 Cor. 11:23-26.

    b. Se resume y resalta en nuestra audiencia y respuesta a la Palabra de Dios, 2 Pe. 1:20-21.

    c. Se celebra en nuestro recuerdo y transformación en la mesa, la Cena del Señor, 1 Cor. 11:23-26.

3. Implicación: El entrar en la presencia del Padre a través de la obra del Hijo en el poder del Espíritu es el corazón de la adoración.

E. Para los dones

1. Como señales y emblemas del suministro soberano del Espíritu Santo dentro del Cuerpo de Cristo, los dones espirituales son los dones y beneficios graciosos de Dios que fluyen de la recompensa ganada a través de la victoria de *Christus Victor*, Ef. 4:7-10.

2. Aclaración

   a. Dios ha dado oficios pastorales a la Iglesia para que sus miembros estén equipados para la obra del ministerio, Ef. 4:11-16

   b. El Espíritu Santo dispensa soberanamente los dones a los miembros del cuerpo para el bien común, 1 Cor. 12:1-11.

3. Implicación: Administrar nuestros dones juntos para el bien común de la Iglesia es el núcleo de la superación espiritual, 1 Pe. 4:10-11.

F. Por la evangelización y misión

1. Como proclamación del Evangelio de Jesucristo, la evangelización y misión es la declaración expresada sin vergüenza de la victoria de Cristo sobre los poderes del mal, la pena del pecado, de sus efectos tanto en la maldición como en la muerte, y su restauración de la creación por medio de la soberana voluntad del Padre y la gracia inmerecida, Mat. 9:35-38.

2. Aclaración

   a. El Evangelio es el mensaje salvador de Dios con respecto a su obra salvadora en Cristo, que reina ahora como *Christus Victor*, Rom. 10:9-10; Hch. 2:33ss.; Col. 2:15; Cf. Gén. 3:15.

   b. Proclamamos la venida del Reino de Dios en Jesucristo, y proclamamos arrepentimiento y fe en su nombre, Col. 1:13-14; 1 Juan 3:8; Mat. 12:25-30.

   c. Debemos obedecer a la Gran Comisión de ir a todo el mundo y hacer discípulos de Jesús entre todos los grupos de personas, Mat. 28:18-20; Mr. 16:15-18; Lc. 24:47-48; Juan 20:21.

   3. Implicación: Proclamar a Cristo como Señor y Mesías es la esencia de anunciar las buenas nuevas del Reino de Dios.

G. Para la justicia y la compasión

   1. Como testimonio de la realidad presente del reino de Dios en el mundo de hoy, la justicia y la compasión son las expresiones graciosas y generosas de la Iglesia de Dios en respuesta a la gloriosa liberación y beneficios de *Christus Victor*, Gal. 6:10.

   2. Aclaración

      a. Como la nueva creación de Dios, la Iglesia muestra la vida misma del Reino en sus relaciones y prácticas, Mat. 5:13-16.

      b. Como agentes y embajadores de Cristo, demostramos en nuestras palabras y acciones los caminos de la ciudadanía del cielo, 2 Cor. 5:20; Fil. 3:20-21.

      c. Como miembros agradecidos de la fraternidad incendiaria de Dios, compartimos alegremente quiénes somos y qué tenemos con los menos afortunados, como una expresión de gozo a Dios por su bondad para con nosotros, 1 Juan 3:16-18; Mat. 22:34-40.

   3. Implicación: Como la nueva creación de Dios, la Iglesia da pruebas tangibles en sus buenas obras de la realidad del Reino que viene a través de la victoria de Jesucristo sobre el mal.

H. Para el mundo

   1. Aunque Cristo derrotó al diablo, destruyó el poder del mal y pagó el castigo por el pecado, todavía vivimos en un mundo caído, sujeto al pecado, a la decadencia y a la muerte.

   2. En este mundo los creyentes seguirán experimentando la tribulación, Juan 16:33.

   3. El diablo sigue vagando, buscando a quien devorar, 1 Pe. 5:8.

4. Aunque la victoria final viene solamente cuando Cristo consuma su trabajo en la *Parusía*, estamos llamados a proclamar su victoria en el mundo, y demostrar la justicia y lo recto del Reino dondequiera y cuando podamos.

   a. Somos la luz del mundo, y la sal de la tierra, Mt. 5:13-16.

   b. Debemos estar en el mundo, pero no en él, Juan 17:14-19.

   c. Debemos hacer el bien a todos, especialmente a los de la familia de la fe, Gál. 6:10.

   d. Debemos estar listos para dar una respuesta de la esperanza que mora en nosotros, 1 Ped. 3:15.

   e. Somos llamados a declarar las excelencias de Aquel que nos llamó de las tinieblas a la luz, 1 Ped. 2:8-9.

   f. Somos embajadores de Cristo, ciudadanos del Reino celestial, llamados a representar sus intereses con fidelidad y honor, 2 Cor. 5:20; Fil. 3:20-21; 1 Cor. 4:1-2.

III. **Incorporando y mostrando la historia de Cristo: Abrazando una teología vivida de *Christus Victor* a través del Año de la iglesia**

> [Interpretación de Gustaf Aulen de la visión de Ireneo del acontecimiento de Cristo en el mundo]. La resurrección es para él, en primer lugar, la manifestación de la victoria decisiva sobre los poderes del mal, que se ganó en la cruz; es también el punto de partida para la nueva dispensación, por el don del Espíritu, para la continuación de la obra de Dios en las almas de los hombres [sic] "por la unidad y comunión de Dios y del hombre". "La pasión De Cristo nos trajo coraje y poder. El Señor, a través de su pasión, subió a lo alto, llevó cautivo la cautividad, dio dones a los hombres y dio poder a los que creen en él para pisar serpientes y escorpiones y sobre todo poder del enemigo, es decir, el príncipe de la apostasía. El Señor a través de Su pasión destruyó la muerte, llevó el error hasta el final, abolió la corrupción, desterró la ignorancia, manifestó la vida, declaró la verdad y otorgó la incorrupción".
>
> ~ Gustaf Aulen. *Christus Victor*. Trans. A. G. Hebert. Eugene, OR: Wipf and Stock Publishers, 2003, pág. 32.

> El evangelio cristiano es una narración. La Palabra no se convirtió en texto o en una serie de proposiciones abstraídas; el Verbo se hizo carne (Juan 1:14). En consecuencia, la teología cristiana, si ha de hacerse de manera apropiada, debe adoptar la forma de un compromiso sostenido con la historia y no meramente un compromiso con las respuestas propositivas de la Iglesia a la historia. Y como llegamos a conocer por medio de la morada en lugar de por el desapego, la teología cristiana apropiadamente intentada tomará la forma de una residencia de esta historia, atraída en sus dramas, identificándose con sus caracterizaciones, trazando los movimientos de su trama. Y puesto que el conocimiento apropiado debe ser apropiado a su objeto específico, y puesto que Dios es el objeto (o más bien el sujeto irreducible) de la teología, este compromiso con la historia del evangelio que es la forma apropiada de la teología cristiana es apropiadamente venerable y devota. Y es precisamente esta forma de adoración y de oración que es permitida por la liturgia del Año Cristiano.
>
> ~ John E. Colwell. *The Rhythm of Doctrine*. [El ritmo de la Doctrina]. Colorado Springs, CO: Paternoster, 2007, pág. 7.

A. Adviento: el Mesías prometido

1. *Marco bíblico:* por medio de la promesa del pacto de Dios, vendría una semilla de la mujer, de Abraham y de David, aplastando la cabeza de la serpiente y redimiendo al pueblo de Dios.

2. Ejemplo de referencias en las Escrituras

    a. Porque un niño no es nacido, Isa. 9:6-7

    b. Los días están llegando, Jer. 23:5-6

    c. El que viene, reinará en justicia y en paz, Isa. 11:1-10

3. *Su significado en la historia de Jesús:* el Verbo encarnado, Hijo unigénito de Dios en gloria

4. *La temporada del Año de la Iglesia:* Adviento, la Venida de Cristo. El Adviento anticipa la primera y segunda venidas de nuestro Señor. Los profetas de Dios anunciaron su venida, y los ángeles anunciaron su nacimiento a María y a los pastores. Afirmamos la promesa de Dios cumplida en la llegada del Mesías en Belén.

5. *En cuanto a la formación espiritual:* Mientras esperamos a Aquel que viene, proclamemos y afirmemos nuestra esperanza de liberación segura y cierta.

B. Navidad: la Palabra hecha carne

1. *Marco bíblico*: En la persona de Jesús de Nazaret, el Señor Dios ha venido al mundo; Él es Emmanuel, "Dios con nosotros", Isa. 7:14.

2. Ejemplo de referencias en las Escrituras

    a. Emmanuel, Mat. 1:20-23

    b. El Verbo hecho carne, Juan 1:14-18

    c. La humildad del Hijo, Fil. 2:6-8

3. *Su significado en la historia de Jesús*: En la Encarnación, Dios ha venido a nosotros. Jesús de Nazaret revela a la humanidad la gloria del Padre en plenitud, porque la plenitud de Dios habitó en él, Col. 2:8-10.

4. *La temporada del Año de la Iglesia*: Navidad, el nacimiento de Cristo. La Navidad celebra el misterio de la encarnación del Hijo de Dios, el Verbo hecho carne. Él entra en el mundo para revelar el amor del Padre a la humanidad, para destruir la obra del diablo y para redimir a su pueblo de sus pecados.

5. *En cuanto a la formación espiritual*: Oh, Palabra hecha carne, reveladora de Dios venida a nosotros, ayúdanos a preparar nuestros corazones para que habites en ellos.

C. Epifanía: el Hijo del Hombre

1. *Marco bíblico*: Como el Rey prometido y el Hijo divino del Hombre, Jesús revela la gloria y salvación del Padre al mundo.

2. Ejemplo de referencias en las Escrituras

    a. Una estrella de Jacob, Núm. 24:17

    b. El Rey de los Judíos, Mat. 2:2-6

c. El amanecer nos visitará, Lucas 1:78-79

3. *Su significado en la historia de Jesús:* como la Palabra que declara la gloria del Padre al mundo, el Hijo divino del Hombre, Jesús, aparece a los magos, y al mundo.

4. *La temporada del Año de la Iglesia*: Epifanía, la Manifestación de Cristo. La Epifanía conmemora la venida de los Magos, que siguieron a la estrella en busca del Niño Jesús. La temporada enfatiza la misión de Cristo a y para el mundo. La luz de la salvación de Dios es revelada a todos los pueblos en la persona de Jesús, el Hijo de Dios.

5. *En cuanto a la formación espiritual*: En Jesús, el Hijo divino del hombre, la gloria y salvación de Dios se revela a las naciones.

D. Cuaresma: el Siervo Sufriente

1. *Marco bíblico*: Como Inaugurador del Reino de Dios, Jesús demuestra el Reino de Dios como su Siervo Sufriente, mostrando la vida del Reino en sus palabras, maravillas y obras.

2. Ejemplo de referencias en las Escrituras

    a. Mateo 12:25-30

    b. Marcos 1:14-15

    c. Lucas 17:20-21

3. *Su significado en la historia de Jesús*: Sus enseñanzas, sacar demonios, milagros y obras poderosas hechas entre la gente

4. *La temporada del Año de la Iglesia*: Cuaresma, el Ministerio de Cristo. La Cuaresma, un período de cuarenta días que comienza el Miércoles de Ceniza y termina el jueves de Semana Santa, nos llama a reflexionar sobre el sufrimiento, la crucifixión y la muerte de Jesús. Siguiendo a nuestro Señor, preparémonos en el camino de la Cruz para obedecer completamente a Dios.

5. *En cuanto a la formación espiritual*: En la persona de Cristo, el poder del reino de Dios ha venido a la tierra, y a la Iglesia.

E. Semana Santa: el Cordero de Dios

1. *Marco bíblico*: Como Sumo Sacerdote y Cordero Pascual, Jesús se ofrece a Dios en nuestro nombre como sacrificio por el pecado, y como Señor victorioso que destruye la muerte y el sepulcro.

2. Ejemplo de referencias en las Escrituras

    a. Juan 1:29

    b. 2 Cor. 5:18-21

    c. 1 Juan 3:8

    d. Isa. 52-53

    e. 1 Tim. 2:3-6

3. *Su significado en la historia de Jesús*: Como Cordero perfecto de Dios, Jesús se ofrece a sí mismo a Dios como una ofrenda por el pecado en nombre del mundo, y por su muerte, destruye la muerte, la maldición, la tumba y las obras del diablo.

4. *La temporada del Año de la Iglesia*: Semana Santa, el Sufrimiento y la Muerte de Cristo. La Semana Santa recuerda los acontecimientos del sufrimiento y la muerte de Cristo. Recordamos su entrada triunfal en Jerusalén el Domingo de Ramos, su entrega de los mandamientos el Jueves Santo (*Maundy* o "Nuevo Mandamiento"), su crucifixión el Viernes Santo y finalizar la semana con la vigilia solemne del sábado por la noche antes del Domingo de Pascua.

5. *En cuanto a la formación espiritual*: Que los que comparten la muerte del Señor sean resucitados con él

F. Semana Santa: el conquistador victorioso

1. *Marco bíblico*: En su resurrección de los muertos y su ascensión a la diestra de Dios, Jesús es verificado, confirmado y exaltado como victorioso sobre la muerte y el restaurador de la creación.

2. Ejemplo de referencias en las Escrituras

    a. Dios levantó a Jesús, y le ha hecho Señor y Cristo, Hechos 2:32-36

    b. Cristo es exaltado como Cabeza de la Iglesia, Ef. 1:19-23

    c. Toda rodilla se doblará, y toda lengua confesará a Jesús como Señor, Fil. 2:9-11

    d. Dios desea que Jesús tenga el primer lugar en todas las cosas, Col. 1:15-20

    e. Ha conquistado los principados y potestades, Col. 2:15

3. *Su significado en la historia de Jesús*: Su resurrección, con apariciones a sus discípulos y otros testigos, así como sus pruebas infalibles ofrecidas entre el tiempo de la resurrección y la ascensión a la mano derecha del Padre

4. *La temporada del Año de la Iglesia*: Semana Santa, la Resurrección y Ascensión de Cristo y el derramamiento del Espíritu Santo.

    a. El Domingo de Pascua celebramos la resurrección de Jesús. El que fue traicionado por su discípulo, crucificado en una cruz romana y enterrado en una tumba prestada, resucitó triunfalmente de la muerte a la vida por el poder de Dios. "¡Cristo ha resucitado! ¡Verdaderamente, ha resucitado!"

    b. Durante cincuenta días, desde el Domingo de Pascua hasta Pentecostés, reflexionamos sobre el Jesús resucitado en sus apariciones a sus discípulos. Dada toda autoridad, Jesús sube al cielo a la diestra de Dios, y nos envía la promesa del Padre, el Espíritu Santo.

    c. En Pentecostés conmemoramos la venida del Espíritu Santo al pueblo de Dios, la Iglesia. Jesús está ahora presente con su pueblo en la persona del Espíritu, para la gloria de Dios el Padre. Reflexionamos sobre este misterio juntos el domingo de la Trinidad.

5. *En cuanto a la formación espiritual*: Participemos por la fe en la victoria de Cristo sobre el poder del pecado, Satanás y la muerte.

G. Tiempo ordinario (La temporada después de Pentecostés): el Señor reinante en el Cielo, el Novio y el Rey que viene

1. *Marco bíblico*: Ahora reinando a la diestra de Dios hasta que sus enemigos se hacen su escabel, Jesús derrama sus beneficios sobre su cuerpo, la Iglesia. Pronto, en el tiempo designado por Dios, el Señor resucitado y ascendido volverá a reunir a su Novia, la Iglesia, y consumará su obra – el reinado de Cristo, el Rey.

2. Ejemplo de referencias en las Escrituras

    a. Mat. 28:18-20

    b. Rom. 14:7-9

    c. 1 Cor. 15:25

    d. Heb. 1:1-4

    e. Ap. 5:9-10

3. *Su significado en la historia de Jesús*: el envío del Espíritu Santo y sus dones, la presente sesión de Cristo en el cielo a la diestra del Padre, la cosecha de Dios entre las naciones, la esperanza de su pronto regreso

4. *La temporada del Año de la Iglesia*: La Temporada después de Pentecostés, el Señor reinante en el cielo y el Juez y el Novio que viene.

    a. Durante el "tiempo ordinario" (*Kingdomtide*), consideramos los actos de salvación de Dios a través del tiempo. Como *Christus Victor*, Jesús debe reinar hasta que sus enemigos sean puestos bajo sus pies. Él es la cabeza del cuerpo, la Iglesia, y ahora da poder a su pueblo para dar testimonio de su gracia salvadora en el mundo.

b. Como Señor de la cosecha, Jesús ha encargado a la Iglesia que vaya y haga discípulos de todas las naciones. Durante esta temporada, consideremos cómo podemos avanzar el Reino de Dios mientras mostramos y hablamos de la salvación de Cristo al mundo. Esta es una estación de cosecha.

c. Como el amanecer sigue a la noche, así nuestro Señor seguramente aparecerá en poder y gloria para reunirse para sí, para terminar con la guerra y el pecado, y restaurar la creación bajo la voluntad de Dios. Esta es una temporada de la esperanza del pronto retorno de Cristo.

d. Según la Escritura, Cristo regresará y terminará la obra que comenzó en la Cruz, para juzgar al mundo y salvar el suyo. La Fiesta de Cristo Rey, el último domingo antes del Adviento, señala el día en que Cristo reinará supremo.

5. *En cuanto a la formación espiritual*: Ven, habita en nosotros el Espíritu Santo y capacítanos para avanzar el reino de Cristo en el mundo. Vivamos y trabajemos en espera de su pronto regreso, buscando complacerlo en todas las cosas

IV. Beneficios de la expansión de *Christus Victor* en nuestra adoración y misión

> Un cristiano es, en esencia, alguien personalmente relacionado con Jesucristo. El cristianismo sin Cristo es un cofre sin un tesoro, un marco sin retrato, un cadáver sin aliento. Cristo viene a cada uno de nosotros con un llamado individual: 'Ven a mí', 'sígueme'. Y la vida cristiana comienza cuando, aunque vacilantes e inciertos, respondemos a su llamado. Entonces, cuando empezamos a seguirlo, descubrimos a nuestra creciente y encantada sorpresa que una relación personal con Cristo es multifacética, multicolor, una cosa muy esplendorosa. Encontramos que él es nuestro Mediador y nuestra Fundación, nuestro Dador de Vida y nuestro Señor, el Secreto y el Objetivo de nuestra vida, nuestro Amante y nuestro Modelo. O, reuniendo las preposiciones que hemos considerado, aprendemos que ser cristiano es vivir nuestras vidas a través, sobre, en, debajo, con, a, para y como Jesucristo. Cada preposición indica un tipo diferente de relación, pero en cada caso Cristo mismo está en el centro, el símbolo de la victoria de Cristo.
>
> ~ John Stott. *Focus on Christ*. [Centrarse en Cristo]. New York: William Collins Publishers, 1979. pág. 155.

A. La respuesta a la fragmentación y a los énfasis idiosincráticos: el marco de *Christus Victor* es nuestro antídoto para sustituir nuestro énfasis insignificante e idiosincrático por la historia de Dios en Cristo.

   1. *Christus Victor* nos salva de la distracción de temas, conceptos y énfasis que son más ramitas que ramas, tronco o raíz, hasta la historia bíblica del amor de Dios en Cristo.

   2. No ser llevados cautivos por centros de énfasis alternos, aparte de Cristo, Col. 2:8-10.

   3. Enseñar la tradición humana y no a Jesucristo, Marcos 7:3-8

B. La clave para la autoridad apostólica y bíblica – el marco de Christus Víctor es nuestra clave para redescubrir la autoridad bíblica en su motivo centrado en Cristo.

   1. Jesucristo mismo es la clave tanto del tema como de la interpretación de la Escritura, y por lo tanto de la espiritualidad, el servicio y la misión.

   2. Él no vino para abolir la ley o los profetas, sino para cumplirlos, Mat. 5:17-18.

   3. Interpretaba las Escrituras como textos que se referían a él.

      a. Lucas 24:27

      b. Lucas 24:44-47

   4. Las Escrituras le testifican, Juan 5:39-40 - Escudriñad las Escrituras; porque a vosotros os parece que en ellas tenéis la vida eterna; y ellas son las que dan testimonio de mí; y no queréis venir a mí para que tengáis vida.

   5. Citó la Escritura como concerniente a sí mismo, Heb. 10:5-7.

C. La plenitud de la espiritualidad compartida – el marco de *Christus Victor* es nuestra invitación a la plenitud de la espiritualidad compartida.

   1. La sabiduría espiritual y el arraigo consisten en fundarse en la persona de Cristo, unidos por la fe en él en la asamblea reunida.

2. La espiritualidad centrada en Cristo es el corazón de toda revelación bíblica, Col. 2:1-3.

3. El crecimiento continúa en Cristo cuando comenzamos, Col. 2:6-7.

4. 2 Pe. 3:18 – Antes bien, creced en la gracia y el conocimiento de nuestro Señor y Salvador Jesucristo. A él sea gloria ahora y hasta el día de la eternidad. Amén.

5. Juan 17:3 – Y esta es la vida eterna: que te conozcan a ti, el único Dios verdadero, y a Jesucristo, a quien has enviado.

6. Fil. 3:8 – Y ciertamente, aun estimo todas las cosas como pérdida por la excelencia del conocimiento de Cristo Jesús, mi Señor, por amor del cual lo he perdido todo, y lo tengo por basura, para ganar a Cristo.

D. La libertad de expresión en la cultura y la tradición – el marco de *Christus Victor* nos libera hacia nuestra libertad de expresión en la cultura y la tradición.

1. La libertad que Jesús ganó por su pueblo significa que todas las personas, independientemente de su cultura, etnia, origen o nacionalidad, pueden experimentar la plenitud de Dios en él.

2. Cristo murió para liberarnos Gál. 5.1.

3. Fuimos llamados a la libertad, Gal. 5:13.

4. Vivir como personas libres en Dios, 1 Pe. 2:16.

5. Las conclusiones del Concilio de Jerusalén, Hechos 15:22-29

6. Antecedentes y etnicidad ya no son obstáculos para la fe y la madurez espiritual.

    a. Gal. 3:28

    b. Col. 3:11

E. El despliegue visible del gobierno de Dios a través de la Iglesia – el marco de *Christus Victor* nos permite mostrar visiblemente la regla de Dios a través de la Iglesia.

1. Como el pueblo de la resurrección, la Iglesia de *Christus Victor* debe revelar concretamente a través de su adoración, vida y servicio las manifestaciones tangibles de la vida de la Era Venidera aquí y ahora en el mundo de hoy.

2. Somos la sal de la tierra, y la luz del mundo, Mat. 5:13-16.

3. Debemos *brillar como luminares* en medio de este presente sistema trenzado y descentrado de la sociedad, Fil. 2:14-16.

4. Debemos vivir de tal manera que *iluminemos el camino hacia Cristo y su Reino* a través de nuestras palabras y obras tangibles de servicio, Ef. 5:8-14.

5. Debemos hacer el bien a todos, especialmente a los de la familia de la fe, Gál. 6:9-10.

F. El poder explosivo de la multiplicación y la estandarización dinámica – el marco de *Christus Victor* nos autoriza a estandarizar dinámicamente nuestro mensaje y entrenamiento para la multiplicación rápida.

1. A través de un enfoque en la vida y obra de Jesucristo de Nazaret, ahora podemos entrenar, equipar y capacitar a toda una generación de creyentes para la evangelización, la justicia y la misión.

2. Compartimos prácticas fundamentales porque somos esencialmente uno en Cristo, Ef. 4:1-6.

3. Somos un cuerpo, y miembros unos de otros, Rom. 12:4-5.

4. Comemos del mismo pan, 1 Cor. 10:17.

5. Un cuerpo con muchos miembros, 1 Cor. 12:12-13.

6. Muchas partes, un cuerpo, 1 Cor. 12:20 - Pero ahora son muchos los miembros, pero el cuerpo es uno solo.

7. Fuimos llamados por Dios a una sola entidad viviente, Col. 3:15.

> En la introducción a esta sección, describí cómo, como niño, siempre busqué la pieza central del rompecabezas (el mismo principio también se aplica al hilo central de un tapiz). También hay una pieza central en la fe cristiana. Y ese centro, ese punto focal alrededor del cual se recoge todo lo demás, es la obra de Cristo. . . . He compartido con ustedes cómo los Padres me llevaron de nuevo a la idea bíblica de que la victoria de Cristo sobre el mal resulta en la recapitulación. Su victoria sobre el mal es la clave no sólo para la tradición cristiana primitiva, sino para la renovación de nuestra fe personal y para la renovación de la vida de la iglesia. Quiero mostrar cómo cada aspecto de la vida cristiana se relaciona con la victoria de Cristo sobre el poder del mal y la renovación final de todas las cosas.
>
> La iglesia primitiva vio cómo la fe se centra en Cristo. Para ellos la fe no comenzó con la iglesia, con la adoración, con la Escritura, con la teología, con la espiritualidad, con la educación, con la evangelización o la acción social. Todos estos aspectos del cristianismo, por importantes que fueran, eran servidores de este tema central de las Escrituras: Cristo se convirtió en uno de nosotros para destruir el poder del mal y restaurarnos y al mundo a su condición original.
>
> Estoy firmemente convencido de que toda nuestra vida puede ser cambiada cuando redescubrimos esta visión radical de la obra de Cristo. Una visión más completa de la obra de Cristo formará nuestra visión de la vida y nuestra actuación fuera de esa visión en el aquí y ahora. Creo que el redescubrimiento de esta visión está transformando las congregaciones renovadoras de nuestro tiempo. En esta iglesia emergente, ya sea católica, protestante, evangélica o carismática, la centralidad de la victoria de Cristo sobre el poder del mal es la dinámica que da vida nueva a la iglesia.
>
> ~ Robert Webber. *The Majestic Tapestry*. [El majestuoso tapiz]. Nashville: Thomas Nelson Publishers, 1986, págs. 36-37.

El resultado final: _____

Revise los siguientes apéndices sobre *Plantando iglesias entre los pobres de la ciudad: Una antología de recursos de plantación de iglesias urbanas* (consulte la tabla del apéndice al final de esta sesión para encontrar la ubicación de cada documento que se muestra a continuación, es decir, su volumen y número de página), y luego responder juntos las preguntas bajo *Discusión de grupo del seminario*.

Contexto
Valores/Visión
Preparar
Lanzar
Agrupar
Nutrir
Transicionar
Horario/Cartilla

- La historia de Dios: Nuestras raíces sagradas
- Había una vez: Comprendiendo el lugar de nuestra Iglesia en la historia de Dios
- *Christus Victor:* una visión integrada para la vida y el testimonio cristianos
- La teología de *Christus Victor*: Un motivo bíblico centrado en Cristo para la integración y renovación de la iglesia urbana
- Hay un río: Identificando los arroyos de una comunidad cristiana revitalizada en la ciudad
- El Reino de Dios: Plantación de iglesias en un universo en guerra
- Una teología de la Iglesia en perspectiva del Reino
- Un esquema para una Teología del Reino y la Iglesia
- El Credo Niceno
- Sustitúyalos en una visión centrada en Cristo
- El cuadro y el drama: Imagen e historia en la recuperación del mito cristiano

Discusión de grupo del seminario

1. En cinco puntos, enumere el marco clave de una teología *Christus Victor*. ¿Por qué este tipo de marco teológico puede ser de ayuda única para plantar iglesias en la ciudad, especialmente entre los pobres?

2. ¿Cómo nos ayuda la teología de *Christus Victor*. a entender la Biblia y el Evangelio como una historia? ¿Por qué la narración de historias y la narración de cuentos son un buen enfoque para compartir las buenas nuevas, especialmente entre la gente posmoderna de hoy?

3. ¿Cuáles son los beneficios de apropiarse nuevamente de la historia de Jesús que el Año de la Iglesia nos ofrece como plantadores de iglesias y ministros un gran marco para predicar, enseñar y conducir servicios mientras edificamos nuevos cristianos y sus congregaciones?

4. ¿Por qué debemos tener cuidado de compartir con otros la "fe ortodoxa histórica" y no meramente las últimas ideas sobre Cristo y la Biblia? Explique.

Seminario 3
Realización de eventos y proyectos
Rev. Don Allsman

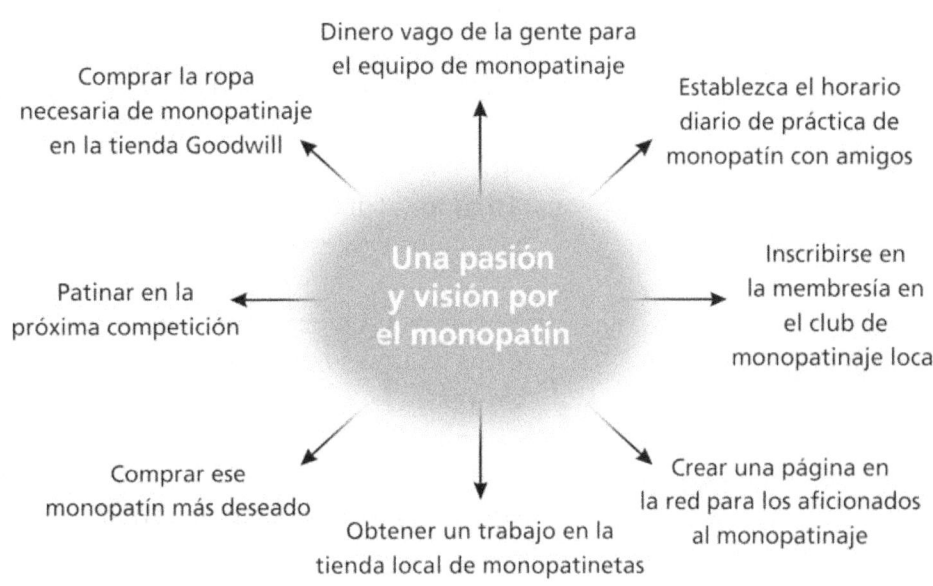

La pasión y la visión piden un vehículo. Los proyectos son ese vehículo.

Proyectos en la Biblia

- Noé y el Arca (Génesis 6-9)
- Josué y la conquista de Canaán (Josué 1-14)
- David y el templo (1 Crónicas 22-29)
- Nehemías y la construcción del muro de Jerusalén (Nehemías 1-7)
- La colección de Pablo para la iglesia de Jerusalén (1 Corintios 8-9)

Proyectos en la plantación de la iglesia

- Servicio de adoración
- Club bíblico
- Reunión en pequeños grupos
- Evento evangelístico
- Reunión de equipo
- Retiro
- Programa de discipulado
- Programa de desarrollo de liderazgo
- Caminata de oración
- Proceso de selección de ancianos
- Compañerismo eclesiástico/social
- Reunión de ancianos

Definición: *Un esfuerzo con un principio y un final que debe ser completado dentro de restricciones definidas de tiempo, recursos y calidad.*

1. **Un esfuerzo con un principio y un final.** (Los proyectos son acontecimientos únicos, no tareas o responsabilidades continuas.)

2. **Debe completarse dentro de restricciones definidas.** (Los proyectos se definen por sus tres elementos críticos.)

    a. **Tiempo** (¿Cuáles son las fechas de vencimiento y los plazos asociados con este proyecto?)

    b. **Recursos** (¿Qué personas, instalaciones, dinero, equipo y otros recursos tenemos disponibles para completar este proyecto?)

    c. **Calidad** (¿Cuáles son las especificaciones requeridas para completar adecuadamente este proyecto?)

Principios clave de eventos y proyectos exitosos

- Preparar
- Trabajar
- Revisar

PREPARAR EL PLAN

- Desarrolle un contexto adecuado.
    - ¿Cómo ocurrió esto?
    - ¿Quién está involucrado?
    - ¿Por qué estamos haciendo esto?

- Desarrolle los propósitos del evento (¿Por qué estamos haciendo esto?).

- Alternativas de lluvia de ideas – *Seven Secrets to Good Brainstorming* [Siete secretos para una buena lluvia de ideas] (Tom Kelley).

- ~ Sea claro sobre lo que se está discutiendo.
- ~ Tenga reglas que crean un ambiente lúdico.
- ~ Enumere las ideas.
- ~ Construya el momento.
- ~ Haga que las ideas sean visibles para todos.
- ~ Tenga ejercicios de calentamiento (obtenga comida para reflexión).
- ~ Galletas de chocolate

- Priorizar/organizar/eliminar/suspender ideas.

- Desarrolle presunciones de planificación o restricciones (por ejemplo, dinero, asistencia, instalaciones).

- Desarrolle pasos de acción.
    - ~ Enumere todas las tareas a realizar.
    - ~ Describa las tareas lógicamente (no "compre globos e invite invitados").
    - ~ Póngalos en una secuencia de tiempo lógico.
    - ~ Identifique a los principales predecesores. (¿Qué se debe hacer antes de que esto se pueda hacer?)
    - ~ Delegue asignaciones.
    - ~ Establezca plazos.
    - ~ Explíquelo por escrito.

- Prueba de cordura
    - ~ ¿Está todo incluido?
        - Personas
        - Equipos y tecnología
        - Instalaciones
        - Aprobación
        - Materiales y suministros
        - Dinero
        - Información
        - Oración
        - Comunicación
        - Tiempo para la revisión final
    - ~ ¿Hay tareas innecesarias?
    - ~ ¿Existen predecesores innecesarios?

Contexto
Valores/Visión
Preparar
Lanzar
Agrupar
Nutrir
Transicionar
Horario/Cartilla

- ~ ¿Son realistas?
- ~ ¿Son medibles?
- ~ ¿Tienen las personas las herramientas que necesitan para hacer el trabajo?
- ~ Son consistentes con:
  - El nivel relativo de calidad deseado
  - La disponibilidad de recursos (por ejemplo, camioneta no disponible ese fin de semana)
  - El costo de alternativas

- Comunique las asignaciones.
  - ~ Expectativas de calidad
  - ~ Requisitos del informe
  - ~ Reuniones
  - ~ Establezca la próxima reunión.

TRABAJAR EL PLAN

- Supervise la lista de tareas por escrito diaria o semanalmente (dependiendo de la fase del proyecto).
- Déle seguimiento a las tareas delegadas.
- Busque cambios en presunciones o eventos.
- Haga que los proveedores hagan ofertas competitivas (tres ofertas).

REVISAR EL PLAN

- Mantenga notas para la próxima vez.
  - ~ Hace el proceso un 25% más fácil la próxima vez
  - ~ Haga mejoras la próxima vez.
- Tenga una revisión formal.
- Celebrar la victoria en la conclusión.

LOS ASESINOS DE BUENOS PROYECTOS

- Compromiso excesivo con la calidad (mire la calidad relativa requerida dentro de las limitaciones)
- Gastar más dinero
- Tomar mucho tiempo

- Expectativas poco claras
- Desacuerdo sobre las expectativas
- Demasiadas reuniones
- Pobre liderazgo

Ejemplo: Retiro de mujeres

PREPARAR

- Ore
- Contexto (evangelización de puerta en puerta trajo como resultado 32 mujeres salvas)
- Propósito (atraer nuevos creyentes a la iglesia a través del retiro)
- Lluvia de ideas (Hawaii, Deer Creek, hotel local, ideas de programas diferentes)
- Priorizar (lugar, programa)
- Presupuestos de planificación (supongamos que asistirán 20 mujeres, presupuesto de $ 1000)
- Pasos de acción (ver lista de tareas)
- Prueba de cordura (se olvidó un presupuesto)
- Comunicación de asignaciones
- Establezca la próxima reunión

TRABAJAR

- Realice el retiro, improvisando como lo hace.

REVISAR

- Revisión final
- ¿Hemos logrado lo que queríamos?
- ¿Qué se podría haber hecho de manera diferente?
- ¿Qué salió bien?
- Celebre

Contexto
Valores/Visión
Preparar
Lanzar
Agrupar
Nutrir
Transicionar
Horario/Cartilla

#	Tarea	Responsable	Inicia	Termina	Pred.	Costo
1	Formar comités	Comité	1 Abr.	8 Abr.		
2	Seleccionar lugar	Comité	1 Abr.	1 Abr.		$400
3	Tema	Comité	1 Abr.	1 Abr.		
4	Fijar las fechas	Comité	1 Abr.	1 Abr.		
5	Anunciarlo el domingo	Kerry	9 Abr.	9 Abr.		
6	Reservar lugar	Marilyn	1 Abr.	8 Abr.		
7	Coordinar transporte	Desha	8 Abr.	29 Abr.	1, 2, 4	
8	Planificar el programa de adoración	Carla	8 Abr.	15 Abr.		
9	Convocar grupo de adoración	Carla	8 Abr.	15 Abr.		
10	Práctica de adoración	Carla	15 Abr.	29 Abr.	9	
11	Convocar grupo de oración	Tanya	8 Abr.	15 Abr.		
12	Seleccionar/Contactar predicador	Rosalyn	8 Abr.	15 Abr.	3	
13	Conseguir el bosquejo del predicador	Rosalyn	22 Abr.	29 Abr.	12	
14	Crear horario de actividades	Comité	8 Abr.	8 Abr.		
15	Crear invitaciones y volantes	Jenny	8 Abr.	15 Abr.	8, 12	$10
16	Anuncio final a la iglesia	Kerry	16 Abr.	16 Abr.		
17	Enviar invitaciones	Anna	17 Abr.	19 Abr.		$20
18	Crear programa	Janice	29 Abr.	6 Mayo		$25
19	Inscribir a los asistentes	Harriet	16 Abr.	6 Mayo		
20	Planificar actividades sociales	Anna	8 Abr.	22 Abr.		
21	Enviar necesidades al equipo de oración	Comité	8 Abr.	6 Mayo	11	
22	Planificar grupos de oración con líderes	Tanya	8 Abr.	22 Abr.		
23	Revisar/informe del retiro	Comité	1 Junio	8 Junio		

Título del proyecto	PTP: [Título del proyecto]	Versión No. 1	Fecha: 00/00/00
1. Definición del proyecto			
	Fecha de aprobación del proyecto: Fecha aprobada para PTP (plantilla de tareas del proyecto):		
2. Fecha de finalización del proyecto			
3. Administrador del proyecto			
4. Miembros del equipo del proyecto			

5. Fases y tareas del proyecto	Marco de tiempo probable
Preparación 1. 2. 3. 4. 5. 6. 7. 8. 9.	
Implementación 10. 11. 12. 13. 14. 15. 16. 17. 18.	
Conclusión 19. 20. 21.	
6. Fechas clave del proyecto	Fecha
1. 2. 3.	
7. Recursos del proyecto	
1. 2. 3.	
8. Comentarios y preguntas	
1. 2. 3.	

Título del proyecto	**PTP: Alcance evangelístico el 6/15/02**	**Versión No. 1**	**Fecha: 3/15/02**
1. Definición del proyecto	Sede de un esfuerzo de evangelístico en la comunidad de *Oaklawn* – hacer nuestra presencia conocida en la comunidad, para ganar gente para Cristo y atraerlos a nuestra Iglesia Compañerismo de *Oaklawn*		

	Fecha de aprobación del proyecto:	15/3/02
	Fecha aprobada para PTP (plantilla de tareas del proyecto):	15/3/02

2. Fecha de finalización del proyecto	15 de junio, 2002
3. Administrador del proyecto	Angie
4. Miembros del equipo del proyecto	Daren, Matt, Lyn, Audrey

5. Fases y tareas del proyecto	**Marco de tiempo probable**
Preparación	
1. Tener una reunión con el equipo: discutir el evento, lugar, fecha, presupuesto, actividades, sonido, promoción, invitado, MC, músicos, número aproximado de participantes, y seguimiento, *Equipo*	15/3/02
2. Enviar invitaciones/solicitar músicos, invitado, MC, y voluntarios, *DB/AP*	19/3/02
3. Solicitar permiso para usar el parquet o el centro comunitario, *DB*	20/3/02
4. Planear actividades (manualidades, juegos, competiciones) y conseguir materiales y premios para cada actividad, *AP/MP*	22/3/02
5. Solicitar el uso de sillas y mesas de *United at the Cross Church*, *DB*	28/3/02
6. Crear un programa en borrador y el horario de los eventos, *LC*	1/4/02
7. Planificar lo de la comida (qué, cuánto, desechables, utensilios, bebidas, manteles, compras, preparación, arreglo, limpieza), *AH/AP*	26/4/02
8. Crear y reproducir hojas volantes/panfletos para distribuir a la comunidad, *AP*	3/5/02
9. Hacer tarjetas de respuesta (para aquellos que quieran más información, o que den su vida a Cristo, etc.), *LC/AH*	10/5/02
10. Tener una reunión con el equipo del proyecto para ponernos al día c/u y asegurarnos que estamos en la misma página, *Equipo*	29/5/02
Implementación	
11. Contactar al invitado /músicos con detalles finales (duración de su participación, hora para estar en el evento, etc.), *DB*	30/5/02
12. Distribuir volantes en la comunidad, *Team*	1/6 & 8/6
13. Comprar comida y otros suplementos, *AH*	10/6/02
14. Escribir notas de gracias (y agregar un pequeño honorario) para el invitado y los músicos y traerlas al evento, *LC*	12/6/02
15. Recoger mesas y sillas de doblar de la iglesia, y arreglarlas en el lugar, *DB/MP*	15/6/02
16. Traer equipo de sonido, prepararlo y probar el equipo, *AP/AH*	15/6/02
17. Traer parrilla y suplementos (cerillos, carbón, líquido inflamable para encender) y la comida para cocinar, *MP/LC*	15/6/02
18. Reunirse con el invitado (*DB*), músicos (*AP/MP*), voluntarios (*AH/LC*), y comunidad (*Equipo*) en el lugar del alcance	15/6/02
19. Colectar todas las tarjetas de respuesta y darlas a Daren, *Equipo*	15/6/02
20. Limpiar – desarmar equipo de sonido, centros de actividades, mesas, comida, etc, y juntar la basura, *Equipo*	15/6/02
Conclusión	
21. Regresar mesas, sillas y equipo de sonido a la iglesia, *DB/MP*	15/6/02
22. Darle seguimiento a la gente que hizo su decisión, que quiere más información, *Equipo*	16/6 - 19/6
23. Reunirse como equipo de proyecto y evaluar todos los aspectos del evento, *Equipo*	20/6/02

6. Fechas clave del proyecto	**Fecha**
1. Fase para completar la preparación	29/5/02
2. Fase para completar la implementación	15/6/02
3. Fase para completar la conclusión	20/6/02

7. Recursos del proyecto
1. Presupuesto para la comida (¿cuánta gente esperamos?) y actividades (¿qué y cuánto?) e invitado/músicos (¿cuánto?)
2. ¿Costo de crear y reproducir volantes y el alquiler del centro comunitario?

8. Comentarios y preguntas
1. ¿Estamos apuntándole a todo Oaklawn? ¿Queremos hacer propaganda de este evento en el periódico?
2. ¿Queremos hacer alguna cosa que la gente pueda llevar para que nos recuerde? (e.d. imanes, lapiceros, etc.)?
3. ¿Queremos tener a alguien de la comunidad para que dé testimonio de cómo conoció a Cristo durante este evento?
4. ¿Qué haremos si llueve el 15?

Revise los siguientes apéndices sobre *Plantando iglesias entre los pobres de la ciudad: Una antología de recursos de plantación de iglesias urbanas* (consulte la tabla del apéndice al final de esta sesión para encontrar la ubicación de cada documento que se muestra a continuación, es decir, su volumen y número de página), y luego responder juntos las preguntas bajo *Discusión de grupo del seminario*.

- Usando la sabiduría en el ministerio: el proceso PTR
- Proyecto Gauntlet de Davis: La docena de criterios terribles para nuevas iniciativas
- Principios de Gestión de Proyectos Empresariales
- Restricciones del proyecto "hoja de trucos"
- Proceso de gestión de proyectos
- Proceso de selección y práctica del proyecto TUMI
- Política TUMI sobre el proceso de proyecto
- Hoja de trabajo del proyecto
- Protocolo del proyecto TUMI: Siga el camino del ladrillo amarillo
- Propuesta de proyecto, Formulario 1
- Muestra PTP: Graduación de TUMI, junio del 2009
- Consiguiendo un buen ritmo de equipo: La administración del tiempo y mayordomía del ministerio

Discusión de grupo del seminario

1. Defina el término "proyecto". Cuáles son algunos ejemplos de proyectos en la Biblia, y proyectos en la plantación de iglesias.

2. Describa los principios clave de la realización de eventos y proyectos exitosos de acuerdo con el proceso de PTR cubierto en el seminario. ¿Por qué es importante ver este proceso como algo que es dinámico y cambiante, en lugar de fijo y estático?

3. Enliste algunos de los "asesinos" de buenos proyectos. ¿Son los proyectos de nuestro equipo vulnerables a cualquiera de estos problemas?, y si es así, ¿cómo?

4. ¿Por qué debemos esforzarnos por ser buenos administradores de nuestro tiempo, personas y recursos mientras nos dedicamos a los esfuerzos de plantación de iglesias?

Sesión 3
Lanzar: Expandir la Iglesia
Agrupar: Establecer la Iglesia

Ejercicios de equipo
Lanzar: Expandir la Iglesia

Resumen de las fases de ejercicio para la
Escuela de plantación de iglesias urbanas Evangel de World Impact

Pautas del ejercicio

Instrucciones de ejercicio

Preguntas sobre el ejercicio

Resumen de las fases de ejercicio para la Escuela de plantación de iglesias urbanas Evangel de World Impact
World Impact

	Definición y propósito	Cómo relaciona la metáfora Padre-Hijo
Preparar *Ser la Iglesia*	**Definición** Formar un equipo de miembros llamados que se preparan así mismos para plantar una iglesia bajo la guía del Espíritu Santo **Propósito** Pedir a Dios en cuanto a la población y comunidad objetivo, la formación del equipo de plantación de la iglesia, organizando intercesión estratégica por la comunidad, y hacer la investigación sobre sus necesidades y oportunidades	Decisión y concepción
Lanzar *Expandir la Iglesia*	**Definición** Penetrar la comunidad seleccionada al conducir eventos evangelísticos entre la población objetivo **Propósito** Movilizar al equipo y reclutar voluntarios para conducir eventos evangelísticos y alcance integral para ganar asociados y vecinos para Cristo	Cuidado Pre-natal
Agrupar *Establecer la Iglesia*	**Definición** Reunir las células de conversos para formar una asamblea local de creyentes, anunciando la nueva iglesia a los vecinos de la comunidad **Propósito** Formar grupos celulares, estudios bíblicos, o compañerismo en las casas para el seguimiento, continuar con la evangelización, y crecimiento continuo hacia el nacimiento de la nueva iglesia	Recién nacidos
Nutrir *Madurar la Iglesia*	**Definición** Nutrir miembros y discipular el liderazgo, permitiendo a los miembros que funcionen en sus dones espirituales, y establecer una infraestructura sólida dentro de la asamblea cristiana **Propósito** Desarrollar individuos y grupos de discipulado para llenar los papeles clave en el cuerpo basados en la carga y dones de los miembros	Crecimiento y crianza de los hijos
Transicionar *Liberar la Iglesia*	**Definición** Capacitar a la iglesia para su independencia al equipar a los líderes para autonomía, transfiriendo autoridad, y creando estructuras de independencia económica **Propósito** Comisionar miembros y ancianos, instalar pastor, y fomentar las asociaciones de iglesias	Madurez hacia la adultez

Pregunta centrada durante el diálogo	Virtud cardinal y vicios críticos	Línea de fondo
Preguntas acerca de: • preparar a su equipo • la comunidad objetivo • iniciativas estratégicas de oración • estudios demográficos	**Virtud** Apertura al Señor **Vicios** Presunción y "parálisis del análisis"	Cultivar un período de escuchar y reflexionar
Preguntas acerca de: • carácter y número de eventos evangelísticos • comunicación y anuncio de los eventos • reclutamiento y coordinación de voluntarios • identidad y nombre del alcance	**Virtud** Coraje para conectar a la comunidad **Vicios** Intimidación y altanería	Iniciar su compromiso con firmeza y confianza
Preguntas acerca de: • seguimiento e incorporación de los nuevos creyentes • creación de un pequeño grupo de vida • el carácter de la adoración pública • estructuras y procedimientos iniciales de la iglesia • cuerpo de vida inicial y crecimiento • simpatía cultural de la iglesia	**Virtud** Sabiduría para discernir el tiempo de Dios **Vicios** Impaciencia y cobardía	Celebrar el anuncio de su cuerpo con gozo
Preguntas acerca de: • discipulado individual y de líderes • ayudar a los miembros a identificar sus dones y cargas (equipos) • credenciales para el liderazgo • orden de la iglesia, gobierno, disciplina	**Virtud** Centrarse en fieles del núcleo **Vicios** Negligencia y micro-dirección	Concentrarse en invertir en los fieles
Preguntas acerca de: • incorporación • afiliaciones y asociaciones • transfiriendo liderazgo • transición misionera • multiplicación continua	**Virtud** Dependencia sobre la capacidad del Espíritu **Vicios** Paternalismo y rápida liberación	Pasar la estafeta con la confianza en que el Espíritu seguirá trabajando

Lanzar: Expandir la Iglesia
Pautas del ejercicio

I. **Definición:** la segunda fase de la plantación de iglesias transculturales que penetra en la comunidad seleccionada mediante la realización de eventos evangelísticos entre la población objetivo

II. **Propósito del ejercicio:** hacer una lluvia de ideas y discutir cómo podría:
   A. Invitar a los creyentes maduros a unirse a la iglesia.
   B. Reclutar y organizar a los voluntarios para llevar a cabo eventos evangelísticos contínuos y de alcance holístico para ganar asociados y vecinos para Cristo.
   C. Involucrar a la comunidad según Dios le dirija y dé seguimiento a nuevos creyentes.
   D. Hacer ajustes si no hay respuesta en su área de destino inicial.

III. **Relación con la metáfora entre padres e hijos: Cuidado pre-natal**

IV. **Enfoque la pregunta para el diálogo de su equipo en este ejercicio:**
   A. Preguntas sobre el carácter y el número de eventos evangelísticos
   B. Preguntas sobre comunicación y publicidad de eventos
   C. Preguntas acerca de reclutar y coordinar a los voluntarios para ayudar en los alcances evangelísticos
   D. Preguntas (preliminares) sobre la identidad y el nombre de la iglesia

V. **La virtud cardinal para la fase de LANZAMIENTO:** el coraje de comprometer a la comunidad con el amor y el evangelio de Jesucristo.

VI. **Vicios críticos a evitar durante la fase de LANZAMIENTO:**
   A. Intimidación y temor ante los obstáculos y barreras que se enfrenten
   B. Altivez y jactancia en cuanto a nuestra capacidad de moverse sin Dios

VII. **El resultado final:** Inicie su compromiso en la comunidad con firmeza y confianza.

Lanzar: Expandir la Iglesia
Instrucciones de los ejercicios

I. Abrir con oración, dedicando su tiempo al Señor y buscando su sabiduría.

II. Lea *Bienvenido a la familia: Responsabilidades de la membresía y del liderazgo* (al final de esta sección) y discuta cómo estas ideas pueden informarle cuando piense en lanzar su iglesia.

III. Hable a través de sus puntos de vista sobre cada una de las preguntas de LANZAMIENTO.
   A. Piense sólo en términos de los próximos 6 meses.
   B. Algunas preguntas tomarán un minuto o dos para discutir mientras que otras tomarán más de 30 minutos.
   C. Discuta las ideas durante no más de 15 minutos. Todo lo que tome más de 15 minutos debe ser presentado y conversado más tarde. Manténgalo en movimiento.

IV. Desde sus preguntas de discusión, desarrolle metas (medibles, fecha de vencimiento, persona responsable para ver que se haga) para apoyar sus decisiones (30 min.).

V. Una hora antes de que se haga el ejercicio, detenga lo que está haciendo y comprometa al menos 30 minutos de oración, enfocándose en esta fase del esfuerzo de la plantación de la iglesia.

VI. Presentaciones

Puntos principales para el LANZAMIENTO
1. Invite a creyentes maduros a unirse a la iglesia.
2. Lleve a cabo eventos evangelísticos para agregar a la iglesia.
3. Déle seguimiento a los nuevos creyentes y decida sobre las herramientas estadísticas para el seguimiento.

Contexto
Valores/Visión
Preparar
Lanzar
Agrupar
Nutrir
Transicionar
Horario/Cartilla

Lanzar: Expandir la Iglesia
Preguntas sobre el ejercicio

1. ¿Sabemos todos comunicar claramente el mensaje del evangelio? Si no es así, ¿cómo nos aseguraremos de que este entrenamiento ocurra?

2. ¿Cómo implementaremos los factores clave que descubrimos en nuestra investigación cultural en nuestro evangelización?

3. ¿Cuáles son algunas herramientas que ha encontrado útiles/de ayuda/ eficaces en su experiencia de evangelización en el pasado que podrían ser útiles para el resto del equipo? (Véase Apéndice, *Evangelización de Oikos*)

4. ¿Qué clase de eventos evangelísticos tendremos?

5. ¿Qué alcances tendremos el próximo año?

6. ¿Qué tipo de evangelización personal, "nariz a nariz" podemos patrocinar en esta fase inicial de nuestra plantación?

7. ¿Cómo anunciaremos los eventos?

8. Además de usar "Pelea la buena batalla de la fe", ¿qué otras herramientas de seguimiento utilizaremos para asegurar que a cada nuevo convertido se le da seguimiento personalizado?

9. ¿Qué herramientas de seguimiento/registros estadísticos emplearemos para asegurar que damos seguimos a nuevos creyentes o visitantes? (Vea el Apéndice, *Muestra de tarjeta de seguimiento*)

10. ¿Cómo reclutaremos y utilizaremos a los creyentes maduros?

11. ¿Cómo saturaremos un área objetivo?

12. ¿Cómo escogeremos un nombre para la iglesia?

13. ¿Cuándo le pondremos nombre a la iglesia?

14. ¿Qué consideraciones culturales deben considerarse en relación con la alabanza y la adoración? ¿Quién integrará el equipo de adoración? ¿De qué maneras podemos construir la apropiación entre los cristianos autóctonos mientras participan en la alabanza y la adoración?

15. ¿Quién necesita conocer los resultados de nuestro plan y cómo se lo comunicamos a ellos?

Contexto
Valores/Visión
Preparar
Lanzar
Agrupar
Nutrir
Transicionar
Horario/Cartilla

¿Alguna de sus metas está desalineada con respecto a los Diez Principios?

1. Jesús es el Señor.
2. Evangelizar, equipar y capacitar a las personas no alcanzadas para alcanzar a la gente.
3. Ser inclusivo: Quien quiera pueda venir.
4. Sea culturalmente neutral: Venga como usted es.
5. Evite una mentalidad de fortaleza.
6. Continúe evangelizando para evitar el estancamiento.
7. Cruce barreras raciales, de clase, de género y de idioma.
8. Respete el dominio de la cultura receptora.
9. Evite la dependencia.
10. Piense reproductivamente.

Contexto
Valores/Visión
Preparar
Lanzar
Agrupar
Nutrir
Transicionar
Horario/Cartilla

Sesión 3
Lanzar: Expandir la Iglesia
Agrupar: Establecer la Iglesia

Ejercicios de equipo
Agrupar: Establecer la Iglesia

Resumen de las fases de ejercicio para la
Escuela de plantación de iglesias urbanas Evangel de World Impact

Pautas del ejercicio

Instrucciones de los ejercicios

Preguntas sobre el ejercicio

Lecturas del ejercicio
Bienvenido a la familia: Responsabilidades de la membresía y del liderazgo

Resumen de las fases de ejercicio para la Escuela de plantación de iglesias urbanas Evangel de World Impact
World Impact

	Definición y propósito	Cómo relaciona la metáfora Padre-Hijo
Preparar *Ser la Iglesia*	**Definición** Formar un equipo de miembros llamados que se preparan así mismos para plantar una iglesia bajo la guía del Espíritu Santo **Propósito** Pedir a Dios en cuanto a la población y comunidad objetivo, la formación del equipo de plantación de la iglesia, organizando intercesión estratégica por la comunidad, y hacer la investigación sobre sus necesidades y oportunidades	Decisión y concepción
Lanzar *Expandir la Iglesia*	**Definición** Penetrar la comunidad seleccionada al conducir eventos evangelísticos entre la población objetivo **Propósito** Movilizar al equipo y reclutar voluntarios para conducir eventos evangelísticos y alcance integral para ganar asociados y vecinos para Cristo	Cuidado Pre-natal
Agrupar *Establecer la Iglesia*	**Definición** Reunir las células de conversos para formar una asamblea local de creyentes, anunciando la nueva iglesia a los vecinos de la comunidad **Propósito** Formar grupos celulares, estudios bíblicos, o compañerismo en las casas para el seguimiento, continuar con la evangelización, y crecimiento continuo hacia el nacimiento de la nueva iglesia	Recién nacidos
Nutrir *Madurar la Iglesia*	**Definición** Nutrir miembros y discipular el liderazgo, permitiendo a los miembros que funcionen en sus dones espirituales, y establecer una infraestructura sólida dentro de la asamblea cristiana **Propósito** Desarrollar individuos y grupos de discipulado para llenar los papeles clave en el cuerpo basados en la carga y dones de los miembros	Crecimiento y crianza de los hijos
Transicionar *Liberar la Iglesia*	**Definición** Capacitar a la iglesia para su independencia al equipar a los líderes para autonomía, transfiriendo autoridad, y creando estructuras de independencia económica **Propósito** Comisionar miembros y ancianos, instalar pastor, y fomentar las asociaciones de iglesias	Madurez hacia la adultez

Pregunta centrada durante el diálogo	Virtud cardinal y vicios críticos	Línea de fondo
Preguntas acerca de: • preparar a su equipo • la comunidad objetivo • iniciativas estratégicas de oración • estudios demográficos	**Virtud** Apertura al Señor **Vicios** Presunción y "parálisis del análisis"	Cultivar un período de escuchar y reflexionar
Preguntas acerca de: • carácter y número de eventos evangelísticos • comunicación y anuncio de los eventos • reclutamiento y coordinación de voluntarios • identidad y nombre del alcance	**Virtud** Coraje para conectar a la comunidad **Vicios** Intimidación y altanería	Iniciar su compromiso con firmeza y confianza
Preguntas acerca de: • seguimiento e incorporación de los nuevos creyentes • creación de un pequeño grupo de vida • el carácter de la adoración pública • estructuras y procedimientos iniciales de la iglesia • cuerpo de vida inicial y crecimiento • simpatía cultural de la iglesia	**Virtud** Sabiduría para discernir el tiempo de Dios **Vicios** Impaciencia y cobardía	Celebrar el anuncio de su cuerpo con gozo
Preguntas acerca de: • discipulado individual y de líderes • ayudar a los miembros a identificar sus dones y cargas (equipos) • credenciales para el liderazgo • orden de la iglesia, gobierno, disciplina	**Virtud** Centrarse en fieles del núcleo **Vicios** Negligencia y micro-dirección	Concentrarse en invertir en los fieles
Preguntas acerca de: • incorporación • afiliaciones y asociaciones • transfiriendo liderazgo • transición misionera • multiplicación continua	**Virtud** Dependencia sobre la capacidad del Espíritu **Vicios** Paternalismo y rápida liberación	Pasar la estafeta con la confianza en que el Espíritu seguirá trabajando

Agrupar: Establecer la Iglesia
Pautas del ejercicio

I. **Definición:** la tercera etapa de la plantación de iglesias transculturales que busca discipular a otros a través de grupos celulares o estudios bíblicos, llevando a anunciar la nueva iglesia a los vecinos de la comunidad

II. **Propósito del ejercicio:** hacer una lluvia de ideas y discutir cómo se podría:
   A. Entrenar a otros a través de grupos celulares o estudios bíblicos para dar seguimiento y discipular a los nuevos creyentes.
   B. Continuar la evangelización con los grupos *oikos*
   C. Identificar y capacitar a los líderes emergentes, enfocándose en la preparación de líderes para la transición en un campus satelital de El Instituto Ministerial Urbano (siglas en inglés TUMI).
   D. Reunir los grupos donde la Palabra es correctamente predicada, los sacramentos son correctamente administrados, y la disciplina es ordenada debidamente.
   E. Anunciar al vecindario del comienzo del culto público.

III. **Relación con la metáfora entre padres e hijos: Recién nacidos**

IV. **Enfoque de la pregunta para el diálogo de su equipo en este ejercicio:**
   A. Preguntas sobre el seguimiento y la incorporación de nuevos creyentes
   B. Preguntas sobre la composición de la vida en grupos pequeños
   C. Preguntas sobre el carácter de la adoración pública
   D. Preguntas sobre las estructuras y procedimientos iniciales de la iglesia
   E. Preguntas sobre la vida corporal inicial y el crecimiento
   F. Preguntas acerca de cómo hacer que su iglesia sea culturalmente acogedora y propicia

V. **La virtud cardinal para la fase de AGRUPAR: la sabiduría para discernir el tiempo de Dios**

VI. **Vicios críticos para la fase de AGRUPAR:**
   A. Crear estructuras rígidas que no hacen discípulos
   B. Esperar demasiado tiempo para establecer estructuras funcionales que luego causen confusión.

VII. **El resultado final: Crear estructuras funcionales y adaptables que establezcan la asamblea con el fin de que pueda conocer a Dios y darle a conocer en su comunidad.**

Agrupar: Establecer la Iglesia
Instrucciones de los ejercicios

I. Abra con oración, dedicando su tiempo al Señor y buscando su sabiduría.

II. Lea *Bienvenido a la familia: Responsabilidades de la membresía y del liderazgo* y discutan juntos las ideas o implicaciones para su plantación de la iglesia.

III. Hable a través de sus puntos de vista sobre cada una de las preguntas de AGRUPAR.
   A. Piense en términos de toda la plantación de la iglesia.
   B. Discuta las ideas por no más de 15 minutos. Todo lo que tome más de 15 minutos debe ser presentado y conversado más tarde. Manténgalo en movimiento.

IV. Desde sus preguntas de discusión, desarrolle metas (medibles, fecha de vencimiento, persona responsable para ver que se haga) para apoyar sus decisiones (30 min.).

V. Comprometa al menos 30 minutos de oración, enfocándose en esta fase del esfuerzo de la plantación de la iglesia.

VI. Presentaciones

Puntos principales para AGRUPAR
1. Forme grupos celulares o estudios bíblicos para dar seguimiento a los nuevos creyentes y continuar con la evangelización.
2. Anuncie el nacimiento de una nueva iglesia al barrio que se reúne regularmente para el culto público, la educación cristiana, el discipulado, el compañerismo y el testimonio.

Contexto
Valores/Visión
Preparar
Lanzar
Agrupar
Nutrir
Transicionar
Horario/Cartilla

Agrupar: Establecer la Iglesia
Preguntas sobre el ejercicio

1. ¿Cuáles serán los criterios para bautizar a los nuevos creyentes? ¿Quién bautizará a los nuevos creyentes inicialmente en nuestra compañerismo, y dónde lo haremos? Vea "El servicio del bautismo de creyentes" en *Plantando iglesias entre los pobres de la ciudad: Una antología de recursos de plantación de iglesias urbanas*.

2. Además del uso del Año de la Iglesia y del calendario, ¿cómo haremos para discipular a los creyentes en la doctrina y la obediencia?

3. ¿Qué políticas o estructuras son necesarias para asegurar que los nuevos visitantes se incorporen sin problemas a la iglesia?

4. ¿Hay formas en las que queremos abordar el discipulado grupal de manera diferente de discipular a los individuos? Por ejemplo, ¿cómo podríamos usar un tema anual para ayudar a los discípulos a desarrollar una espiritualidad compartida?

5. ¿De qué maneras prácticas podemos animar a los cristianos nuevos y en crecimiento a compartir su fe con los demás y dar seguimiento a aquellos que respondan?

6. ¿Cómo formamos grupos pequeños o grupos celulares? ¿Qué tipo de pequeños grupos necesitamos formar? ¿Quién los guiará? ¿Dónde se llevarán a cabo? ¿Qué formato/estructura vamos a emplear? ¿Qué currículo seguiremos? ¿Cómo vamos a construir el apropiarse de los grupos pequeños entre los nuevos cristianos?

7. ¿Cómo manejaremos la educación cristiana para nuestros niños y adolescentes?

8. ¿Hay valor en considerar la formación de grupos de discipulado de hombres y mujeres en este momento, o debemos esperar? (Vea "La red SIAFU – Ensamblando a los Guerreros de Dios: Hacia una estrategia para ganar a la ciudad" en *Plantando iglesias entre los pobres de la ciudad: Una antología de recursos de plantación de iglesias urbanas*.)

9. ¿Cuáles son los criterios para anunciar los servicios públicos de adoración (por ejemplo, un cierto número de adultos fieles)?

10. ¿Cómo involucraremos a los cristianos autóctonos en nuestros servicios públicos como una manera de construir el apropiarse y el liderazgo?

11. ¿Dónde nos reuniremos para los servicios públicos? ¿Qué disposiciones consideramos para hacer que esto funcione (haga una lista de las cosas que se deben considerar, por ejemplo, obtener permiso, pagar el alquiler).

12. ¿Cómo determinaremos la membresía, es decir, a qué debe alguien comprometerse a saber, ser y hacer para ser miembro de nuestra comunidad?

13. ¿Cómo será la estructura inicial de liderazgo de la iglesia?

14. Inicialmente, ¿utilizaremos comités permanentes o grupos de trabajo para esto para organizar las actividades y los procesos de la iglesia?

15. ¿Cuál es nuestra "Declaración de Fe" inicial?

16. ¿Hay consideraciones culturales o temores de la comunidad que se deben considerar en relación a cómo se deben recoger los diezmos y las ofrendas?

    a. ¿Cuándo, cómo y con qué frecuencia empezaremos a recoger una ofrenda?

    b. ¿Cómo enseñaremos acerca de dar?

17. ¿De qué manera y a qué hora entregaremos la responsabilidad financiera a los líderes de la iglesia (entregar la cuenta bancaria o abrir una nueva en nombre de la iglesia)?

18. ¿Qué tan importante es la comunicación escrita (es decir, un boletín para el servicio de la iglesia)? ¿Cómo comunicaremos ideas, planes y decisiones a la familia de la iglesia.

19. ¿Qué eventos, actividades, celebraciones y tradiciones vamos a animar a la iglesia a usar para construir un fuerte sentido de identidad y unidad?

20. ¿Cómo vamos a alentar a la nueva iglesia a hacer conexiones con otras iglesias, asociaciones, grupos comunitarios, ministerios paraeclesiásticos, o denominaciones por el bien de la amistad y la asociación?

21. ¿Cómo involucraremos a la iglesia en la evangelización y en la misión desde sus primeros días, con el fin de bendecir a la comunidad de manera práctica desde el principio?

22. ¿En qué momento nos proponemos reunirnos para revisar y ajustar la parte de Agrupar de nuestro plan (por ejemplo, cuando anunciamos un nuevo servicio, cuando empezamos nuestro primer estudio bíblico, cuando tengamos veinte personas en la asistencia)?

23. ¿Quién necesita conocer los resultados de nuestro plan y cómo les comunicamos eso?

¿Alguna de sus metas está desalineada con respecto a los Diez Principios?

1. Jesús es el Señor.
2. Evangelizar, equipar y capacitar a las personas no alcanzadas para alcanzar a la gente.
3. Ser inclusivo: Quien quiera pueda venir.
4. Sea culturalmente neutral: Venga como usted es.
5. Evite una mentalidad de fortaleza.
6. Continúe evangelizando para evitar el estancamiento.
7. Cruce barreras raciales, de clase, de género y de idioma.
8. Respete el dominio de la cultura receptora.
9. Evite la dependencia.
10. Piense reproductivamente.

Contexto
Valores/Visión
Preparar
Lanzar
Agrupar
Nutrir
Transicionar
Horario/Cartilla

Bienvenido a la familia
Responsabilidades de la membresía y del liderazgo
Rev. Dr. Don L. Davis

¡Bienvenido a la familia!
Estamos tan agradecidos con Dios que Él le está hablando acerca de la posibilidad de convertirse en un miembro de Iglesia Compañerismo Cualquier Nombre. Nuestro deseo es que a medida que piensa en las diversas ideas, actividades y creencias de nuestra iglesia, Dios le dará una visión acerca de tu lugar aquí. Sea lo que sea que decidan, nuestra oración sincera es que Dios los llevará a encontrar la iglesia correcta para su propio crecimiento y desarrollo, y que Él los usará para edificar a Su pueblo, la iglesia, a Su gloria!

> Y Él dio a algunos el ser apóstoles, a otros profetas, a otros evangelistas, a otros pastores y maestros, a fin de capacitar a los santos para la obra del ministerio, para la edificación del cuerpo de Cristo; hasta que todos lleguemos a la unidad de la fe y del conocimiento pleno del Hijo de Dios, a la condición de un hombre maduro, a la medida de la estatura de la plenitud de Cristo; para que ya no seamos niños, sacudidos por las olas y llevados de aquí para allá por todo viento de doctrina, por la astucia de los hombres, por las artimañas engañosas del error; sino que hablando la verdad en amor, crezcamos en todos los aspectos en aquel que es la cabeza, es decir, Cristo, de quien todo el cuerpo (estando bien ajustado y unido por la cohesión que las coyunturas proveen), conforme al funcionamiento adecuado de cada miembro, produce el crecimiento del cuerpo para su propia edificación en amor.
> ~ Efesios 4:11-16 (BLA)

Instrucciones sobre cómo usar la guía de las responsabilidades de la membresía y del liderazgo

Esta guía está diseñada para ayudarle a pensar a través de las diferentes partes que componen la vida y el ministerio de Compañerismo Cualquier Nombre. Las preguntas están diseñadas para su reflexión personal y para la discusión en grupo, y no están destinadas a limitarlo a descubrir las muchas cosas que Cualquier Nombre hace, cree y persigue bajo la dirección del Espíritu. Siéntase libre de formular sus propias preguntas a medida que avanza.

Cada sesión exigirá que usted tenga disponible una copia de la Biblia, una copia de un folleto muestra introductorio del *Nuevo Manual del Miembro*,

Contexto
Valores/Visión
Preparar
Lanzar
Agrupar
Nutrir
Transicionar
Horario/Cartilla

así como una copia de la *Constitución de Iglesia Compañerismo Cualquier Nombre* (ambas se pueden encontrar en *Plantando iglesias entre los pobres de la ciudad: Una antología de recursos de plantación de iglesias urbanas*). Estos artículos resultarán útiles al estudiar las posiciones y compromisos de la Iglesia Cualquier Nombre.

¡Que Dios los bendiga ricamente mientras estudian juntos la vida y el ministerio de la Iglesia Compañerismo Cualquier Nombre!

Los Ancianos y Pastores de Cualquier Nombre

Bienvenido a la familia: Responsabilidades de la membresía y del liderazgo

Lección Uno: Uniéndose a nuestro cuerpo

- ¿Qué significa ser miembro de una iglesia?
- ¿Puedes ser cristiano y no ser miembro de la Iglesia? Explique.
- ¿Qué es el bautismo? ¿Qué papel juega en ser miembro de una iglesia?
- ¿Qué diferencia hay, si hay alguna, unirse a una iglesia en su propio discipulado personal y ministerio?

I. **¿Qué cree que significa ser miembro de una iglesia local?**

II. **¿Asistir a una iglesia el domingo es lo mismo que ser un miembro de su familia? Explique.**

III. **¿Cómo nos ayudan las siguientes Escrituras a comprender la importancia de ser miembros del cuerpo de Cristo?**

   A. Heb. 10:24-25 (LBLA) – y consideremos cómo estimularnos unos a otros al amor y a las buenas obras, no dejando de congregarnos, como algunos tienen por costumbre, sino exhortándonos unos a otros, y mucho más al ver que el día se acerca.

   B. Rom. 12:4-8 (LBLA) – Pues así como en un cuerpo tenemos muchos miembros, pero no todos los miembros tienen la misma función, así nosotros, que somos muchos, somos un cuerpo en Cristo e individualmente miembros los unos de los otros. Pero teniendo dones que difieren, según la gracia que nos ha sido dada, usémoslos: si el de profecía, úsese en proporción a la fe; si el de servicio, en servir; o el que enseña, en la enseñanza; el que exhorta, en la exhortación; el que da, con liberalidad; el que dirige, con diligencia; el que muestra misericordia, con alegría.

C. 1 Ped. 2:9-10 (LBLA) – Pero vosotros sois linaje escogido, real sacerdocio, nación santa, pueblo adquirido para posesión de Dios, a fin de que anunciéis las virtudes de aquel que os llamó de las tinieblas a su luz admirable; pues vosotros en otro tiempo no erais pueblo, pero ahora sois el pueblo de Dios; no habíais recibido misericordia, pero ahora habéis recibido misericordia.

IV. La palabra "iglesia" es la traducción de la palabra griega *ekklesia* que significa "una compañía llamada", "una reunión" o "una asamblea". Muchos títulos son dados a la iglesia en el Nuevo Testamento, lo que da una imagen de su significado.

A. Un rebaño de Dios, Juan 10:16

B. El diagrama del jardín de Dios, 1 Cor. 3:9

C. Edificio de Dios, 1 Cor. 3:9

D. El templo de Dios, 1 Cor. 3:16

E. El cuerpo de Cristo, Ef. 1:22-23

F. La familia de Dios, 1 Juan 3:1-3

G. Un hombre nuevo, Ef. 2:15

H. La habitación de Dios, Ef. 2:22

I. La novia de Cristo, Ef. 5:25-27

J. La casa de Dios, 1 Tim. 3:15

K. Columna y sostén de la Verdad, 1 Tim. 3:15

V. Sólo hay un Cuerpo de Cristo, reunido en diferentes reuniones o asambleas (Efesios 4:4), y todos los creyentes en Cristo son miembros de ella. Usted se convierte en miembro del Cuerpo de Cristo al aceptar a Cristo como Salvador y siendo bautizado en obediencia a Su mandato. ¿Cómo nos ayudan las siguientes Escrituras a entender este proceso?

A. Juan 1:12-13

B. Ef. 2:8-9

C. Hch. 2:38-47

D. Mat. 28:18-20

Ser miembro de una iglesia local es importante si queremos crecer en la madurez en Él.

- Cristo ordena nuestro lugar en Su cuerpo
- Nuestra tarea lo exige de todos los miembros del cuerpo
- Nuestra iglesia entiende su significado

VI. Existen tres compromisos esenciales para que la membresía en el Cuerpo de Jesús sea eficaz.

A. Compromiso con Jesucristo como Señor, con confesión y estilo de vida que lo acompaña.

B. Compromiso de ser bautizado en Jesucristo.

C. Compromiso de participar en un cuerpo local de creyentes para edificación y crecimiento, Ef. 4:11-16.

VII. También estamos llamados a recibir a los que . . .

A. Son débiles en la fe, aquellos que son indebidamente escrupulosos acerca de las cosas de la indiferencia moral, Rom. 14:1.

B. Recibir sin respeto de las personas (Santiago 2:1-5), independientemente de su origen socioeconómico, raza, cultura, nacionalidad u origen étnico.

C. Recibir sobre la base de la confesión en Cristo, no por su nivel de madurez o conocimiento, Hechos 9:26-28; 18:24-28.

D. Podemos recibir de diferentes maneras

1. Por cartas de recomendación, Rom. 16:1.

2. Por el testimonio de dos o tres testigos, Mat. 18:16.

3. Por el testimonio de una persona en la que la asamblea confía (Pablo de Febe y Epafrodito en Romanos 16:1 y Filipenses 2:28-30).

VIII. Los miembros de Compañerismo Cualquier Nombre (CCN) buscan cumplir estos claros estándares bíblicos de manera práctica y cuidadosa. Su pertenencia a nosotros implicará su compromiso personal con nuestra declaración de misión, declaración doctrinal y estructura de liderazgo y toma de decisiones.

A. ¿Entiende nuestra Declaración de misión: Celebrando, cultivando, comunicando, cuidando (vea *Construyendo un fundamento firme*)?

B. ¿Entiende y está de acuerdo con nuestra Declaración doctrinal: La fe evangélica en Jesucristo (véase *Construyendo un fundamento firme*)?

C. ¿Entiende usted y está de acuerdo con nuestra estructura de liderazgo y toma de decisiones (ver *Ejemplo de Constitución de la Iglesia*)?

IX. ¿Cuál es el proceso de membresía aquí en Compañerismo Cualquier Nombre?

A. Esté seguro de su salvación personal en Jesucristo, y su bautismo en Él.

B. Conocer y familiarizarse con los miembros y el ministerio de Compañerismo Cualquier Nombre; reconocer que Dios le lleva a unirse a esta comunidad local.

C. Revise nuestra clase de membresía (*Construyendo un fundamento firme*).

D. Entrevista con uno de los ancianos o pastores de Compañerismo Cualquier Nombre.

E. Recibir y completar una solicitud de membresía.

F. Ser confirmado por el voto de la mayoría de los miembros actuales de Compañerismo Cualquier Nombre.

> "La membresía tiene sus privilegios y responsabilidades".

X. **¿Cuáles son las responsabilidades y deberes de un miembro de Compañerismo Cualquier Nombre?** (*Construyendo un fundamento firme*)

XI. **¿Cuáles son los privilegios y beneficios de ser miembro de Compañerismo Cualquier Nombre?**

   A. Obediencia a la Escritura al unirse a una asamblea

   B. Protección, cuidado de los líderes que le aman

   C. Amistad íntima con otros creyentes

   D. Oportunidad de participar en las decisiones clave de la vida y el ministerio del cuerpo

   E. Privilegio de usar sus dones para la edificación de otros creyentes

   F. Tener acceso a los recursos, las relaciones y el cuidado de la familia de CCN

El resultado final
- ¿Conozco a Jesús como Señor y Salvador personal?
- ¿He sido bautizado/a públicamente, declarando ante otros mi discipulado en Cristo?
- ¿Está Dios llamándome a CCN como mi iglesia natal?
- ¿Entiendo y estoy de acuerdo con la misión y la declaración doctrinal de CCN?
- ¿Estoy dispuesto a pasar por el proceso de averiguar si Dios me está llamando aquí?

Contexto
Valores/Visión
Preparar
Lanzar
Agrupar
Nutrir
Transicionar
Horario/Cartilla

SESIÓN 3: LANZAR Y AGRUPAR • 309

Bienvenido a la familia:
Responsabilidades de la membresía y del liderazgo

Lección dos: Vivir y crecer en el cuerpo

- ¿Qué significa ser un miembro fiel de una iglesia local?
- ¿Hay alguna diferencia entre unirse y participar en un cuerpo de creyentes? Si es así, ¿Cuál es?
- ¿Cuáles son las tres dimensiones de la vida corporal que cada cristiano debe tener si quiere madurar en Cristo?
- ¿Cuán comprometido debe estar con la vida y ministerio de una iglesia para ser considerado "un miembro fiel?" Explique su respuesta.

I. ¿Por qué la membresía formal en una iglesia local no es suficiente para madurar en Cristo? (Piense por lo menos en cinco razones.)

1.

2.

3.

4.

5.

II. La razón más clara para la plena participación en el cuerpo: nos necesitamos mutuamente para poder crecer.

A. 1 Cor. 12:12-27 (LBLA) – Porque así como el cuerpo es uno, y tiene muchos miembros, pero todos los miembros del cuerpo, aunque son muchos, constituyen un solo cuerpo, así también es Cristo. Pues por un mismo Espíritu todos fuimos bautizados en un solo cuerpo, ya judíos o griegos, ya esclavos o libres, y a todos se nos dio a beber del mismo Espíritu. Porque el cuerpo no es un solo miembro, sino muchos. Si el pie dijera: Porque no soy mano, no soy parte del cuerpo, no por eso deja de ser parte del cuerpo. Y si el oído dijera: Porque no soy ojo, no soy parte del cuerpo, no por eso deja de ser parte del cuerpo. Si todo el cuerpo fuera ojo, ¿qué sería del oído? Si todo fuera oído, ¿qué sería del olfato? Ahora bien, Dios ha colocado a cada uno de los miembros en el cuerpo según le agradó. Y si todos fueran un solo miembro, ¿qué sería del cuerpo? Sin embargo, hay muchos miembros, pero un solo cuerpo. Y el ojo no puede decir a la mano: No te necesito; ni tampoco la cabeza a los pies: No os necesito. Por el contrario, la verdad es que los miembros del cuerpo que parecen ser los más débiles, son los más necesarios; y las partes del cuerpo que estimamos menos honrosas, a éstas las vestimos con más honra; de manera que las partes que consideramos más íntimas, reciben un trato más honroso, ya que nuestras partes presentables no lo necesitan. Mas así formó Dios el cuerpo, dando mayor honra a la parte que carecía de ella, a fin de que en el cuerpo no haya división, sino que los miembros tengan el mismo cuidado unos por otros. Y si un miembro sufre, todos los miembros sufren con él; y si un miembro es honrado, todos los miembros se regocijan con él. Ahora bien, vosotros sois el cuerpo de Cristo, y cada uno individualmente un miembro de él.

B. Enumere tres principios que este pasaje da sobre la necesidad de que los creyentes participen en la vida de cada uno para que el cuerpo crezca:

1.

2.

3.

III. **Compañerismo Cualquier Nombre reconoce tres dimensiones importantes de la vida corporal que deben ser experimentadas por cada uno de sus miembros:**

A. Amistades y relaciones individuales

B. Vida en comunidad en grupos pequeños (por ejemplo, grupos celulares)

C. Celebración de grupos grandes, enseñanza y ánimo

IV. **¿Cuáles son las maneras específicas en que los miembros de CCN viven juntos y crecen en el cuerpo? Todos estamos comprometidos a . . .**

A. Mantener un caminar espiritual personal con Cristo, en la Palabra, la oración, en fe y obediencia a Él, Juan 15:4-5; 2 Tim. 2:15; Heb. 11:6; Mat. 11:29-30.

B. No abandonar el congregarme junto con otros miembros del cuerpo, Heb. 10:24-25.

C. Venir y contribuir fielmente en los asuntos y ministerios de nuestro cuerpo, 2 Tim. 2:2; 1 Cor. 4:2.

   1. El culto y la alabanza semanal en nuestro servicio de la iglesia CCN, Ef. 5:19-20

   2. Creciendo juntos en un grupo celular CCN, Gál. 6:2

   3. Contribuir a las necesidades de la iglesia, Juan 13:34-35

D. Dar diezmos y ofrendas: La mayordomía del dinero, 2 Cor. 9:6-11

E. Servidumbre: ponerse a disposición (con sus dones y recursos) para edificar el cuerpo, tanto en número como en profundidad espiritual, Ef. 4:11-16.

V. **Todos los creyentes son sacerdotes de Dios, facultados por Él para representar tanto Sus intereses como el bienestar de los miembros del cuerpo.**

   A. 1 Pe. 2:5

   B. 1 Pe. 2:9

   C. Ap. 1:5-6

   D. Nuestros deberes como sacerdotes incluyen

   1. Ofrecer el sacrificio de nuestras alabanzas a Dios, Heb. 13:15.

   2. Ofrecer el sacrificio de nuestros recursos materiales, Heb. 13:16.

   3. Ofrecer el sacrificio de nosotros mismos como ofrendas vivas y santas a Dios, Rom. 12:1-2.

   4. Interceder (orar) por otros, cuidar al pueblo de Dios, y llevar las cargas de otros, Santiago 5:16; Gál.6:2; Rom. 15:5-7.

VI. Vivir en comunidad

A. En Compañerismo Cualquier Nombre ponemos gran énfasis en la importancia de vivir en comunidad cristiana. Todos los elementos de la nutrición cristiana, el servicio y la misión pueden hacerse en el contexto de un pequeño grupo, lo que llamamos "grupos de células". Deseamos que cada miembro de nuestra iglesia pertenezca a un grupo pequeño sólido donde puedan ser conocidos, cuidados y darles la libertad para usar sus dones para edificar el cuerpo (Rom. 12:4-8). En verdad, si alguien se convierte en una parte íntima de la vida de la iglesia de Compañerismo Cualquier Nombre, deben comprometerse a ser miembro de uno de nuestros grupos celulares, todos los cuales funcionan bajo la dirección cuidadosa de nuestros ancianos y pastores.

B. Si bien la vida celular es fundamental para vivir y crecer en el cuerpo, no representan a todos los que vivimos juntos. La vida celular no es lo único que hacemos aquí en Compañerismo Cualquier Nombre; nuestras células son la clave de nuestra vida en la iglesia, pero no son nuestra única vida de iglesia. Además de nuestras células, también esperamos que cada miembro encuentre amistades personales que alienten e inspiren, así como participen en nuestras celebraciones de grupos grandes, enseñanzas y actividades de la vida del cuerpo, todas diseñadas para construir nuestro cuerpo.

C. ¿Qué es exactamente un grupo de células en Compañerismo Cualquier Nombre? ¿Qué se hace?

1. Lo que no es

   a. No es solo una reunión o actividad social

   b. No es un sustituto para caminar personalmente con Dios

   c. No es un club o una camarilla

2. Qué es

   a. Una manera de ser la iglesia juntos

   b. Una estrategia de pastoreo

   c. Un medio para atraer nuevos miembros y fortalecer a aquellos que están creciendo

D. Los beneficios de la comunidad cristiana

1. Desde la iglesia primitiva observamos a los creyentes amando a Dios y a los demás en su reunión y cuidado. Mire atentamente la experiencia y anote los beneficios de la comunidad cristiana, Hechos 2:42-47.

   Hechos 2:42-47 (LBLA) – Y se dedicaban continuamente a las enseñanzas de los apóstoles, a la comunión, al partimiento del pan y a la oración. Sobrevino temor a toda persona; y muchos prodigios y señales eran hechas por los apóstoles. Todos los que habían creído estaban juntos y tenían todas las cosas en común; vendían todas sus propiedades y sus bienes y los compartían con todos, según la necesidad de cada uno. Día tras día continuaban unánimes en el templo y partiendo el pan en los hogares, comían juntos con alegría y sencillez de corazón, alabando a Dios y hallando favor con todo el pueblo. Y el Señor añadía cada día al número de ellos los que iban siendo salvos.

2. Amistad y compañerismo

3. Nutrir y enseñar

4. Apoyo y amor

5. Alcance y ministerio

El resultado final
- ¿Estoy manteniendo un caminar íntimo personal con el Señor Jesús?
- ¿Estoy comprometido a la asistencia fiel y a la participación en las celebraciones de adoración dominical del domingo?
- ¿Reconozco mi papel como sacerdote de Dios por el bien de los demás en el cuerpo?
- ¿Estoy comprometido/a a participar en comunidad en Compañerismo Cualquier Nombre a través de uno de sus grupos celulares semanales?
- ¿Estoy abierto y dispuesto a cumplir mis responsabilidades como miembro de Compañerismo Cualquier Nombre, participando en su vida corporal y evangelización, según Dios me dirija?
- ¿Está Dios llamándome a unirme al cuerpo de Compañerismo Cualquier Nombre como mi iglesia natal?

Bienvenido a la familia:
Responsabilidades de la membresía y del liderazgo

Lección Tres: La toma de decisiones en el cuerpo

- ¿Qué es un anciano? ¿Qué es un pastor?
- ¿La Biblia enseña que puede o debe haber más de un pastor?
- ¿Cómo debe una iglesia manejar problemas de disciplina y abuso?
- ¿Cuál es la mejor manera de tomar decisiones en la vida actual del Cuerpo? Una de las verdades más básicas acerca de la Iglesia de Cristo es que Jesús es la Cabeza de Su iglesia, su cabeza de toda autoridad y poder.

> Y todo sometió bajo sus pies, y a El lo dio por cabeza sobre todas las cosas a la iglesia, la cual es su cuerpo, la plenitud de aquel que lo llena todo en todo.
>
> ~ Efesios 1:22-23 (LBLA)

En toda toma de decisiones en las actividades de la iglesia, a Cristo se le debe dar el derecho de controlar sus decisiones, de determinar sus cursos y de dirigir sus recursos como él crea conveniente.

I. La iglesia no es la invención de la organización religiosa o de los orígenes humanos; la iglesia fue llevada a la existencia por Jesucristo, para Su gloria – es Suya (Mat. 16:18).

Mat. 16:18 (LBLA) – "Yo también te digo que tú eres Pedro, y sobre esta roca edificaré mi iglesia; y las puertas del Hades no prevalecerán contra ella".

II. Mire a continuación cuatro principios fundamentales relativos a la autoridad, la toma de decisiones y la Iglesia de Cristo.

A. Jesucristo es la Cabeza de la Iglesia, Ef. 1:22-23; 4:16; Col. 2:10, 18-19.

B. El Espíritu Santo es la presencia y el agente de Cristo dentro del Cuerpo, dirigiendo todos sus asuntos y regalando a todos sus miembros como le parezca conveniente, 1 Cor. 12:1-13.

C. La Palabra de Dios es la regla final tanto para la creencia como para la práctica en la Iglesia, 2 Tim. 3:16-17.

D. Cristo da poder a la iglesia a través de su autoridad delegada. Dios ha designado hombres y mujeres en la iglesia para servir, proteger, nutrir y equipar a los miembros para la madurez espiritual y para la obra del ministerio. Estos líderes deben ser debidamente nombrados y/o elegidos, demostrando madurez en Cristo, y confirmados y reconocidos por los miembros del cuerpo, Ef. 4:11-16; Heb. 13:17; 1 Pe. 5:1-4; 1 Tim. 3:1-13; Tito 1:5-9; Hch. 6:1-7.

III. **La importancia de la autoridad espiritual se toma muy en serio en Cualquier Nombre, y hemos diseñado una estructura de autoridad que busca en todos los sentidos tomar en serio los principios mencionados anteriormente. ¿Cómo funciona? (Cf. La Constitución de Cualquier Nombre)**

A. **El consejo de ancianos** autoriza y supervisa la vida y ministerio de la iglesia. Estos hombres y mujeres deben coincidir con los criterios mencionados en las Escrituras para el liderazgo maduro, y son seleccionados entre y por la congregación para servir por tres años.

B. **El equipo pastoral** (es decir, sus pastores principales y asociados) supervisa y faculta a la congregación en consulta con los Ancianos. Su papel es equipar a los miembros hacia la madurez espiritual y la obra del ministerio. Estos hombres y mujeres deben coincidir con los criterios mencionados en las Escrituras para el liderazgo maduro, y son llamados por la congregación para servir según ellos lo permitan.

C. **Los diáconos y las diaconisas** sirven a las necesidades prácticas del cuerpo, apoyando y cuidando a sus miembros según surgen las necesidades. Estos hombres y mujeres deben reunir las cualidades de un diácono mencionado en 1 Timoteo 3, son seleccionados por la congregación y sirven por dos años.

D. **La congregación de Cualquier Nombre** confirma y ratifica todos los nombramientos y decisiones de los ancianos y pastores. Aceptados como miembros por confesión de fe, bautismo, y vida, la congregación se reúne regularmente para confirmar por voto las decisiones y decisiones de los líderes de Cualquier Nombre.

E. Una manera simple de recordar los roles del liderazgo en Cualquier Nombre es:

- Los ancianos **autorizan**
- Los pastores **supervisan**
- La congregación **ratifica**

IV. A través de los ancianos y líderes pastorales de Cualquier Nombre, la iglesia busca cumplir su misión de adorar a Dios, testificar a otros acerca de su salvación y hacer buenas obras en el mundo. Se les da responsabilidad y autoridad para actuar en nombre de los mejores intereses y bienestar del cuerpo, y no tienen autoridad para dañar o abusar a ningún miembro del cuerpo, o desobedecer cualquier mandato que Cristo haya dado a Su iglesia. Su papel es servir y edificar, no dominar y derribar, 2 Cor. 13:10.

V. Debido a que la iglesia de Dios es santa (1 Pe. 1:15-16), es responsable de guardar su enseñanza y conducta bajo la dirección de Cristo. En estricto cumplimiento del sabio consejo de Cristo en Mateo 18:15-20, animaremos en todos los casos en Compañerismo Cualquier Nombre donde los miembros son atrapados en error o inmoralidad puedan ser resueltos a través de nuestra vida común juntos como cristianos maduros. En otras palabras, Dios nos instruirá, nos exhortará y nos edificará a través de los demás mientras seguimos Su guía e instrucción (Romanos 12:4-5). Cuando la disciplina sea necesaria, la manejaremos bíblica y discretamente, con toda la dignidad dada a todas las partes involucradas. ¿Qué tipos de situaciones o problemas pueden requerir tal intervención amorosa?

A. Desorden y división, 2 Tes. 3:11-15

B. Herejía y enseñanza falsa, Tito 3:10

C. Indecencia moral y corrupción, 1 Cor. 5:11-13

VI. ¿Cómo debe llevarse a cabo tal confrontación piadosa? Debemos tratar de soportar las cargas del otro confidencial y privadamente, con un espíritu de mansedumbre y temor, considerando nuestra propensión al error (Gálatas 6:1-3). Si el asesoramiento privado es ineficaz debido a la rebelión o la negativa a escuchar, entonces uno o dos testigos deben ser tomados para restaurar al miembro

erróneo. **Si esto también es ineficaz, entonces el liderazgo será informado y puede entonces reunirse con el miembro con problemas. Si tal persona se niega a aceptar el consejo de los Ancianos y Pastores, entonces los Ancianos determinarán las acciones que se tomarán, lo que puede incluir traer al miembro ante la iglesia y/o ser removido de la membresía, Mat. 18:17; 1 Cor. 5:11-13; 2 Tes. 3:6-14.**

VII. **La disciplina en la iglesia debe ser sobria y bíblica, y siempre conectada a dos propósitos significativos y principales:**

   A. Para restaurar a un hermano o hermana errante al Señor y al Cuerpo, Mateo 18:15-17.

   B. Permitir que nuestra iglesia permanezca fiel a su vocación, creencias, membresía y ministerio según son guiados por el Espíritu del Señor, 1 Juan 2:19; 1 Cor. 5:9-13.

VIII. **La desunión y el conflicto nunca deberían ser tolerados en el cuerpo, para que podamos mantener la unidad del Espíritu en el vínculo de la paz, Efesios 4:1-3.**

   A. En todas las cosas consideradas esenciales, que haya **unidad**.

   B. En todas las cosas consideradas incidentales, que haya **libertad**.

   C. En todas las cosas, independientemente de su significado, hágase la **caridad**.

El resultado final
- ¿Jesús dirige los asuntos de mi vida?
- ¿Reconozco que la Biblia es la autoridad final en todos los asuntos de mi fe y de mi vida?
- ¿Creo que Dios dirige a través de sus autoridades delegadas a quien ha autorizado para actuar en nombre de los mejores intereses y bienestar de los miembros del cuerpo?
- ¿Acepto el liderazgo y la estructura de toma de decisiones de Cualquier Nombre, y reconozco mi voluntad de participar en ella, según Dios me dirija?

Bienvenido a la familia:
Responsabilidades de la membresía y del liderazgo

Lección Cuatro: Edificando el Cuerpo

- ¿Cómo se cree que el cuerpo de Cristo debe crecer y expandirse?
- ¿Qué es un don espiritual, y cómo deben ser identificados y usados en nuestra iglesia?
- ¿De qué maneras Compañerismo Cualquier Nombre busca compartir las buenas noticias con los perdidos en Wichita y en todo el país y el mundo?
- ¿Cómo puedo estar involucrado en el cuidado de las necesidades prácticas de aquellos en el Cuerpo, así como nuestros vecinos, aquí y en todo el mundo? El objetivo de la iglesia es ir y hacer discípulos de todas las naciones (etnias, pueblos) revelando Su amor en cómo nos preocupamos por otros, y testificando de Su amor compartiendo el evangelio con aquellos que están perdidos.

> Y acercándose Jesús, les habló, diciendo: Toda autoridad me ha sido dada en el cielo y en la tierra. Id, pues, y haced discípulos de todas las naciones, bautizándolos en el nombre del Padre y del Hijo y del Espíritu Santo, enseñándoles a guardar todo lo que os he mandado; y he aquí, yo estoy con vosotros todos los días, hasta el fin del mundo.
> ~ Mateo 28:18-20 (LBLA)

> Y todo esto procede de Dios, quien nos reconcilió consigo mismo por medio de Cristo, y nos dio el ministerio de la reconciliación; a saber, que Dios estaba en Cristo reconciliando al mundo consigo mismo, no tomando en cuenta a los hombres sus transgresiones, y nos ha encomendado a nosotros la palabra de la reconciliación. Por tanto, somos embajadores de Cristo, como si Dios rogara por medio de nosotros; en nombre de Cristo os rogamos: ¡Reconciliaos con Dios! Al que no conoció pecado, le hizo pecado por nosotros, para que fuéramos hechos justicia de Dios en El.
> ~ 2 Cor. 5:18-21 (LBLA)

> . . . pero recibiréis poder cuando el Espíritu Santo venga sobre vosotros; y me seréis testigos en Jerusalén, en toda Judea y Samaria, y hasta los confines de la tierra.
> ~ Hechos 1:8 (LBLA)

Contexto
Valores/Visión
Preparar
Lanzar
Agrupar
Nutrir
Transicionar
Horario/Cartilla

I. **La Iglesia es la comunidad del reino de Dios, la única institución en la tierra que Él personalmente ha autorizado a demostrar Su compasión por todo el mundo, y para comunicar a Cristo con los perdidos. Cada congregación local de creyentes, incluyendo Compañerismo Cualquier Nombre, debe hacer una de sus prioridades centrales para extenderse y hacer un impacto en el mundo, para llegar a grupos de personas que aún no han sido alcanzados, y ver otras iglesias que honren a Cristo plantadas y traídas a existencia. ¡Dios ha dado todos los dones espirituales cristianos para ser usados para hacer realidad este desafío, justo donde viven!**

II. **Ayuda a comprender el crecimiento y la expansión de la Iglesia de Cristo en tres movimientos separados pero interconectados:**

   A. La Iglesia nació en Pentecostés, Hechos 2:38-47.

   B. La Iglesia es la Iglesia Militante durante la época presente, aquí en el mundo (Efesios 6:10-18), llamada a proclamar a Cristo hasta los confines de la tierra.

   C. La Iglesia será la Iglesia Triunfante durante la coronación venidera de Cristo en las Bodas del Cordero, Apocalipsis 19:1-8.

III. **En Compañerismo Cualquier Nombre, nos hemos comprometido a compartir la compasión de Cristo con aquellos que están sufriendo y comunicar el evangelio de Cristo con aquellos que aún no han oído hablar de la misericordia salvadora de Dios en Jesús. Una manera simple de entender estos dos objetivos de Compañerismo Cualquier Nombre es a través de los dos grandes mandatos mencionados en las Escrituras que Dios ha dado a la iglesia para obedecer, el Gran Mandamiento y la Gran Comisión.**

   A. El Gran Mandamiento:

   Mat. 22:35-40 (LBLA) – y uno de ellos, intérprete de la ley, para ponerle a prueba le preguntó: Maestro, ¿cuál es el gran mandamiento de la ley? Y El le dijo: **Amaras al Señor tu Dios con todo tu corazón, y con toda tu alma, y con toda tu mente.** Este es el grande y el primer mandamiento. Y el segundo es semejante a éste: **Amarás a tu prójimo como a ti mismo.** De estos dos mandamientos dependen toda la ley y los profetas.

1. ¿Qué dice este texto acerca de lo que es más importante para nosotros lograr como miembros del pueblo de Dios?

2. ¿Cómo enfatiza el Gran Mandamiento nuestra necesidad de cuidar a otros con la compasión de Cristo?

3. ¿Cómo se relacionan los dos mandamientos entre sí en la iglesia?

B. La Gran Comisión:

Mat. 28:18-20 (LBLA) – Y acercándose Jesús, les habló, diciendo: Toda autoridad me ha sido dada en el cielo y en la tierra. Id, pues, y haced discípulos de todas las naciones, bautizándolos en el nombre del Padre y del Hijo y del Espíritu Santo, enseñándoles a guardar todo lo que os he mandado; y he aquí, yo estoy con vosotros todos los días, hasta el fin del mundo.

Marcos 16:15-16 (LBLA) – Y les dijo: Id por todo el mundo y predicad el evangelio a toda criatura. El que crea y sea bautizado será salvo; pero el que no crea será condenado.

Lucas 24:46-48 (LBLA) - y les dijo: Así está escrito, que el Cristo padeciera y resucitara de entre los muertos al tercer día; y que en su nombre se predicara el arrepentimiento para el perdón de los pecados a todas las naciones, comenzando desde Jerusalén. Vosotros sois testigos de estas cosas.

1. ¿Cuál es la meta que Dios nos ha dado para comunicar a Cristo con los perdidos en el mundo? ¿Qué debemos tratar de lograr?

2. ¿De qué manera estos pasajes hablan de nuestra necesidad de alcanzar las barreras culturales, raciales, económicas, políticas y de otro tipo para compartir las buenas nuevas de Cristo?

3. ¿Cómo puede Dios querer que una iglesia como Compañerismo Cualquier Nombre participe en este mandato para llegar a todas las naciones con el evangelio de Cristo?

IV. **Creemos que cada cristiano es un sacerdote de Dios, y por lo tanto, todo cristiano es un ministro del evangelio. Compañerismo Cualquier Nombre puede tener un solo concilio de ancianos y un solo equipo pastoral, pero tiene toda una congregación de ministros, llamados por Dios para compartir la compasión de Cristo con los necesitados, y comunicar a Cristo con los perdidos. ¡Todos somos ministros del evangelio de Jesucristo!**

Debemos tener cuidado de equilibrar la atención, los recursos y los esfuerzos que tenemos con nosotros mismos en contra de lo que hacemos para satisfacer las necesidades de los demás. Necesitamos tanto ingresos como alcances.

A. *Ingreso*: Cada miembro debe recibir de otros en el cuerpo de CCN toda la gracia y la entrada que necesitan que les permita beneficiarse y madurar en su vida espiritual.

B. *Alcance*: Cada miembro debe identificar sus propios dones y recursos y ponerlos a disposición de Dios para que Él los use para satisfacer las necesidades de otros, tanto dentro como fuera del cuerpo de Compañerismo Cualquier Nombre.

V. **El Nuevo Testamento enseña que Dios ha dado a cada miembro del cuerpo dones espirituales para que el cuerpo llegue a ser espiritualmente maduro y pueda multiplicarse numéricamente (1 Corintios 12:1-13). Además, Dios ha dado a la iglesia dones significativos (apóstoles, profetas, evangelistas, pastores y maestros) para tres propósitos distintos:**

A. Para el equipamiento de los santos (ayudar a cada cristiano a entender su don y utilizarlo plenamente en el cuerpo).

B. Para la obra de servicio (cada cristiano debe ser entrenado para usar sus dones espirituales para servir al cuerpo y al mundo).

C. Para la edificación del Cuerpo de Cristo (todos los esfuerzos deben ser hechos para que el cuerpo de Cristo sea edificado espiritualmente y numéricamente).

VI. **Nuestra meta en Compañerismo Cualquier Nombre es que usted pueda ser capaz de identificar sus dones particulares, estar capacitado para usarlos efectivamente, y luego emplearlos para multiplicar el ministerio del cuerpo en esta comunidad, país y alrededor del mundo. Buscamos multiplicar nuestro potencial ministerial, no sólo aumentar.**

Compañerismo Cualquier Nombre proclama sinceramente el principio de que cada miembro es un ministro del evangelio. La vieja comprensión del ministerio (un clero, muchos miembros de la congregación) puede ser ilustrada por un diagrama que concibe a una iglesia local que tiene un solo ministro, y todos en la iglesia ayudan al ministerio a tener éxito.

VII. En Compañerismo Cualquier Nombre, concebimos que cada cristiano es un ministro, que posee sus propios dones, vocación y oportunidades para ganar a otros para Cristo. El equipo pastoral se esfuerza por ayudar a cada ministro a tener éxito en el ministerio que Dios les ha llamado.

VIII. Aunque damos gracias a Dios por el personal y la administración pastoral entrenados, asalariados y profesionales, nuestro objetivo es equipar a cada cristiano a ministrar en CCN y estar equipado para toda buena obra a la que Dios les pueda llamar. Queremos animar a cada cristiano a descubrir sus dones dados por Dios (Ef. 4:7-8), y ejercer libremente estos dones en la iglesia (1 Cor. 12 y 14). Confesamos que todos los cristianos pueden ministrar las ordenanzas (la cena y el bautismo del Señor), y que cada creyente puede ser usado poderosamente del Señor para hacer discípulos, hacer buenas obras y hacer un impacto en su comunidad para Cristo.

¿Cómo estos versículos hablan de la necesidad de que hagamos buenas obras en el mundo, y así testificamos de Cristo?

A. Ef. 2:10

B. Gál. 6:10

C. Tito 2:11-14

D. Mat. 5:14-16

E. 1 Pe. 2:9-10

Contexto
Valores/Visión
Preparar
Lanzar
Agrupar
Nutrir
Transicionar
Horario/Cartilla

IX. **Cada miembro de CCN debe identificar sus dones espirituales únicos y oportunidades naturales para hacer una diferencia para Cristo con sus familias, barrios y comunidades. Usted puede encontrar su posición en cualquier número de formas . . .**

   A. Aprender de los diferentes ministerios de Compañerismo Cualquier Nombre, y las cargas para el ministerio entre los miembros de Compañerismo Cualquier Nombre

   B. Unirse y asociarse con un miembro de Compañerismo Cualquier Nombre en el ministerio

   C. Apoyar un ministerio de Compañerismo Cualquier Nombre con recursos, oración y finanzas

   D. Comenzar y dirigir un nuevo ministerio con la aprobación y el apoyo de CCN

   E. Multiplicar los ministerios de CCN entre las nuevas personas, con nuevas circunscripciones, en nuevas áreas

El resultado final
- ¿Entiendo el papel de la iglesia a la luz del llamado de Dios para expandir Su reino en nuestra comunidad y ciudad?
- ¿Estoy plenamente comprometido a vivir como un individuo y una familia las implicaciones completas del Gran Mandamiento y la Gran Comisión?
- ¿Conozco cuáles son mis dones espirituales y estoy dispuesto a descubrir cómo puedo emplear estos dones para cumplir la vocación especial que el ministerio del Señor me tiene a través de este cuerpo?
- ¿Estoy listo/a para ser usado/a por Dios para demostrar Su compasión por los necesitados y heridos, y para comunicarme con los perdidos el evangelio de Cristo en todo lugar donde Él me llame?

Contexto
Valores/Visión
Preparar
Lanzar
Agrupar
Nutrir
Transicionar
Horario/Cartilla

Lanzar: Expandir la Iglesia, y
Agrupar: Establecer la Iglesia
Ejercicio de Equipo: Presentación del Plan de Acción

Contexto
Valores/Visión
Preparar
Lanzar
Agrupar
Nutrir
Transicionar
Horario/Cartilla

Sesión 3
Lanzar: Expandir la Iglesia
Agrupar: Establecer la Iglesia

Trazando su propio curso

Trazando su propio curso

La naturaleza exacta de las fases de LANZAR y AGRUPAR de la plantación de iglesias depende en gran medida del tipo de iglesia que se está plantando, de quién se propone alcanzar y de cómo la iglesia finalmente cambiará una vez que se haya plantado.

Para aquellos que están plantando una iglesia dentro de su propia cultura, y/o pastorearán la iglesia una vez que es plantada, el tipo de preguntas y enfoques que tiene para LANZAR y AGRUPAR puede ser muy diferente. Sabiendo que estás lanzando una iglesia y congregando a los creyentes en una asamblea que conducirá, le permitirá pensar creativamente acerca de cómo puede desear tanto evangelizar, dar seguimiento a nuevos creyentes e incorporar nuevos cristianos a una congregación públicamente declarada.

Una dimensión importante será la expresión relativa de la Iglesia que cree que el Espíritu quiere que plante. ¿Recuerda las tres expresiones a las que nos referimos en la primera Sesión? Esas tres expresiones eran la *Iglesia Pequeña*, la *Iglesia Comunitaria* y la *Iglesia Madre*. Dependiendo de la expresión por la que esté luchando, su enfoque evangelístico y de seguimiento puede diferir. Además, si usted es parte de un equipo que permanecerá en la iglesia recién formada, será importante discutir qué papel usted como equipo continuará desempeñando una vez que la iglesia está abierta al público, y anunció su nacimiento en la comunidad. Sea libre y flexible para considerar estos asuntos a la luz de la obra específica que Dios le ha llamado a hacer, y ejercer su libertad en Cristo para organizar su alcance, diseñar sus eventos y organizar sus proyectos de manera coherente con la visión y llame a su equipo plantador de la iglesia que ha sido dado por el Señor.

Contexto
Valores/Visión
Preparar
Lanzar
Agrupar
Nutrir
Transicionar
Horario/Cartilla

Sesión 3
Lanzar: Expandir la Iglesia
Agrupar: Establecer la Iglesia

Recursos para estudios adicionales

Recursos para estudios adicionales

Allsman, Don. *The Heroic Venture: A Parable of Project Leadership.* [La aventura heroica: una parábola de liderazgo de proyectos].Wichita, KS: The Urban Ministry Institute, 2006.

Allsman, Don A. y Don L. Davis. *Fight the Good Fight of Faith. Playing Your Part in God's Unfolding Drama.* [Pelea la buena batalla de la fe. Haciendo su parte en el despliegue del drama de Dios]. Wichita, KS: The Urban Ministry Institute, 2014.

Anderson, Neil T. *Victory over the Darkness: Realize the Power of Your Identity in Christ.* [Victoria sobre la oscuridad: Dándose cuenta del poder de su identidad en Cristo]. Minneapolis, MN: Bethany House Publishers, 2000, 2013.

Backus, William y Marie Chapian. *Telling Yourself the Truth: Find Your Way Out of Depression, Anxiety, Fear, Anger, and Other Common Problems by Applying the Principles of Misbelief Therapy.* [Diciéndote a ti mismo la verdad: Encuentra tu manera de salir de la depresión, la ansiedad, el miedo, la ira y otros problemas comunes aplicando los principios de la terapia errónea]. Minneapolis, MN: Bethany House Publishers, 1980, 1981, 2000.

Coleman, Robert E. *Master Plan of Evangelism*, The Reprint Edition. [El Plan Maestro de Evangelización, Edición de Reimpresión]. Ada, MI: Revell, 2006.

Davis, Don L. *Church Matters: Retrieving the Great Tradition.* [Asuntos de la iglesia: Recuperando la Gran Tradición]. Wichita, KS: The Urban Ministry Institute, 2007, 2012.

————. *Marking Time: Forming Spirituality through the Christian Year.* [Marcando el tiempo: Formando espiritualidad a través del Año Cristiano]. Wichita, KS: The Urban Ministry Institute, 2007, 2012.

————. *The Most Amazing Story Ever Told.* [La historia más increíble jamás contada]. Wichita, KS: The Urban Ministry Institute, 2011.

Davis, Don L., y Lorna A. Rasmussen. *Managing Projects for Ministry.* [Gestión de proyectos para el ministerio]. Wichita, KS: The Urban Ministry Institute, 2010, 2012.

Fish, Roy J. y J. E. Conant. *Every Member Evangelism for Today: An Updating of J. E. Conant's Classic Every Member Evangelism*. [Cada miembro evangelización para hoy: una actualización del clásico Cada miembro Evangelización de J. E. Conant]. Eugene, OR: Wipf and Stock Publishers, 2009.

Kirk, J. Alex, Jay Anderson, y Myron Crockett. *Small Group Leaders Handbook: Developing Transformational Communities*. [Guía de líderes de grupos pequeños: Desarrollo de comunidades transformacionales]. Downers Grove, IL: InterVarsity Press, 2009.

Smith, Efrem. *Raising Up Young Heroes: Developing a Revolutionary Youth Ministry*. [Levantando jóvenes héroes: Desarrollando un ministerio juvenil revolucionario]. Downers Grove: InterVarsity Press, 2004.

Smith, Efrem y Phil Jackson. *The Hip-Hop Church: Connecting with the Movement Shaping our Culture*. [La Iglesia *Hip-Hop*: Conectándose con el movimiento que moldea nuestra cultura]. Downers Grove: InterVarsity Press, 2005.

Contexto
Valores/Visión
Preparar
Lanzar
Agrupar
Nutrir
Transicionar
Horario/Cartilla

Sesión 3
Lanzar: Expandir la Iglesia
Agrupar: Establecer la Iglesia

Listado de apéndices

Listado de apéndices

#	Título del apéndice	Plantando Iglesias entre los pobres de la ciudad Vol. 1 o Vol. 2	# de pág.
1	El factor *Oikos*: Esferas de relación e influencia	Volumen 1	418
2	Escala de receptividad	Volumen 1	419
3	Viviendo como embajador de *Oikos*	Volumen 1	420
4	Apuntando a grupos no alcanzados en barrios de iglesias	Volumen 1	256
5	La banda apostólica: Cultivando el alcance para la cosecha dinámica	Volumen 1	421
6	Recursos para estudiar su comunidad	Volumen 1	422
7	Ideas sobre evangelización de vecindarios	Volumen 1	423
8	Lo que hay hacer y no hacer en los sondeos	Volumen 1	424
9	Puerta a puerta: Inicio de la conversación	Volumen 1	426
10	Muestra de tarjeta de seguimiento	Volumen 1	464
11	Qué Predico, Cómo Creceremos: El dilema del pastor Urbano	Volumen 1	367
12	Orden de Servicio: Muestra 1	Volumen 1	444
13	Orden de Servicio: Muestra 2	Volumen 1	445
14	El servicio de bautismo de los creyentes	Volumen 1	457
15	La Red SIAFU – Reuniendo a los guerreros de Dios: Hacia una estrategia para ganar a la ciudad	Volumen 2	114
16	La historia de Dios: Nuestras raíces sagradas	Volumen 1	195
17	Había una vez: Entendiendo el lugar de nuestra iglesia en la historia de Dios	Volumen 1	150
18	Sustitúyalos en una visión centrada en Cristo: Bienes y efectos que nuestra cultura sustituye como la última preocupación	Volumen 1	196

#	Título del apéndice	Plantando Iglesias entre los pobres de la ciudad Vol. 1 o Vol. 2	# de pág.
19	La imagen y el drama: Imagen e historia en la recuperación del mito bíblico	Volumen 1	197
20	La teología de *Christus Victor*: Un motivo bíblico centrado en Cristo para la integración y renovación de la iglesia urbana	Volumen 1	199
21	*Christus Victor:* Una visión integrada para la vida y el testimonio cristianos	Volumen 1	110
22	Hay un río: Identificando los arroyos de una comunidad cristiana revitalizada en la ciudad	Volumen 1	182
23	El Reino de Dios: Plantando iglesias en un universo en guerra	Volumen 1	111
24	Una teología de la Iglesia en la perspectiva del Reino	Volumen 1	171
25	Un esquema para una teología del Reino y la iglesia	Volumen 1	172
26	El credo niceno	Volumen 2	185
27	Usando la sabiduría en el ministerio: El proceso PTR	Volumen 1	429
28	Proyecto Gauntlet de Davis: La docena de criterios terribles para nuevas iniciativas	Volumen 2	205
29	Principios de gestión de proyectos empresariales	Volumen 2	207
30	Restricciones del proyecto "hoja de trucos"	Volumen 2	209
31	Proceso de gestión de proyectos	Volumen 2	211
32	Proceso de selección de proyecto de TUMI y práctica	Volumen 2	213
33	Política de TUMI sobre proceso de proyecto	Volumen 2	216
34	Propuesta de proyecto, formulario 1	Volumen 2	224
35	Hoja de trabajo del proyecto	Volumen 2	218
36	Protocolo del proyecto de TUMI: Siga el camino del ladrillo amarillo	Volumen 2	221
37	Muestra PTP: Graduación de TUMI, Junio 2009	Volumen 2	226

#	Título del apéndice	Plantando Iglesias entre los pobres de la ciudad Vol. 1 o Vol. 2	# de pág.
38	Conseguir un buen ritmo de equipo: Gestión del tiempo y administración del ministerio	Volumen 1	439
39	Muestra de Constitución de la Iglesia	Volumen 2	335
40	Ejemplo de nuevo manual del miembro: Iglesia Compañerismo Cualquier Nombre	Volumen 2	309

Sesión 4
**Nutrir y Transicionar:
"N" y "T"**

Juntándolo todo

Transicionar: *Liberar la Iglesia*

Nutrir: *Madurar la iglesia*

Agrupar: *Establecer la Iglesia*

Lanzar: *Expandir la Iglesia*

Preparar: *Ser la Iglesia*

Viendo el panorama general

Sesión 4
Nutrir: Madurar la iglesia
Transicionar: Liberar la Iglesia

Adoración y devocional
Dios es un guerrero

Dios es un guerrero
Rev. Dr. Don L. Davis • Ver *www.tumi.org/churchplanting*

I. **El Señor, como hombre de guerra, lucha para liberar a su pueblo de la esclavitud – La imagen y drama del éxodo de Egipto.**

   A. Éxodo 15:3-4 ("El SEÑOR es varón de guerra"), Éxodo 15:1-7 (RVR) – "Entonces cantó Moisés y los hijos de Israel este cántico a Jehová, y dijeron: Cantaré yo a Jehová, porque se ha magnificado grandemente; Ha echado en el mar al caballo y al jinete. Jehová es mi fortaleza y mi cántico, Y ha sido mi salvación. Este es mi Dios, y lo alabaré; Dios de mi padre, y lo enalteceré. Jehová es varón de guerra; Jehová es su nombre. Echó en el mar los carros de Faraón y su ejército; Y sus capitanes escogidos fueron hundidos en el Mar Rojo. Los abismos los cubrieron; Descendieron a las profundidades como piedra. Tu diestra, oh Jehová, ha sido magnificada en poder; Tu diestra, oh Jehová, ha quebrantado al enemigo. Y con la grandeza de tu poder has derribado a los que se levantaron contra ti. Enviaste tu ira; los consumió como a hojarasca".

   B. Como un héroe poderoso cintado con una espada, Sal. 45:4 (SE) – En tu gloria sé prosperado; Cabalga sobre palabra de verdad, de humildad y de justicia, Y tu diestra te enseñará cosas terribles.

   C. Como un poderoso caballero, Sal. 18:6-14 – En mi angustia invoqué a Jehová, Y clamé a mi Dios. El oyó mi voz desde su templo, Y mi clamor llegó delante de él, a sus oídos. La tierra fue conmovida y tembló; Se conmovieron los cimientos de los montes, Y se estremecieron, porque se indignó él. Humo subió de su nariz, Y de su boca fuego consumidor; Carbones fueron por él encendidos. Inclinó los cielos, y descendió; Y había densas tinieblas debajo de sus pies. Cabalgó sobre un querubín, y voló; Voló sobre las alas del viento. Puso tinieblas por su escondedero, por cortina suya alrededor de sí; Oscuridad de aguas, nubes de los cielos. Por el resplandor de su presencia, sus nubes pasaron; Granizo y carbones ardientes. Tronó en los cielos Jehová, Y el Altísimo dio su voz; Granizo y carbones de fuego. Envió sus saetas, y los dispersó; Lanzó relámpagos, y los destruyó.

D. En una cota de malla y casco ("justicia y salvación, Is. 59:17)

Isaías 59:16-19 (BLA) - Vio que no había nadie, y se asombró de que no hubiera quien intercediera. Entonces su brazo le trajo salvación, y su justicia le sostuvo. Se puso la justicia como coraza, y el yelmo de salvación en su cabeza; como vestidura se puso ropas de venganza, y se envolvió de celo como de un manto. Conforme a los hechos, así El pagará: furor para sus adversarios, justo pago para sus enemigos; a las islas dará su pago. Y temerán desde el occidente el nombre del Señor y desde el nacimiento del sol su gloria, porque El vendrá como torrente impetuoso, que el viento del Señor impele.

E. Con una lanza, (Hab. 3:11, ver Sal. 35:3)

Sal. 35:3 (LBLA) – Empuña también la lanza y el hacha[a] para enfrentarte a los que me persiguen; di a mi alma: Yo soy tu salvación.

Hab. 3:11 (LBLA) – El sol y la luna se detuvieron en su sitio; a la luz de tus saetas se fueron, al resplandor de tu lanza fulgurante.

F. Con un arco y flechas (Hab. 3:9, ver 2 Sam. 22:15)

2 Sam. 22:15 – Y envió saetas, y los dispersó, relámpagos, y los confundió.

Hab. 3:9 (BLA) – Tu arco fue desnudado por completo, las varas de castigo fueron juradas. Con ríos hendiste la tierra.

G. Escudo y defensa (= verdad, Sal. 91:4; 35:2)

Sal. 35:2 (NTV) – Ponte tu armadura y toma tu escudo; prepárate para la batalla y ven en mi ayuda.

Sal. 91:4 (NTV) – Con sus plumas te cubrirá y con sus alas te dará refugio. Sus fieles promesas son tu armadura y tu protección.

II. El Señor, como varón de guerra, lucha con su pueblo para vencer a sus enemigos en la tierra – La imagen y el drama de la conquista de Canaán.

A. En el nombre de Jesucristo, por el poder del Espíritu Santo, y a través de la *milicia Christi*, Dios lucha contra el diablo y la resistencia e intimidación satánica de sus ángeles.

Isa. 14:12-17 – ¡Cómo has caído del cielo, oh lucero de la mañana, hijo de la aurora! Has sido derribado por tierra, tú que debilitabas a las naciones. Pero tú dijiste en tu corazón: "Subiré al cielo, por encima de las estrellas de Dios levantaré mi trono, y me sentaré en el monte de la asamblea, en el extremo norte. "Subiré sobre las alturas de las nubes, me haré semejante al Altísimo". Sin embargo, has sido derribado al Seol, a lo más remoto del abismo. Los que te ven te observan, te contemplan, y dicen: "¿Es éste aquel hombre que hacía temblar la tierra, que sacudía los reinos, que puso al mundo como un desierto, que derribó sus ciudades, que a sus prisioneros no abrió la cárcel?"

B. Luego, en el nombre de Jesucristo, por el poder del Espíritu Santo, y a través de la *milicia Christi*, Dios lucha contra el actual sistema mundial animado por la lujuria, la codicia y el orgullo.

Sal. 2:1-9 (LBLA) – ¿Por qué se sublevan las naciones, y los pueblos traman cosas vanas? Se levantan los reyes de la tierra, y los gobernantes traman unidos contra el Señor y contra su Ungido, diciendo: ¡Rompamos sus cadenas y echemos de nosotros sus cuerdas! El que se sienta como Rey en los cielos se ríe, el Señor se burla de ellos. Luego les hablará en su ira, y en su furor los aterrará, diciendo: Pero yo mismo he consagrado a mi Rey sobre Sion, mi santo monte. Ciertamente anunciaré el decreto del Señor que me dijo: "Mi Hijo eres tú, yo te he engendrado hoy. Pídeme, y te daré las naciones como herencia tuya, y como posesión tuya los confines de la tierra. Tú los quebrantarás con vara de hierro; los desmenuzarás como vaso de alfarero".

Stg. 4:4 (LBLA) – ¡Oh almas adúlteras! ¿No sabéis que la amistad del mundo es enemistad hacia Dios? Por tanto, el que quiere ser amigo del mundo, se constituye enemigo de Dios.

1 Juan 2:15-17 (LBLA) – No améis al mundo ni las cosas que están en el mundo. Si alguno ama al mundo, el amor del Padre no está en él. Porque todo lo que hay en el mundo, la pasión de la carne, la pasión de los ojos y la arrogancia de la vida, no proviene del Padre, sino del mundo. Y el mundo pasa, y también sus pasiones, pero el que hace la voluntad de Dios permanece para siempre.

C. Luego, en el nombre de Jesucristo, por el poder del Espíritu Santo, y a través de la *milicia Christi*, Dios lucha contra la naturaleza corrupta y maligna de la humanidad por Su Espíritu interior.

Rom. 8:5-8 (LBLA) – Porque los que viven conforme a la carne, ponen la mente en las cosas de la carne, pero los que viven conforme al Espíritu, en las cosas del Espíritu. Porque la mente puesta en la carne es muerte, pero la mente puesta en el Espíritu es vida y paz; ya que la mente puesta en la carne es enemiga de Dios, porque no se sujeta a la ley de Dios, pues ni siquiera puede hacerlo, y los que están en la carne no pueden agradar a Dios.

III. Finalmente, el Señor, como varón de guerra, consume su lucha para derrotar a todos sus enemigos incluyendo el último enemigo, la muerte, y traer *Shalom* y la abundancia a su pueblo de pacto – la imagen y el drama de la tierra prometida.

A. Dios lucha con armas espirituales contra enemigos espirituales.

1 Sam. 17:45-47 (RVR) – Entonces dijo David al filisteo: "Tú vienes a mí con espada y lanza y jabalina; mas yo vengo a ti en el nombre de Jehová de los ejércitos, el Dios de los escuadrones de Israel, a quien tú has provocado. Jehová te entregará hoy en mi mano, y yo te venceré, y te cortaré la cabeza, y daré hoy los cuerpos de los filisteos a las aves del cielo y a las bestias de la tierra; y toda la tierra sabrá que hay Dios en Israel. Y sabrá toda esta congregación que Jehová no salva con espada y con lanza; porque de Jehová es la batalla, y él os entregará en nuestras manos".

B. Jesucristo consumará la batalla con el diablo y sus secuaces y completará su misión de destruir la obra del diablo en el universo.

1 Juan 3:8 – El que practica el pecado es del diablo; porque el diablo peca desde el principio. Para esto apareció el Hijo de Dios, para deshacer las obras del diablo.

Gén. 3:15 – Y pondré enemistad entre ti y la mujer, y entre tu simiente y la simiente suya; ésta te herirá en la cabeza, y tú le herirás en el calcañar.

Isa. 27:1 – En aquel día Jehová castigará con su espada dura, grande y fuerte al leviatán serpiente veloz, y al leviatán serpiente tortuosa; y matará al dragón que está en el mar.

Mr. 1:24 – diciendo: ¡Ah! ¿Qué tienes con nosotros, Jesús nazareno? ¿Has venido para destruirnos? Sé quién eres, el Santo de Dios.

Lc. 10:18 – Y les dijo: Yo veía a Satanás caer del cielo como un rayo.

Jn. 12:31 – Ahora es el juicio de este mundo; ahora el príncipe de este mundo será echado fuera.

Jn. 16:11 – . . . y de juicio, por cuanto el príncipe de este mundo ha sido ya juzgado.

Rom. 16:20 – Y el Dios de paz aplastará en breve a Satanás bajo vuestros pies. La gracia de nuestro Señor Jesucristo sea con vosotros.

Col. 2:15 – y despojando a los principados y a las potestades, los exhibió públicamente, triunfando sobre ellos en la cruz.

Heb. 2:14 – Así que, por cuanto los hijos participaron de carne y sangre, él también participó de lo mismo, para destruir por medio de la muerte al que tenía el imperio de la muerte, esto es, al diablo.

Ap. 20:2-3 – Y prendió al dragón, la serpiente antigua, que es el diablo y Satanás, y lo ató por mil años; y lo arrojó al abismo, y lo encerró, y puso su sello sobre él, para que no engañase más a las naciones, hasta que fuesen cumplidos mil años; y después de esto debe ser desatado por un poco de tiempo.

Ap. 20:10 – Y el diablo que los engañaba fue lanzado en el lago de fuego y azufre, donde estaban la bestia y el falso profeta; y serán atormentados día y noche por los siglos de los siglos.

Ap. 20:15 – Y el que no se halló inscrito en el libro de la vida fue lanzado al lago de fuego.

C. Una vez que todos los enemigos de Dios hayan sido derribados por Cristo, incluyendo la muerte, la guerra divina cesará; Dios se convertirá en todo en todos.

> 1 Cor. 15:22-28 – Porque así como en Adán todos mueren, también en Cristo todos serán vivificados. Pero cada uno en su debido orden: Cristo, las primicias; luego los que son de Cristo, en su venida. Luego el fin, cuando entregue el reino al Dios y Padre, cuando haya suprimido todo dominio, toda autoridad y potencia. Porque preciso es que él reine hasta que haya puesto a todos sus enemigos debajo de sus pies. Y el postrer enemigo que será destruido es la muerte. Porque todas las cosas las sujetó debajo de sus pies. Y cuando dice que todas las cosas han sido sujetadas a él, claramente se exceptúa aquel que sujetó a él todas las cosas. Pero luego que todas las cosas le estén sujetas, entonces también el Hijo mismo se sujetará al que le sujetó a él todas las cosas, para que Dios sea todo en todos.

D. Como resultado de toda guerra, Dios recibirá toda la gloria en toda la guerra; la gloria y la alabanza pertenecen exclusivamente al Señor.

> Ex. 14:1-4 – Habló Jehová a Moisés, diciendo: Di a los hijos de Israel que den la vuelta y acampen delante de Pi-hahirot, entre Migdol y el mar hacia Baal-zefón; delante de él acamparéis junto al mar. Porque Faraón dirá de los hijos de Israel: Encerrados están en la tierra, el desierto los ha encerrado. Y yo endureceré el corazón de Faraón para que los siga; y seré glorificado en Faraón y en todo su ejército, y sabrán los egipcios que yo soy Jehová. Y ellos lo hicieron así.

IV. La identidad de Dios como Guerrero tiene implicaciones significativas para nuestra plantación de iglesias urbanas; la imagen y el drama – Ver la visión y vivir el drama hoy

A. En la batalla del universo, Dios siempre ha sido y sigue siendo el principal Combatiente; Él es el Señor de la siega, Mt. 9:35-38.

B. Sólo Dios puede salvar la ciudad: no bastarán las armas carnales en las batallas espirituales, Sal. 127:1-2.

C. Somos colaboradores de Dios en la batalla.

   1. Sea fuerte en el poder de Su fuerza, Ef. 6:10-12.

   2. Resista la dureza como un buen soldado de Jesucristo, 2 Tim. 2:1-4.

   3. No se enrede en asuntos civiles, 2 Tim. 2:4.

D. Esté preparado para enfrentar a los oponentes de Dios y los efectos de la resistencia espiritual en la plantación de iglesias urbanas. (Vivimos en el Reino de Dios del "Ya /Pero todavía no").

   1. Herejías, Ap. 2:14-16

   2. División y conflicto entre el equipo, Neh. 5:1-5

   3. Miedo y desánimo de los miembros del equipo, Neh. 4:10-12

   4. Fracaso moral dentro del equipo, Núm. 25:1-3

   5. Profundización de baluartes espirituales constantes y fortalezas en la comunidad: acoso de demonios, posesión, interferencia, etc., Mt. 12:29

   6. Ceguera e incredulidad espiritual, 2 Cor. 4:4

   7. Abandono: renunciar por completo a la plantación de la iglesia, Neh. 4:10

E. Como guerreros de Dios, debemos adoptar una mentalidad y conciencia de guerra, 1 Pe. 5:8; 2 Cor. 11:14.

   1. Estar en alerta todo el tiempo, 1 Pe. 5:8.

   2. Reconozca que cada pulgada cuadrada de tierra y cada alma que respira en ese terreno está en juego, Mt. 28:19.

   3. No ignore los planes del diablo, 2 Cor. 2.18.

4. Mantenga sus ojos en el cuadro general: la resolución de la guerra, no sólo la condición de la lucha de la batalla, Ap. 19:8.

5. Recuérdese a usted y a los demás del resultado final, 1 Cor. 15:24-28.

V. **Desarrolle una mente confeccionada: estrategias de enseñanza para desarrollar una conciencia de guerra**

A. **Desarrolle enfoques para inculcar una perspectiva de guerra.**

Supere su disgusto del motivo bíblico de la guerra; constantemente se refieren a la presentación del ya/ pero todavía no del Reino de Cristo.

1. Punto de vista bíblico, Ef. 6:10-18

2. El principio quedó claro: El universo está en guerra, y estamos llamados a representar a Jesús de Nazaret en la lucha, 2 Tim. 2:2-8.

3. Analogía: Movilización de norteamérica después de Pearl Harbor

4. Ramificación: *La formación académica que pretende ser auténticamente cristiana debe armar a sus miembros de la iglesia con una mente que represente a Cristo en la guerra espiritual.*

   a. El motivo de la guerra de la Escritura es una revelación de Dios, y no está sujeto a ser ignorado o resistido debido a asuntos de corrección política post-moderna.

   b. No debemos ceder a las últimas opiniones evangélicas ofrecidas sobre las preocupaciones de nuestros días; defienda la Gran Tradición de la Iglesia.

   c. El dominio de la historia de Dios en Cristo debe ser nuestro objetivo en nuestra teología, adoración, formación espiritual y testimonio.

   d. Nos equipamos por el bien de la guerra, no por usar dones para satisfacer nuestras propias necesidades percibidas: afirmar el principio de que el liderazgo es representación.

> En el cielo apareceremos, no en armadura, sino en vestiduras de gloria. Pero aquí hay que usarlas día y noche; debemos hablar, trabajar y dormir con ellas, o bien no somos verdaderos soldados de Cristo.
>
> ~ William Gurnall

B. **Ayude a su iglesia a formar una identidad de reino.**

Descarte los mayores sobre los menores; enseñe a los estudiantes todo el consejo (historia) de Dios.

1. Punto de vista bíblico, 1 Cor. 6:9-11

2. El principio quedó claro: Equipamos a nuestros miembros de la iglesia para que resistan cada noción o reclamo que contradiga lo que son y lo que poseen en Cristo.

3. Analogía: Los corintios (vistos a través del lente de Pablo), 1 Cor. 6

4. Ramificación: *Independientemente de la enseñanza, nuestro entrenamiento debe reorientar a nuestros miembros de la iglesia a quienes realmente son en Cristo.*

    a. Puesto que el diablo funciona por la intimidación de mentira, debemos equipar a nuestros miembros de la iglesia a "hablar de nuevo" al diablo a través de una comprensión clara de su posición y llamado en Cristo.

    b. El verdadero discipulado siempre transforma fundamentalmente las maneras en las cuales percibimos a nosotros mismos y nuestro lugar en este mundo.

    c. La identidad se refuerza a través del tiempo, la disciplina y la constancia. Todo el entrenamiento que ofrecemos debería reforzar la identidad personal en Cristo.

> A lo largo de los años, me he dado cuenta de que la mayor trampa en nuestra vida no es el éxito, la popularidad o el poder, sino el auto-rechazo. El éxito, la popularidad y el poder pueden de hecho presentar una gran tentación, pero su calidad seductora viene a menudo de la forma en que son parte de la tentación mucho más grande al auto-rechazo. Cuando hemos llegado a creer en las voces que nos llaman inútiles y no amables, entonces el éxito, la popularidad y el poder son fácilmente percibidos como soluciones atractivas.
>
> La verdadera trampa, sin embargo, es el auto-rechazo. Tan pronto como alguien me acusa o me critica, tan pronto como soy rechazado, marginado o abandonado, me encuentro a mi mismo pensando: "Bueno, eso demuestra una vez más que no soy nadie". . . [Mi lado oscuro dice,] Yo no soy bueno ... . Merezco ser puesto a un lado, olvidado, rechazado y abandonado. El auto-rechazo es el mayor enemigo de la vida espiritual porque contradice la voz sagrada que nos llama "el Amado". Ser el Amado constituye la verdad fundamental de nuestra existencia.
>
> ~ Henri J. M. Nouwen

C. **Utilice las oportunidades de entrenamiento para forjar una disposición crítica.**

No se limite a difundir información doctrinal; esfuércese por formar identidad personal.

1. Punto de vista bíblico, Rom. 12:1-2; Gál. 4:12-19

2. El principio quedó claro: no sólo entrenamos para el contenido, sino más bien equipar a los líderes a pensar.

3. Analogía: Los Bereanos (en respuesta al mensaje de Pablo), Hechos 17:10-11

4. Ramificación: *No pedimos información para completar los cursos, sino equipamos a los guerreros de Jesucristo a ser agentes perspicaces de la verdad.*

    a. Tenga cuidado con las respuestas oportunas y argumentos descuidados; equipe al estudiante a "pensar cristianamente", para pensar rigurosamente las cosas (es decir, para probar todo).

b. Solamente por el hecho de tener un bagaje académico limitado no significa que no sea capaz de pensar de manera crítica y cuidadosa.

c. Nunca debemos suponer que el estar privado un historial de derechos significa ser defectuoso en el intelecto.

> (Fortalezas espirituales) comienzan con un pensamiento. Un pensamiento se convierte en una consideración. Una consideración se desarrolla en una actitud, que conduce entonces a la acción. La acción repetida se convierte en un hábito, y un hábito establece una "base de poder para el enemigo", es decir, una fortaleza.
>
> ~ Elisabeth Elliot

D. **Afirmar la libertad en Cristo, proclamando la neutralidad cultural y la contextualización.**

No imponga métodos y normas culturales prefabricados; Afirme nuestra libertad en Cristo.

1. Punto de vista bíblico, Col. 3:11; Gál. 3:28

2. Elaboración: Somos libres de encarnar la verdad dentro de nuestra propia lente cultural y experiencia, es decir, traducir su significado dentro de nuestra cultura recibida.

3. Analogía: Cornelio y su clan recibiendo el Espíritu Santo, Hechos 10-11

4. Ramificación: *Cristo ha ganado la libertad de cada cristiano, permitiéndoles explorar las posibles aplicaciones y conexiones que su verdad les proporciona considerando su propio patrimonio cultural y contexto.*

    a. Dios ha escogido a los pobres de este mundo para que sean ricos en fe y herederos del Reino venidero, Stg. 2:5.

    b. Ninguna cultura debe asumir su propia prioridad y significado sobre otras culturas.

c. Los estudiantes orales con un rendimiento académico limitado no poseen deficiencias en cuanto a la espiritualidad y productividad en el Evangelio.

d. No permita que nadie patrocine a los miembros de su iglesia; espere grandes cosas. Y modele y reconozca la excelencia. 1 Cor. 10:31-33.

> Muchos cristianos tienen lo que podríamos llamar una "santidad cultural". Se adaptan al carácter y el patrón de comportamiento de los cristianos a su alrededor. Como la cultura cristiana que los rodea es más o menos santa, por lo que estos cristianos son más o menos santos. Pero Dios no nos ha llamado a ser como los que nos rodean. Nos ha llamado a ser como él. La santidad no es nada menos que la conformidad con el carácter de Dios.
> ~ Jerry Bridges

Sesión 4
Nutrir: Madurar la iglesia
Transicionar: Liberar la Iglesia

Temas y Objetivos de la Sesión

Sesión 4
Nutrir: Madurar la iglesia
Transicionar: Liberar la Iglesia
Temas y Objetivos

Concepto principal
Nutrir: Madurar la iglesia
Transicionar: Liberar la Iglesia

Objetivos
Después de esta sesión usted será capaz de:

- Articular los temas teológicos y bíblicos críticos relacionados con alimentar a los creyentes individualmente y en comunidad a través de la mentoría, el discipulado, la predicación y la enseñanza, y el desarrollo del liderazgo efectivo.

- Recitar los principios fundamentales de llevar a una congregación desde su incipiente comienzo a una iglesia madura y saludable, lista y capaz de sostener y reproducir su propia vida juntos a través de sus líderes y miembros.

- Indicar los principios básicos de la predicación y enseñanza bíblicas efectivas en la iglesia, ya sea en el púlpito, en un pequeño grupo, en el discipulado individual, en la educación cristiana o en la consejería.

- Si cambia el papel de plantador de iglesia a pastor, identifique y siga los criterios básicos para la transición de líderes llamados por Dios a posiciones y roles de responsabilidad para la iglesia.

- Si hace la transición de liderazgo de plantador de iglesia a los líderes autóctonos, resuelva asuntos relacionados con la implementación sin problemas de transferencia de liderazgo del equipo plantador de la iglesia a los líderes autóctonos como supervisores de la asamblea.

Escritura Clave
Hechos 20:28 (LBLA) – Tened cuidado de vosotros y de toda la grey, en medio de la cual el Espíritu Santo os ha hecho obispos para pastorear la iglesia de Dios, la cual Él compró con su propia sangre.

Contexto
Valores/Visión
Preparar
Lanzar
Agrupar
Nutrir
Transicionar
Horario/Cartilla

Principio de la guerra: Unidad de mando
La importancia del liderazgo

El principio relacionado con la plantación de Iglesias
Creemos en el poder del equipo, pero nada reemplaza el liderazgo piadoso y valiente y la sumisión; que lo mantenga unificado.

> Las guerras pueden ser combatidas con armas, pero son ganadas por los hombres. Es el espíritu de los hombres que siguen y el hombre que conduce que gana la victoria.
> ~ George Patton

Contexto
Valores/Visión
Preparar
Lanzar
Agrupar
Nutrir
Transicionar
Horario/Cartilla

Sesión 4
Nutrir: Madurar la iglesia
Transicionar: Liberar la Iglesia

Enseñanza del seminario

Seminario 1
Discipulado efectivo en la iglesia

Seminario 2
Discipulando a líderes cristianos urbanos

Seminario 3
Predicación y enseñanza:
El arte fino de comunicar la verdad

Seminario 4
Seleccionando un criterio creíble para la independencia:
Navegando hacia una transición saludable

Seminario 1
Discipulado efectivo en la iglesia
Rev. Dr. Don L. Davis

I. La Gran Comisión, el Reino de Dios y la Iglesia de Jesucristo

   A. La Gran Comisión, Mateo 28:18-20; Marcos 16:15-16; Lucas 24:46-49; Hechos 1:8; Juan 20:21

   1. La autoridad de Jesucristo

   2. El mandato de ir

      a. A todas las naciones

      b. Hacer discípulos

      c. Bautizar en el nombre del Padre, del Hijo y del Espíritu Santo

   3. La directriz: Enseñar a obedecer todo lo que Cristo enseñó

   B. El Reino de Dios, Mat. 6:33; Mc. 1:14-15; Ap. 11:15; Rom. 14:17

   1. El reino de Dios = el reinado y dominio de Dios en medio de su universo

      a. El universo está en guerra.

      b. Jesús de Nazaret es la respuesta de Dios a la rebelión del cosmos.

      c. La recuperación de las esferas: la intención de Dios de devolver el universo bajo su dominio y control

   2. El reino de las tinieblas, Ef. 6:12

      a. Nuestro enemigo mortal: Satanás, el Adversario, el diablo

b. Su principal medio de operación

   (1) Mentira y engaño

   (2) Culpa y acusación

   (3) Orgullo y egoísmo

c. Sus agentes: los gobernadores de esta oscuridad

C. La Iglesia de Jesucristo, Mat. 16:18; Ef. 1:22 - 23; 1 Tim. 3:15

1. El Cuerpo de Cristo: la manifestación visible del Cristo Viviente en el mundo de hoy

2. La revelación de la sabiduría de Dios en el mundo, Ef. 3:8-12

   Ef. 3:8-12 – A mí, que soy menos que el más pequeño de todos los santos, me fue dada esta gracia de anunciar entre los gentiles el evangelio de las inescrutables riquezas de Cristo, y de aclarar a todos cuál sea la dispensación del misterio escondido desde los siglos en Dios, que creó todas las cosas; para que la multiforme sabiduría de Dios sea ahora dada a conocer por medio de la iglesia a los principados y potestades en los lugares celestiales, conforme al propósito eterno que hizo en Cristo Jesús nuestro Señor, en quien tenemos seguridad y acceso con confianza por medio de la fe en él.

3. El ejército de agente de Dios para proclamar la reconciliación por toda la tierra, 2 Cor. 5:18-21

> El discipulado es el cumplimiento del plan de Dios para restaurar su reinado en toda la tierra, multiplicando a los discípulos de Jesús a través de la iglesia a toda nación (grupo de personas) sobre la faz de la tierra. ¡Hacer discípulos es cumplir el mandato del Señor resucitado hasta que Él venga!

II. Los porqués y los qués del discipulado en la iglesia

A. ¿Por qué discipular en la iglesia?

1. La iglesia es el *lugar de la preocupación de Dios en el mundo* – su deseo es formar una nueva humanidad en la iglesia.

2. La iglesia es el *agente de Dios en su misión de reconciliar al mundo* para sí mismo.

3. La iglesia es *el cuerpo de Cristo*, la revelación de sí mismo a una generación caída.

4. Razones porqué hacer discípulos en y a través de la iglesia tiene sentido

   a. El discipulado es *en* la iglesia

   b. El discipulado es *a través* de la iglesia

   c. El discipulado es *para* la iglesia

B. ¿Cuáles son algunos ejemplos bíblicos de discipulado?

1. Moisés y Josué, Núm. 27:15-20; Cf. Jos. 1:1-2

2. Elías y Eliseo, 1 Reyes 19; 2 Reyes 2

3. David y sus "valientes", 1 Cr. 12

4. Noemí y Rut, Rut 1

5. Jesús y los Doce, Mc. 3:14

6. Pablo y Timoteo (y su banda), Hch. 20:4; cp. Fil. 2:20-22

El discipulado en la iglesia es el proceso de modelar, mentorear y hacer amistad con otro en la iglesia para permitirles ser incorporados al Cuerpo de Cristo, establecerse en la fe y luego ser equipados para ministrar en el nombre de Cristo en la iglesia y el mundo, según el Espíritu Santo le guíe.

C. ¿Cuál es la *naturaleza* del discipulado en la iglesia?

1. Ejemplo personal y ritmo

2. Intercesión y oración prevaleciente

3. Contacto personal y asociación ("estar con él"), Mc. 3:14

4. Representantes personales

5. Correspondencia personal (las Epístolas)

6. Delegación personal y supervisión del ministerio

III. El papel del discipulador: modelo, mentor y amigo

A. La responsabilidad de ser un *Modelo* (quién es el discipulador)

1. "*Typos*" – tipo, patrón, ejemplo

    a. Juan 15:8

    b. Juan 13:34-35

    c. Lucas 14:26-27

    d. Lucas 14:33

    e. Lucas 9:23

    f. Juan 12:24-25

    g. Juan 8:31-32

    h. Juan 15:12

    i. 1 Timoteo 4:9-16

    j. Mateo 28:19-20

2. Conceptos erróneos primarios sobre ser un modelo

   a. Ser como tú como el objetivo

   b. Incapacidad para permitir la diferencia

   c. No puedes reproducirte personalmente en otro

3. La semejanza a Cristo el objetivo de la vida cristiana

4. Imitación – ¿bueno, malo, o feo?

B. La responsabilidad de ser *Mentor* (lo que hace el discipulador)

1. El ejemplo moderno: entrenador

2. Conceptos erróneos primarios

   a. Ser un maestro de tareas: la rendición de cuentas por sí sola (pretendiendo ser el Espíritu Santo en la vida de la otra persona)

   b. Bajas expectativas – no interferencia como el objetivo

   c. Incapacidad de equilibrar el estímulo y desafío

3. Tareas, habilidades y "jugar su posición"

4. La excelencia derivada de la aplicación continua (fidelidad): El estándar primario para administrar los misterios de Dios

C. La responsabilidad de ser un *Amigo* (cómo se relaciona el discipulador)

1. "Compañero de yunta", Fil. 4:3 – el discipulador como un compañero extraño y extranjero

2. Conceptos erróneos primarios

   a. Los amigos deben ser indirectos en su enseñanza

   b. Los amigos no interfieren

   c. La amistad impide la admonición y la rendición de cuentas

3. Convertirse en un hermano o hermana, Juan 1:12-13

    a. La mutualidad como meta de todo discipulado

    b. Amistad del alma: caminando juntos en mutuo acuerdo y deseo

    c. Tanto dar como recibir: la reciprocidad en todas las relaciones sanas de discipulado

4. Cultivar una amistad piadosa

    a. Los tres tipos de amistad de Aristóteles

    b. La importancia del diálogo: la comunicación abierta

    c. La importancia de la honestidad: revelar el corazón

    d. La importancia de la mutualidad: una calle de dos vías

5. La naturaleza especial de la amistad

    a. Afilándose uno a otro, Prov. 27:27

    b. Se acerca más que un hermano, Prov. 18:24

    c. Ama en todo tiempo, Prov. 17:17

    d. Cuyas heridas son fieles, Prov. 27:6

**La semejanza con Cristo:
El objetivo final de todo el discipulado en la Iglesia**

El cristiano está unido a Cristo en virtud de su fe en él. Sólo cuando entendemos que el deseo supremo de Dios es conformar a cada miembro de Su iglesia a la belleza y gloria de Cristo podemos colocar el discipulado en su contexto apropiado. El cristiano está unido a Cristo en todas las dimensiones de su vida y ministerio, y así el discipulado está efectivamente tratando de hacer visible en nuestras vidas lo que Dios ha hecho en nuestra posición en Cristo (Rom. 8:29; 1 Juan 3:2-3; 3,18, Fil. 3:4-12). El discipulado, por lo tanto, es hacer visible en nuestra condición lo que el Espíritu Santo ha hecho ya en nuestra posición. ¡En pares, intente emparejar el texto con su descripción respectiva!

Estamos en Cristo como nuestra vida misma	Ap. 3
Hemos muerto con Cristo	Rom. 6
Hemos sido sepultados con Cristo	Ef. 2
Hemos sido resucitados de entre los muertos con Cristo	Rom. 8
Hemos ascendido a los cielos con Cristo	Rom. 6
Nos sentamos en los lugares celestiales con Cristo	1 Tes. 2
Nosotros sufrimos con Cristo	Rom. 6
Volveremos con Cristo otra vez	Col. 3
Seremos glorificados con Cristo	Rom. 8
Reinaremos para siempre con Cristo	Ef. 2

IV. El papel de la Iglesia local en el discipulado efectivo

A. La Iglesia le ayuda a incorporar nuevos convertidos en el cuerpo.

1. La *evangelización* tiene lugar a través de la iglesia.

2. El *seguimiento* es ser incorporado a la iglesia.

3. La *conversión auténtica* se muestra en el compromiso con el cuerpo de los cristianos.

   a. Confesión ante los hombres: el testimonio de la fe

   b. Bautismo

   c. La cena del Señor con el pueblo de Dios

B. La Iglesia es fundamental para establecer nuevos cristianos en la fe: "prueba la autenticidad en la fe".

1. La comunión del Espíritu Santo (en el cuerpo)

2. La Palabra Viviente de Dios (la Iglesia como el pilar y el fundamento de la verdad)

3. Los dones del Espíritu

4. Las oraciones de los santos

5. Buenas obras: exaltar nuestro amor por el Señor Jesús

C. La Iglesia equipa a los santos para ministrar, Ef. 4:9-15

1. Los dones especiales de Dios

    Ciertos dones se dan para equipar a los santos para la obra del ministerio. A veces se les llama los "dones quíntuples".

    a. Apóstoles

    b. Profetas

    c. Evangelistas

    d. Pastores

    e. Maestros

2. Equipar a los santos para la obra del ministerio, Rom. 12:4-8; Ef. 4:6-15; 1 Cor. 12:12-27; 1 Pe. 4:10-11

    a. Todos los cristianos han sido dotados por Cristo con dones espirituales

        (1) "*Charisma*," "*Charismata*"

        (2) Fluidez

    b. Todos los cristianos con una esfera particular de influencia

        (1) Su *oikos*

        (2) Su red de influencia

        (3) "Operación Andrés"

        (4) Equipado para tocar a los que están en su círculo

    c. Dado en conjunción con los deseos del Espíritu

    d. Coordinado dentro de la Iglesia para el bien de todos

    e. El cuerpo crece a medida que cada uno funciona de acuerdo a sus dones.

D. El papel del discipulador en el equipamiento de los santos

1. Conviértase en un modelo de un feligrés fiel.

2. Rechace reconocer el ministerio de "Llanero solitario": sométase a la autoridad de los líderes de su iglesia local, Heb. 13:17.

3. Reconozca el llamamiento y dones de Dios en la vida de cada persona en la iglesia.

4. Pida al Espíritu Santo que le muestre los dones y el lugar para su discípulo en el cuerpo.

5. Fomente la experimentación y la participación en las dimensiones del cuerpo.

    a. Participación activa en la adoración corporativa

    b. Vida celular o vida en grupos pequeños

    c. Equipo ministerial

6. Servir junto con el discípulo en los ministerios o actividades de edificación del cuerpo.

7. Permita que el discípulo participe en un ministerio o trabajo bajo su supervisión, vigilancia y cuidado.

8. Fomente perseverancia y paciencia.

V. El poder de ser completamente persuadido: Construyendo convicción y perspectiva en la vida de un discípulo

A. La importancia de la convicción

1. Heb. 11:6

2. Rom. 1:16-17

3. 2 Tim. 2:2

4. Juan 8:31-32

5. La importancia de la "doctrina sana"

B. La importancia de una perspectiva del Reino

   1. Mat. 6:33

   2. Luc. 16:10

   3. Isa. 55:8-11

   4. 2 Cor. 10:3-5

   5. 2 Cor. 4:16-18

C. ¿Cuál es la naturaleza de ser persuadido con respecto a las cosas de Dios?

   1. El hambre y la pasión por conocer a Dios y a Su Palabra (Esdras)

   2. Una voluntad de estudiarlas (los de Berea)

   3. Un compromiso para aplicar las implicaciones (Zaqueo)

   4. La disposición de reordenar las prioridades de uno a la luz de la verdad (los de Efeso)

   5. La determinación de seguir adelante en algo, no importando qué (Pablo en su camino a Jerusalén)

D. La centralidad de la persuasión en el discipulado, 2 Tim. 1:12

Un énfasis en permitir que una persona que esté completamente persuadida a crecer en lo que están comprometidos a eliminar decenas de problemas perjudiciales asociados con relación al discipulado. *Buscar formar a alguien que no está comprometido con lo mismo que usted está no sólo es inútil, sino que puede ser extremadamente contraproducente en la vida del discípulo.* Lleva a la frustración, el desperdicio, y un rebajamiento del llamado a ser lo que Cristo desea en nuestras vidas.

   1. La persuasión afirma la individualidad del discípulo.

   2. La persuasión socava la creación de relaciones co-dependientes.

   3. La persuasión establece el deseo y el compromiso mutuos.

4. La persuasión evita la coerción y la manipulación.

5. La persuasión genera multiplicación espiritual.

6. La persuasión afirma el costo del discipulado.

7. La persuasión produce resultados espirituales dinámicos.

   a. Cargas por un nuevo ministerio

   b. Voluntad de sacrificar y sufrir por Cristo

   c. Testimonio y proclamación intrépida

   d. Compromiso y servicio en nombre de otros

VI. El papel de la Palabra de Dios en el discipulado efectivo en la iglesia

A. Como la autoridad final sobre todos los asuntos de fe y práctica – Isa. 8:20; 2 Pe. 1:20-21; 1 Pe. 1:22-25

   1. La autoridad final sobre lo que creemos

   2. La autoridad final sobre quiénes somos

   3. La autoridad final sobre cómo debemos vivir

> El principio de correspondencia: Debemos actuar como si la Palabra de Dios fuera verdad en todo lo que afirma, declara y afirma, independientemente de cómo las cosas aparezcan o parezcan.

B. Como el contenido principal del plan de disciplina – Juan 8:31-32

   1. Somos quienes Dios dice que somos.

   2. Tenemos lo que Dios dice que tenemos.

   3. Podemos hacer todo lo que Dios dice que podemos hacer.

   4. Seremos lo que Dios dice que seamos.

C. Como el instrumento central en la preparación del discípulo para la obra del ministerio, 2 Tim. 3:16-17

2 Tim. 3:14-17 – Pero persiste tú en lo que has aprendido y te persuadiste, sabiendo de quién has aprendido; y que desde la niñez has sabido las Sagradas Escrituras, las cuales te pueden hacer sabio para la salvación por la fe que es en Cristo Jesús. Toda la Escritura es inspirada por Dios, y útil para enseñar, para redargüir, para corregir, para instruir en justicia, a fin de que el hombre de Dios sea perfecto, enteramente preparado para toda buena obra.

1. Como provechoso para la *doctrina* (ganar la perspectiva de Dios)

2. Como provechoso para la *reprensión* (identificación de las malas creencias y falsedades del enemigo)

3. Como provechoso para la *corrección* (reemplazando las mentiras con la Palabra de Dios segura)

4. Como provechoso para la *instrucción en la justicia* (estableciendo patrones sólidos de hábito de hablar la verdad y vivir la verdad)

D. Medios de ingerir la Palabra de Dios: Enseñando a su discípulo a ser una persona de la Palabra de Dios

1. *Escuchar* la Palabra enseñada

2. *Leer* la Palabra regularmente

3. *Estudiar* (correctamente dividir) la Palabra de verdad

4. *Memorizar* la Palabra juntos

5. *Aprender* a cómo meditar en la Palabra

6. *Hablar* la Palabra de Dios con audacia y eficacia

E. Aplicación especial de la Palabra: Afirmación, Aplicación y Apropiación

1. *Afirmación*: aprender a llevar su propio-hablar en línea con lo que dice la Palabra de Dios

2. *Aplicación*: aprender a establecer metas para caminar al paso con la Palabra de Dios

3. *Apropiación*: reclamar las promesas de Dios en oración y alabanza

VII. Cómo equipar a un discípulo: Principios de capacitación del MAA (siglas en inglés MAP)

A. Determine los objetivos de la capacitación.

1. ¿Disciplinas espirituales?

2. ¿Doctrina bíblica?

3. ¿Habilidades ministeriales?

4. ¿Asuntos de carácter personal?

Regla de oro: Pida al Espíritu Santo que le ayude a enfocarse en los pocos temas y asuntos que tendrán el mayor impacto en términos de edificación y fruto en la vida de la persona que está siendo discipulada.

B. **M – Maestría**: Primero debe convertirse en un maestro del acto usted mismo.

1. Lucas 6:40 y el discipulado

2. La centralidad de la modelización

3. "Un paso adelante"

C. **A – Aprendizaje**: Se adquiere un aprendiz comprometido a aprender el acto.

1. El principio de selección
2. El principio de asociación
3. El principio de cooperación
4. El principio de delegación

D. **A – Asociación**: Su aprendiz se convierte en un maestro, tratando de formar a sus propios aprendices.

1. La belleza de la excelencia
2. El poder de la multiplicación

VIII. Manejando los bordes ásperos de una relación de discipulado

A. La inevitabilidad de los bordes ásperos

1. La naturaleza ocasional de las epístolas
2. El carácter diagnóstico de todo discipulado, 1 Tes. 5
3. El carácter individual del discipulado

    a. Discipulado como **crianza**
    b. Discipulado como **entrenador**
    c. Discipulado como **amistad**

B. "Quien quiera": los límites del discipulado efectivo en la iglesia

1. Lo que **Dios** nos ha dado

    a. La sangre, 1 Juan 1:7
    b. La Palabra, 2 Tim. 3:16-17
    c. El Espíritu, Ef. 1:13

  d. La cruz, Rom. 6:1-6; Gál. 2:20

  e. El Cuerpo, Rom. 12:4-8

  f. Los dones, 1 Cor. 12:12-27

2. Lo que el **discípulo** debe dar

  a. Fidelidad, 1 Cor. 4:2; 2 Tim. 2:2

  b. Disponibilidad, Isa. 6:8

  c. El hambre, Mat. 5:6

  d. Voluntad para aplicar la verdad, Heb. 4:1-2

3. Lo que el **discipulador** puede dar

  a. Oración

  b. Tiempo

  c. Ejemplo

  d. Oportunidad

C. Bordes ásperos clave

1. Ignorancia

2. Deshonestidad

3. Incredulidad

4. Falsa creencia

5. Indiferencia (apatía)

6. Infidelidad

7. Egoísmo (egocentrismo)

8. Rebelión (rebeldía)

D. El secreto abierto: ayude al discípulo a aclarar el estado de su propia prontitud, disponibilidad y disposición, Deut. 30.

Dios hará Su parte, pero nadie más puede ayudarnos a hacer nuestra parte, Gál. 6:2-4.

IX. Cómo multiplicarse espiritualmente

A. Enseñe al discípulo cómo orar por el fruto espiritual.

B. Enfatice la importancia de la fidelidad en todos los niveles de participación.

C. Procure subrayar la multiplicación en cada vuelta y dimensión del entrenamiento, 2 Tim. 2:2.

D. Invierta por el bien de la reproducción (sin preparación terminal).

E. Desde el principio, haga de su discípulo un socio y compañero de trabajo, Fil. 2:19-25.

F. Aliente al discípulo a encontrar nuevas oportunidades para el ministerio en el Cuerpo.

1. Orar por nuevas cargas

2. Como voluntario/a para alcances pioneros de corto plazo

3. Reclutamiento de personal interino para trabajar junto a ella

4. Convertirse en un/a asistente ministerial en otro ministerio

5. Aceptar un papel como líder del equipo ministerial

G. Crear un invernadero para la reproducción y el crecimiento.

X. Disfrutando de los frutos de la cosecha: Los resultados del discipulado efectivo en la iglesia

A. Obediencia y cumplimiento de la Gran Comisión

B. La edificación del cuerpo de Cristo

C. Movilización y fortalecimiento de la vida y el ministerio de su iglesia local

D. Penetrando nuestras unidades *oikos* con el evangelio de Cristo

E. Multiplicando el número de trabajadores en la cosecha

F. Testimonio más dinámico de discípulos de calidad dispersos por toda nuestra ciudad

G. Aumento de la difusión de la Palabra de Dios

H. Efecto multiplicado de la oración dinámica e intercesora

I. Mayor unidad en el cuerpo de Cristo

J. Ministerio ampliado como cristianos que usan sus dones espirituales en el cuerpo

K. Acción de gracias multiplicadas dadas a Dios: aumento de la glorificación de Dios en la Iglesia

Revise los siguientes apéndices sobre *Plantando iglesias entre los pobres de la ciudad: Una antología de recursos de plantación de iglesias urbanas* (consulte la tabla del apéndice al final de esta sesión para encontrar la ubicación de cada documento que se muestra a continuación, es decir, su volumen y número de página), y luego responder juntos las preguntas bajo *Discusión de grupo del seminario*.

- Discipulando a los fieles: Estableciendo líderes para la iglesia urbana
- Nutriendo un auténtico liderazgo cristiano
- Cuatro contextos del desarrollo de liderazgo cristiano urbano
- El poder de la multiplicación: El principio de 2 Timoteo 2:2
- Desarrollo de líderes cristianos urbanos: Un perfil
- Aptos para representar: Multiplicando discípulos del Reino de Dios
- De la ignorancia profunda al testimonio creíble: Etapas del crecimiento dinámico
- Contando el costo y escuchando al Espíritu: Respondiendo al llamado
- La vocación misionera: Evaluando la adaptación transcultural
- Espiritualidad compartida: Viviendo la vida de Cristo en comunidad

Contexto
Valores/Visión
Preparar
Lanzar
Agrupar
Nutrir
Transicionar
Horario/Cartilla

Discusión de grupo del seminario

1. ¿Cómo debemos entender el discipulado a la luz de la Gran Comisión y las enseñanzas de Jesús sobre el Reino de Dios y la Iglesia? ¿Cuáles fueron las maneras en que Pablo discipuló a otros en su tiempo?

2. ¿Por qué el hacer de discípulos en y por medio de la iglesia es el método preferido de hacer discípulos? ¿Cuáles son algunos ejemplos bíblicos de discipulado? ¿Qué podemos aprender de ellos?

3. ¿Cómo se relacionan los conceptos de Modelo, Mentor y Amigo con el discipulado bíblico? Explique el papel de la convicción y la perspectiva en todas las relaciones de discipulado.

4. ¿Qué papel debe desempeñar la Palabra de Dios en nuestros líderes en entrenamiento, superando los "bordes ásperos" y preparando a otros para discipular a los demás?

Seminario 2
Discipulando a líderes cristianos urbanos
Rev. Dr. Don L. Davis

Desarrollando líderes en plantaciones de iglesias urbanas transculturales: De la comisión a la comunidad

I. **Comisión**

   A. Definición: Reconoce el llamado de Dios y responde con pronta obediencia a su señorío y guía.

   B. Escritura clave:

      1. 2 Tim. 1:6-14

      2. 1 Tim. 4:14

      3. Hch. 1:8

      4. Mat. 28:18-20

   C. Concepto crítico: sobre la autoridad de Dios – El líder de Dios actúa sobre el llamado y autoridad reconocida por Dios, reconocida por los santos y los líderes de Dios.

   D. Elementos centrales:

      1. Un llamado claro de Dios

      2. Un testimonio auténtico ante Dios y los demás

      3. Un profundo sentido de convicción personal basado en la Escritura

      4. Una carga personal para una determinada tarea o personas

      5. La confirmación por los líderes y el cuerpo

   E. Estrategia satánica para abortar: Opera sobre la base de la personalidad o la posición en lugar del llamado designado por Dios y la autoridad en curso.

F. Pasos clave:

1. Identificar el llamado de Dios.

2. Descubrir su carga.

3. Ser confirmado por el liderazgo.

G. Resultados: profunda confianza hacia Dios surgida del llamado de Dios

II. Carácter

A. Definición: Refleja el carácter de Cristo en sus convicciones personales, conducta y estilo de vida

B. Escritura clave:

1. Juan 15:4-5

2. 2 Tim. 2:2

3. 1 Cor. 4:2

4. Gál. 5:16-23

C. Concepto crítico: En la humildad de Cristo – el líder de Dios demuestra la mente y el estilo de vida de Cristo en sus acciones y relaciones.

D. Elementos centrales:

1. Pasión por la semejanza de Cristo

2. Estilo de vida radical para el Reino

3. La búsqueda seria de la santidad

4. Disciplina en la vida personal

5. Cumple las relaciones del papel como esclavo de Jesucristo

6. Proporciona un modelo atractivo para otros en su conducta, hablar y estilo de vida (el fruto del Espíritu)

E. Estrategia satánica para abortar: sustituye la actividad ministerial y/o el trabajo duro y la industria por la piedad y la semejanza con Cristo

F. Pasos clave:

1. Permanecer en Cristo.

2. Disciplinarse para la piedad.

3. Buscar la santidad en todos.

G. Resultados: un poderoso ejemplo de Cristo a seguir ofrecido a otros

III. Competencia

A. Definición: Responde en el poder del Espíritu con excelencia en el desempeño de sus tareas y ministerio.

B. Escritura clave:

1. 2 Tim. 2:15

2. 2 Tim. 3:16-17

3. Rom. 15:14

4. 1 Cor. 12

C. Concepto crítico: Por el poder del Espíritu – el líder de Dios opera en el don y la unción del Espíritu Santo.

D. Elementos centrales:

1. Talentos y dones del Espíritu

2. Discipulado sólido de un mentor capaz

3. Habilidad en las disciplinas espirituales

4. Capacidad en la Palabra

5. Capaz de evangelizar, dar seguimiento y discipular a los nuevos conversos

6. Estratégico en el uso de recursos y personas para llevar a cabo la tarea de Dios

E. Estrategia satánica para abortar: función en dones naturales e ingenio personal más que en la dirección y dones del Espíritu

F. Pasos clave:

1. Descubrir los dones del Espíritu.

2. Recibir un excelente entrenamiento.

3. Mejorar su rendimiento.

G. Resultados: trabajo dinámico del Espíritu Santo

IV. Comunidad

A. Definición: Se refiere a multiplicar a los discípulos en el cuerpo de Cristo como el papel principal del ministerio

B. Escritura clave:

1. Ef. 4:9-15

2. 1 Cor. 12:1-27

C. Concepto crítico: Para el crecimiento de la Iglesia – el líder de Dios usa todos sus recursos para equipar y fortalecer el cuerpo de Cristo como su meta y tarea.

D. Elementos centrales:

1. Amor genuino y deseo de servir al pueblo de Dios

2. Discipula a los fieles

3. Facilita el crecimiento en grupos pequeños

4. Pastorea y prepara a los creyentes en la congregación

5. Fomenta las asociaciones, las redes entre los cristianos y las iglesias

6. Avanza nuevos movimientos entre el pueblo de Dios localmente

E. Estrategia satánica para abortar: Exaltar las tareas y actividades por encima de equipar a los santos y desarrollar la comunidad cristiana

F. Pasos clave:

1. Abrazar la Iglesia de Dios.

2. Aprender los contextos del liderazgo.

3. Equipar concéntricamente.

G. Resultados: multiplicación de discípulos en la Iglesia

Revise los siguientes apéndices sobre *Plantando iglesias entre los pobres de la ciudad: Una antología de recursos de plantación de iglesias urbanas* (consulte la tabla del apéndice al final de esta sesión para encontrar la ubicación de cada documento que se muestra a continuación, es decir, su volumen y número de página), y luego responder juntos las preguntas bajo *Discusión de grupo del seminario*.

- Discipulando a los fieles: Estableciendo líderes para la iglesia urbana
- Cultivando un auténtico liderazgo cristiano
- Cuatro contextos del desarrollo del liderazgo cristiano urbano
- El poder de la multiplicación: El principio de 2 Timoteo 2:2
- Desarrollo de líderes cristianos urbanos: Un perfil
- Aptos para representar: Multiplicando discípulos del Reino de Dios
- La eficiencia de la estandarización dinámica: Modelos que apoyan una visión integrada de la plantación de iglesias urbanas transculturales

Discusión de grupo del seminario

1. ¿Cuáles son las cuatro áreas críticas a las que debemos atender para desarrollar líderes en los esfuerzos de plantación de iglesias? Proporcione en cada una su definición clave, elementos centrales, pasos clave y resultados si nos concentramos en cada área con nuestros líderes en potencia.

2. ¿Cuáles son los peligros de llamar a alguien para ser un líder antes de que esté listo? ¿Cuáles son las consecuencias de esperar demasiado tiempo antes de encargar a una persona apta para dirigir?

3. Enumere las estrategias que el diablo intentará para sabotear sus esfuerzos de entrenar a líderes para la supervisión eficaz de la iglesia. ¿Cómo contrarrestamos esas estrategias?

4. A su juicio, ¿cuál será el factor más importante en la selección y la capacitación de los líderes en el entorno de la plantación de la iglesia?

Contexto
Valores/Visión
Preparar
Lanzar
Agrupar
Nutrir
Transicionar
Horario/Cartilla

Seminario 3
Predicación y enseñanza
El arte fino de comunicar la verdad
Rev. Dr. Don L. Davis

> Pero persiste tú en lo que has aprendido y te persuadiste, sabiendo de quién has aprendido; y que desde la niñez has sabido las Sagradas Escrituras, las cuales te pueden hacer sabio para la salvación por la fe que es en Cristo Jesús. Toda la Escritura es inspirada por Dios, y útil para enseñar, para redargüir, para corregir, para instruir en justicia, a fin de que el hombre de Dios sea perfecto, enteramente preparado para toda buena obra.
> ~ 2 Timoteo 3:14-17 (RV)

I. Metas de un comunicador bíblico efectivo

A. Nunca avergonzarse del Evangelio de Jesucristo y declararlo con denuedo, Rom. 1:16-17

B. No saber nada entre nuestros oyentes, sino la persona de Jesucristo como fuente y circunferencia de todo lo que sabemos y enseñamos, Col. 1:28-29; Cf. 1 Cor. 2:1

C. Proclamar la verdad de Dios en amor, sin hipocresía o sinceridad, 1 Tes. 2:4-5

D. Conciliar a otros con Dios en Cristo como embajadores persuasivos y convincentes del Reino de Dios, 2 Cor. 5:20

E. Enseñar todo el consejo de Dios sin deshonestidad, parcialidad o preocupación en última instancia por nuestro bienestar, promoción o seguridad, Hch. 20:18-27

II. Significado de los dones de la predicación y enseñanza

A. Por el bien de proclamar a Cristo en súplica ferviente a cada hombre y mujer que podamos, Col. 1:28-29

B. Por el bien de alimentar a los creyentes jóvenes, inmaduros y en crecimiento hacia la madurez, 1 Ped. 2:2

C. El rango prominente de los dones de la palabra en las listas dadas por los apóstoles (Ef. 4:11; 1 Cor. 12:27 y sig.; 1 Ped. 4:10-11; Rom. 12:4-8)

D. Dones de la Palabra dados para la madurez y equipamiento de los santos para el ministerio, Ef. 4:11-16

III. **Imágenes contemporáneas de un mentor bíblico eficaz/ comunicadores**

A. Importancia de las analogías y metáforas en la comunicación bíblica

1. El papel del comunicador es más importante que la simple transmisión de información; la comunicación bíblica es acerca de hacer discípulos, no sólo transmitir datos, Juan 8:31-32.

2. Desarrollar un modelo de trabajo y persuasivo de la comunicación bíblica puede liberar la predicación y la enseñanza de los estereotipos sobre cómo contextualizar la Palabra de Dios (vea Hechos 17 con Col. 1:15-19 y Juan 1:1-3).

3. Adoptar un modelo claro de cómo nos relacionamos como comunicadores con aquellos que reciben la Palabra, enriquece la posibilidad de relación que exploraremos con nuestra audiencia (es decir, no reduciremos la comunicación de la Palabra de Dios al proceso de desenroscar las tapas del cráneo de nuestros oyentes y verter nuestros guisos bíblicos dentro de ellos!).

B. El Predicador y el Maestro deben estimular como un **animador**, 3 Juan 3-4 (LBLA) – Pues me alegré mucho cuando algunos hermanos vinieron y dieron testimonio de tu verdad, esto es, de cómo andas en la verdad. No tengo mayor gozo que éste: oír que mis hijos andan en la verdad.

1. Sea el **admirador** más leal de sus estudiantes.

2. Haga su registro **constante**.

C. El Predicador y el Maestro deben diagnosticar y tratar como un médico experto, 1 Tes. 5:14 (LBLA) – Y os exhortamos, hermanos, a que amonestéis a los indisciplinados, animéis a los desalentados, sostengáis a los débiles y seáis pacientes con todos.

   1. Diagnóstico crítico de las causas subyacentes, no sólo los síntomas externos.

   2. El tratamiento cuidadoso se basa en un diagnóstico cuidadoso y un cuidado amoroso y consistente.

D. El Predicador y el Maestro deben proveer retroalimentación inmediata y constante como un sabio hombre en el **cuadrilátero**, 1 Tim. 4:15-16 (LBLA) – Reflexiona sobre estas cosas; dedícate a ellas, para que tu aprovechamiento sea evidente a todos. Ten cuidado de ti mismo y de la enseñanza; persevera en estas cosas, porque haciéndolo asegurarás la salvación tanto para ti mismo como para los que te escuchan.

   1. De el **tipo correcto** de entrada a cada estudiante según sus necesidades.

   2. **Nunca ceda** a la urgencia de condenar y de poner; siempre comunique su creencia de que pueden cambiar y crecer.

E. El Predicador y el Maestro deben perseguir su comunicación metódica y cuidadosamente como un **trabajador de la construcción** siempre listo, 1 Cor. 3:10-11 (LBLA) – Conforme a la gracia de Dios que me fue dada, yo, como sabio arquitecto, puse el fundamento, y otro edifica sobre él. Pero cada uno tenga cuidado cómo edifica encima. Pues nadie puede poner otro fundamento que el que ya está puesto, el cual es Jesucristo.

   1. Construir en sus corazones y en la parte superior de sus logros; **alabarlos** liberalmente.

   2. Determine que su comunicación, por más dura y crítica que pueda tener que ser, al final edificará el receptor, **rechazará** cualquier derribo.

F. El Predicador y el Maestro deben proveer consejo e instrucción en un contexto de la vida real como un **entrenador** de campeonato, Ef. 4:11-13 (LBLA) – Y El dio a algunos el ser apóstoles, a otros profetas, a otros evangelistas, a otros pastores y maestros, a fin de capacitar a los santos para la obra del ministerio, para la edificación del cuerpo de Cristo; hasta que todos lleguemos a la unidad de la fe y del conocimiento pleno del Hijo de Dios, a la condición de un hombre maduro, a la medida de la estatura de la plenitud de Cristo.

1. **Observe** cómo sus estudiantes "juegan" el juego.

2. Ofrezca **orientación** y **asesoramiento** sobre cómo pueden mejorar su desempeño.

IV. **Modelos populares de presentación de contenido para el cambio**

A. Lawrence O. Richards:

1. Gancho: Capte la atención del estudiante.

2. Libro: Enseñe el contenido de la lección del estudiante de las Escrituras.

3. Mire: Ayude al estudiante a dibujar un principio para la aplicación.

4. Tome: Dé (o ayude al estudiante a crear) una asignación práctica que le ayudará a usar el principio que aprendieron.

B. Thomas H. Groome:

1. Actividad de enfoque: Enfoque la atención del estudiante en el tema.

2. Cinco movimientos:

a. Nombrar acción actual: Pida al estudiante que comparta sus experiencias y sentimientos personales en relación con el tema que se enseña.

b. Las historias y visiones de los participantes: ayudan a los estudiantes a reflexionar sobre lo que creen sobre el tema y lo que hacen por ello.

c. La historia y visión de la comunidad cristiana: el maestro comparte con los estudiantes lo que la Escritura y la Iglesia tienen que decir sobre el tema.

d. La hermenéutica dialéctica entre la historia y las historias de los participantes: los estudiantes son invitados a reflexionar sobre cómo sus acciones y sentimientos actuales se ven afectados por la historia cristiana.

e. La hermenéutica dialéctica entre la visión y las visiones de los participantes: se invita a los estudiantes a elegir una respuesta de fe que les permita actuar sobre lo que han aprendido.

C. Neal McBride:

1. Enfoque de la Palabra: Capte el interés del estudiante e introduzca el tema de la lección.

2. Exploración de la Biblia: Ayude a los estudiantes a descubrir lo que la Biblia dice y significa, y sus implicaciones para hoy.

3. Conclusión y decisión: Ayude a los estudiantes a contestar la pregunta "¿Qué puedo hacer para aplicar lo que he aprendido?".

V. **Terry Cornett y Don Davis: Los componentes clave de la educación teológica "En Contexto": Tres componentes clave**

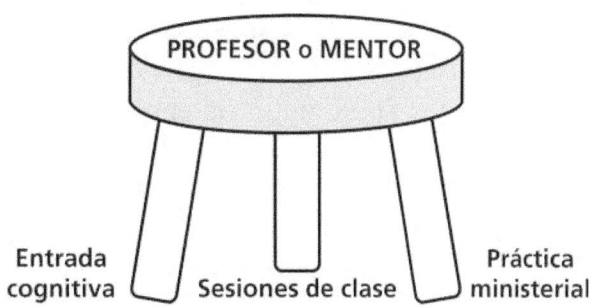

A. Las tres patas del taburete (banco)* representan tres de los cuatro componentes clave de nuestro modelo de aprendizaje.

B. Estos primeros componentes clave de la educación teológica "En Contexto" son:

1. **Entrada Cognitiva**: El alumno debe estar expuesto al contenido (los hechos, datos, ideas, historias, análisis y conceptos). La verdad bíblica y teológica se presenta al estudiante en casa a través de libros y materiales de auto-estudio y en clase a través de la enseñanza "en vivo" y/o grabada en vídeo.

---

* Adaptado de Stewart G. Snook Stewart G. Snook, *Developing Leaders Through Theological Education by Extension: Case Studies from Africa* [Desarrollando Líderes a través de la Educación Teológica por Extensión: Estudios de Caso de África], Wheaton, IL: Centro Billy Graham, Wheaton College, 1992, pág. 107.

Contexto
Valores/Visión
Preparar
Lanzar
Agrupar
Nutrir
Transicionar
Horario/Cartilla

2. **Práctica ministerial**: El estudiante debe estar involucrado en el ministerio laico o pastoral a través de la iglesia local. El alumno genera preguntas que surgen de estas "experiencias de campo" y usa las verdades aprendidas para formar nuevas estrategias que se aplican y se prueban en el ambiente ministerial.

3. **Sesiones de Clase***: Las clases de seminario tienen tres propósitos principales: primero, introducir nuevos contenidos y permitir que los estudiantes interactúen con un profesor o mentor que puede ayudar a aclarar ese contenido. Segundo, permitir que los estudiantes planteen preguntas y dialoguen sobre las implicaciones y aplicaciones del contenido en su situación ministerial. (Los profesores o mentores deben considerar el aprendizaje entre compañeros que se lleva a cabo a través del diálogo entre el grupo de aprendizaje para ser una parte clave del proceso educativo.) Tercero, monitorear el progreso del alumno y evaluar su comprensión del material.

* Aunque las clases semanales de seminarios son la norma, las necesidades de los estudiantes pueden requerir una programación más flexible (ya sea un horario de reuniones más compacto o más extendido). La clave es que hay clases regulares para presentar y discutir los materiales para cada lección.

C. ¿Cómo organizamos nuestras lecciones para una educación cristiana eficaz?

1. Hacer contacto: Capta la atención de los estudiantes, se enfoca en el contenido de la lección y/o ayuda al estudiante a descubrir por qué el tema es importante para su vida.

2. Comunicar contenido: Ayuda a los estudiantes a descubrir lo que la Biblia dice y significa a la luz de la razón, la tradición y la experiencia (interpretación), y cómo esa verdad se relaciona con el plan general de Dios (la doctrina).

3. Establecer conexión: Ayuda a los estudiantes a formar nuevas asociaciones entre la verdad y sus vidas (implicaciones) y se comprometen a cambios específicos en sus creencias, actitudes o acciones.

VI. Un modelo para la comunicación bíblica efectiva: contacto, contenido y conexión

Contexto
Valores/Visión
Preparar
Lanzar
Agrupar
Nutrir
Transicionar
Horario/Cartilla

Este marco es efectivo para cualquier forma de comunicación bíblica, incluyendo predicación, enseñanza, consejería, diálogo, discusión y argumentación formal. En vez de ser percibidos como pasos, representan fases de la experiencia de aprendizaje, desde el contacto basado en la experiencia compartida y la necesidad sentida, hasta la comunicación real de la verdad bíblica, a nuestra reflexión compartida del significado de esa verdad en áreas particulares de nuestra vida juntos.

A. Contacto: hacer una asociación específica y un punto de contacto con la experiencia de vida y las preocupaciones actuales de sus oyentes.

   1. Comience con las preguntas y preocupaciones de vida de sus oyentes.

   2. Toda exégesis comienza con interpretar (lectura) las vidas de sus oyentes y comienza con sus problemas e ideas.

   3. Usted entra en comunicación a través de la puerta trasera.

      a. ¿Cuáles son las preguntas candentes que enfrentan los oyentes con las que estoy lidiando?

      b. ¿Cuáles son sus principales preocupaciones?

      c. ¿Cómo podría yo en mi comunicación, hacer contacto inmediatamente con mis oyentes como introducción en mi mensaje?

   4. Juan 6: Yo soy el Pan de Vida.

B. Contenido: relaciona las preocupaciones y la experiencia de sus oyentes con los datos y el testimonio de la historia de Dios en la historia a través de la Palabra de Dios.

   1. Hacer contacto es sólo un primer paso; El papel del comunicador bíblico es hablar la verdad en amor (se trata de comunicar el contenido).

   2. El contenido del mensaje del comunicador bíblico está enraizado en la Palabra de Dios.

      a. La Palabra de Dios provee un beneficio dramático al oyente y creyente, Sal. 19:7-11.

      b. La Palabra de Dios es capaz de equipar completamente al hombre y la mujer de Dios para la buena obra que Dios ha preparado para ellos, 2 Tim. 3:16-17.

c. La Palabra de Dios es capaz de alcanzar las partes más íntimas del ser de una persona y distinguir entre la verdad y la mentira, Heb. 4:12-13.

3. El deber del comunicador bíblico es hacer una exégesis de las Escrituras.

    a. Observe los detalles del texto en su contexto original y literario (¿qué significaba esto en su contexto original?).

    b. Elabore ideas y principios espirituales basados en una interpretación histórica y gramatical exacta del texto como un género particular (¿cuál es el principio aquí?).

    c. Relacione el principio de las Escrituras con las preocupaciones de la vida y la experiencia de sus oyentes en su contexto (¿qué significa esto para nosotros hoy?).

4. El corazón de toda revelación bíblica está enraizado en la persona de Jesucristo y su Reino.

    a. Jesucristo mismo es el tema de las Escrituras, Juan 5:39-40; Lucas 24:44 sig.

    b. El Reino de Dios es la historia maestra de la Escritura socavando y asegurando todos los otros argumentos secundarios e historias que se mencionan en la Sagrada Escritura, Mat. 6:33; Mar. 1:14-15.

C. Conexión: interconecte las lecciones y los principios que surgen de la exégesis de la Escritura y relaciónelos prácticamente y conmovedoramente a las preocupaciones y experiencias de sus oyentes.

1. Trate de establecer conexiones explícitas entre las percepciones obtenidas de la Palabra de Dios y las preocupaciones y situaciones de vida de sus oyentes.

2. Desafíe a sus oyentes a relacionar la Palabra de Dios con su propio y particular *Sitz im Leben* (frase alemana que significa "posición en la vida"): reconocer la situación dramáticamente única en la vida de cada persona en todas partes.

3. No se inscriba en la parte del Espíritu Santo; haga sugerencias acerca de cómo la Palabra de Dios podría tocar sus vidas, pero no exija ni quite la libertad de sus estudiantes de escuchar a Dios y responder según él les dirija, Juan 10:4-5.

4. Haga su registro **constante**.

VII. Herramientas prácticas: Asuntos básicos en la presentación ante una audiencia

A. Construya su presentación alrededor de un solo mensaje residual, y conecte todo lo dicho y hecho a ese solo mensaje.

B. Nunca sustituya otros materiales y temas, sin importar cuán intrigante sea, o que tomen el lugar central por encima de la clara y simple exégesis de la Palabra de Dios, 2 Tim. 2:15.

C. Teja tan elegante y creíble como sea posible los tres temas de contacto, contenido y conexión.

1. Haga que su objetivo sea interconectar la historia bíblica con las historias de aquellos en la Escritura y las historias de la vida de sus oyentes.

2. Utilice el proceso 3C para construir un puente entre las opciones de vida y el drama de los de Palestina y Judea con los de su congregación; haga las intersecciones llanas y cristalinas.

D. Medite un buen tiempo y duro en cada pasaje que usted tiene la intención de enseñar y predicar hasta que obtenga una familiaridad completa con él; lo mejor de la comunicación bíblica exige un dominio de la Palabra, Sal. 1:1-3; 1 Tim. 4:7-16.

E. Use el lenguaje y otras herramientas léxicas generosamente en el estudio pero con moderación en la presentación; no convierta su enseñanza en un referendo sobre el significado de los lenguajes bíblicos.

F. Hable con pasión, entusiasmo y convicción; no busque ser elocuente pero dramáticamente claro al declarar la Palabra del Señor, 1 Cor. 2:2-5.

G. No dude en usar herramientas de calidad y tiempo en preparar su mensaje para su audiencia.

   1. Mantenga notas buenas, precisas y flexibles.

   2. Adquiera una buena biblioteca básica de referencia que pueda utilizar de forma fiable en su enseñanza.

   3. Compre una Biblia de estudio legible y bien equipada que represente una buena traducción (ni muy literal ni simplemente una buena paráfrasis).

H. Sea creativo y abierto a la comunicación de la verdad en formas nuevas; ilustre sus puntos con la riqueza de los detalles y artefactos que realcen el significado del mensaje que usted tiene que comunicar.

I. No trate de escribir el estudio bíblico perfecto o la presentación perfecta; dé toda la luz que tiene actualmente, sabiendo muy bien que es probable que su visión y explicaciones de la Escritura mejoren.

J. Mantenga sus puntos vivos y pocos; sea lo más conciso posible.

K. Asegúrese de que su predicación y enseñanza está satisfaciendo necesidades reales en las vidas de sus oyentes; No predique por elocuencia o por la oportunidad de hablar.

El resultado final:_____

Contexto
Valores/Visión
Preparar
Lanzar
Agrupar
Nutrir
Transicionar
Horario/Cartilla

Revise los siguientes apéndices sobre *Plantando iglesias entre los pobres de la ciudad: Una antología de recursos de plantación de iglesias urbanas* (consulte la tabla del apéndice al final de esta sesión para encontrar la ubicación de cada documento que se muestra a continuación, es decir, su volumen y número de página), y luego responder juntos las preguntas bajo *Discusión de grupo del seminario*.

- Qué predicaré, Cómo creceremos: El dilema del pastor urbano
- Orden del servicio Muestra 1
- Orden del servicio Muestra 2
- Servicio de bautismo de creyentes

Discusión de grupo del seminario

1. ¿Cuáles son los principios clave para la predicación y la enseñanza efectivas?

2. ¿Qué papeles un comunicador bíblico efectivo es llamado a jugar mientras entrena y equipa a las personas hacia la madurez espiritual?

3. Explique el modelo de contacto, contenido y conexión de la comunicación bíblica efectiva. ¿Cómo se puede utilizar este modelo en toda nuestra predicación, discipulado y enseñanza, en todas las actividades de educación cristiana?

4. ¿Cuáles son algunos peligros que debemos evitar mientras entrenamos líderes autóctonos en esta área?

Seminario 4
Seleccionando un criterio creíble para la independencia
Navegando hacia una transición saludable
Rev. Dr. Don L. Davis

Este seminario está específicamente diseñado para una situación multicultural de plantación de iglesias, pero los principios son útiles en cualquier situación de plantación de iglesias.

Con el fin de establecer una transición suave de una comunidad dirigida por misioneros a una comunidad eclesiástica independiente e autóctona, debemos identificar y acordar criterios claros que nos ayuden a saber cuándo se ha completado la transición. En otras palabras, todo depende de la habilidad de los jugadores clave (es decir, los misioneros, los ancianos y la comunidad de la iglesia) para ser claros con respecto a nuestras suposiciones sobre lo que la transición implica y lo que estamos tratando de lograr. Si, por alguna razón, no somos claros en cuanto a nuestras expectativas y direcciones juntos, podemos fácilmente entendernos unos a otros, y prolongar el proceso, o incluso hacer del período de transición innecesariamente doloroso.

Las siguientes categorías son una guía, un criterio que puede ayudarle como líderes a evaluar críticamente si ha cubierto todas las áreas necesarias de transición. La lista es sugestiva, no exhaustiva, y no pretende ser un resumen final, sino un *memorandum* para ayudarle a pensar cuidadosamente en todas los asuntos necesarios para que su período de transición sea abierto y solidario.

I. **Un grupo fiel de discípulos de Jesús convertidos, reunidos y maduros**

   A. Conversiones sólidas a Jesucristo como Señor y Salvador

   B. La identidad propia como una asamblea cristiana separada con su propia espiritualidad apasionada, adoración inspiradora y presencia en la comunidad

   C. Poseer un sentido claro de membresía, pertenencia, ser socio de; capaz de atraer nuevos miembros fácilmente a través de una fuerte orientación y relaciones amorosas

   D. Sentido claro de ingresar en la membresía, disciplinar a los miembros, restablecerlos

E. Incorporar a la gente sin problemas en la vida del cuerpo (es decir, la vida en grupos pequeños, amistades, compañerismo en grupo grande, etc.)

II. **Líderes autóctonos identificados, encargados y autorizados**

   A. Seleccionado por y para el cuerpo en público y en oración

   B. Determinantes de la dirección y operación de la iglesia

   C. Responsable de la membresía de la iglesia por su vida y ministerio

   D. El cuerpo ejerce sabiduría a medida que determina qué líderes financiar (es decir, cuántos puede permitirse financiar total o parcialmente), mientras que al mismo tiempo confía en líderes laicos y los miembros para satisfacer sus necesidades según Dios le dirija

   E. Reconocido por separado del liderazgo misionero como autoridad del cuerpo

III. **Selección de su propio pastor y personal pastoral**

   A. Creación de una carta/estatuto/constitución/pacto delineando el papel de pastor (es) y la relación con el cuerpo

   B. Instalación de un pastor debidamente ratificado por la membresía y respaldado por el liderazgo

   C. Reconocimiento formal de la autoridad y responsabilidad del pastor

   D. Afirmación del apoyo y la sumisión de la comunidad al liderazgo pastoral

IV. **Limitada y decreciente supervisión, participación y dirección**

   A. Los misioneros han renunciado a todas las posiciones y autoridad importantes

   B. Una clara comprensión del papel de los misioneros que actualmente sirven a nuestro cuerpo

C. Distintas líneas entre los misioneros y los líderes autóctonos en la toma de decisiones y dirección de la iglesia

D. El estímulo para que los misioneros busquen la dirección de Dios con respecto a nuevas comunidades para apuntar a nuevos alcances del evangelio

V. Ministerios distintivos y únicos impulsados por la carga, orientados por los dones de la Iglesia

A. Misión clara y visión del propósito de la iglesia y metas para madurar y crecer en número según Dios dirija

B. Reproducir nuevos conjuntos construidos en el ADN de nuestra iglesia (es decir, para financiar y apoyar otros esfuerzos de plantación de iglesias alrededor de nuestra ciudad y más allá)

C. Puertas abiertas para que los miembros exploren las oportunidades ministeriales que coinciden con la visión del cuerpo de movilizar a sus miembros para que ministren en su comunidad

D. Equipamiento continuo de los miembros del cuerpo por parte del personal pastoral para permitir a los miembros hacer el trabajo del ministerio

E. Programación regular para el culto, la enseñanza, la comunión y la misión financiada y dirigida por el personal y los miembros de la iglesia

VI. Generación de recursos del ministerio no-misionero e ingresos operacionales

A. Profunda convicción dentro de la congregación de que ellos mirarán a Dios solo como fuente de suministro para implementar su visión

B. Desarrollo de un plan para hacer la congregación financieramente libre e independiente del apoyo misionero externo

C. Directrices claras en virtud de las cuales se puede prestar apoyo y ayuda al cuerpo

D. Identificar fuentes independientes para el acceso continuo a recursos en efectivo que ayudarían a apoyar el esfuerzo

VII. **Adquisición y administración del equipo, recursos e instalaciones de la iglesia**

A. Estructuras funcionales y fáciles de usar creadas para administrar los negocios y la administración de la iglesia

B. Inventario cuidadoso y continuo de los recursos de la iglesia

C. Registro claro de los fondos y finanzas, compras y asignaciones de la iglesia

D. Compra y mantenimiento responsable del equipo e instalaciones de la iglesia

VIII. **Desarrollo de nuevos amigos, hermanos, voluntarios y socios**

A. Reconocimiento de otras comunidades cristianas, dentro y fuera de la comunidad

B. Nuevas relaciones con iglesias externas u otras organizaciones que continuarían apoyando el esfuerzo con grupos de trabajo y ayuda de corto plazo

C. Nueva afiliación con denominaciones o grupos de iglesias cuya visión resuena con la iglesia

D. Asociaciones para aumentar la efectividad del alcance y misión de la iglesia

Revise los siguientes apéndices sobre *Plantando iglesias entre los pobres de la ciudad: Una antología de recursos de plantación de iglesias urbanas* (consulte la tabla del apéndice al final de esta sesión para encontrar la ubicación de cada documento que se muestra a continuación, es decir, su volumen y número de página), y luego responder juntos las preguntas bajo *Discusión de grupo del seminario*.

Contexto
Valores/Visión
Preparar
Lanzar
Agrupar
Nutrir
Transicionar
Horario/Cartilla

- Miembros y líderes de equipos plantadores de iglesias
- Ejemplo de solicitud de membresía: Iglesia Compañerismo Cualquier Nombre
- Servicio de nombramiento de miembros: Iglesia Compañerismo Cualquier Nombre
- Grupos pequeños: Diez principios y sus implicaciones para los encuentros cristianos abiertos
- Encargo a los ancianos: Nombramiento de nuestros ancianos
- El papel de la mujer en el ministerio
- Ordenación de mujeres P & R
- Avanzando el Reino en la ciudad: Multiplicando congregaciones con una identidad común
- Tres niveles de inversión ministerial

Discusión de grupo del seminario

1. ¿Por qué es necesario establecer criterios claros tan pronto como sea posible sobre lo que significa una "transición exitosa" antes de llegar al final de nuestros esfuerzos de plantación de iglesias? ¿Cuál es el peligro de ser confuso en nuestras expectativas de la asamblea que será plantada, especialmente entre las personas que componen la nueva iglesia?

2. ¿Cuáles son los criterios clave para declarar a una congregación independiente, es decir, capaz de funcionar por su cuenta sin el apoyo de ayuda externa?

3. ¿Cómo cambia la noción de transición si el equipo de la iglesia representa el núcleo de la nueva iglesia? ¿Cómo debe un equipo de este tipo, entonces, ver la fase de transición?

4. ¿Por qué es absolutamente necesario que una iglesia se integre con otras iglesias y asociaciones desde el inicio del esfuerzo de plantación de iglesias? ¿Cómo se ha asegurado esa conexión con su propia iglesia?

Contexto
Valores/Visión
Preparar
Lanzar
Agrupar
Nutrir
Transicionar
Horario/Cartilla

Sesión 4
Nutrir: Madurar la iglesia
Transicionar: Liberar la Iglesia

Ejercicios de equipo
Nutrir: Madurar la iglesia

Resumen de las fases de ejercicio para la
Escuela de plantación de iglesias urbanas Evangel de World Impact

Pautas del ejercicio

Instrucciones de ejercicio

Preguntas sobre el ejercicio

Lecturas del ejercicio
La docena dinámica: Principios fundamentales de la fase de Nutrir
Redacción de una Constitución (Estatutos): Herramienta clave para nutrir la comunidad
Dimensiones de nutrir y transicionar

Resumen de las fases de ejercicio para la Escuela de plantación de iglesias urbanas Evangel de World Impact
World Impact

	Definición y propósito	Cómo relaciona la metáfora Padre-Hijo
Preparar *Ser la Iglesia*	*Definición* Formar un equipo de miembros llamados que se preparan así mismos para plantar una iglesia bajo la guía del Espíritu Santo *Propósito* Pedir a Dios en cuanto a la población y comunidad objetivo, la formación del equipo de plantación de la iglesia, organizando intercesión estratégica por la comunidad, y hacer la investigación sobre sus necesidades y oportunidades	Decisión y concepción
Lanzar *Expandir la Iglesia*	*Definición* Penetrar la comunidad seleccionada al conducir eventos evangelísticos entre la población objetivo *Propósito* Movilizar al equipo y reclutar voluntarios para conducir eventos evangelísticos y alcance integral para ganar asociados y vecinos para Cristo	Cuidado Pre-natal
Agrupar *Establecer la Iglesia*	*Definición* Reunir las células de conversos para formar una asamblea local de creyentes, anunciando la nueva iglesia a los vecinos de la comunidad *Propósito* Formar grupos celulares, estudios bíblicos, o compañerismo en las casas para el seguimiento, continuar con la evangelización, y crecimiento continuo hacia el nacimiento de la nueva iglesia	Recién nacidos
Nutrir *Madurar la Iglesia*	*Definición* Nutrir miembros y discipular el liderazgo, permitiendo a los miembros que funcionen en sus dones espirituales, y establecer una infraestructura sólida dentro de la asamblea cristiana *Propósito* Desarrollar individuos y grupos de discipulado para llenar los papeles clave en el cuerpo basados en la carga y dones de los miembros	Crecimiento y crianza de los hijos
Transicionar *Liberar la Iglesia*	*Definición* Capacitar a la iglesia para su independencia al equipar a los líderes para autonomía, transfiriendo autoridad, y creando estructuras de independencia económica *Propósito* Comisionar miembros y ancianos, instalar pastor, y fomentar las asociaciones de iglesias	Madurez hacia la adultez

Pregunta centrada durante el diálogo	Virtud cardinal y vicios críticos	Línea de fondo
Preguntas acerca de: • preparar a su equipo • la comunidad objetivo • iniciativas estratégicas de oración • estudios demográficos	**Virtud** Apertura al Señor **Vicios** Presunción y "parálisis del análisis"	Cultivar un período de escuchar y reflexionar
Preguntas acerca de: • carácter y número de eventos evangelísticos • comunicación y anuncio de los eventos • reclutamiento y coordinación de voluntarios • identidad y nombre del alcance	**Virtud** Coraje para conectar a la comunidad **Vicios** Intimidación y altanería	Iniciar su compromiso con firmeza y confianza
Preguntas acerca de: • seguimiento e incorporación de los nuevos creyentes • creación de un pequeño grupo de vida • el carácter de la adoración pública • estructuras y procedimientos iniciales de la iglesia • cuerpo de vida inicial y crecimiento • simpatía cultural de la iglesia	**Virtud** Sabiduría para discernir el tiempo de Dios **Vicios** Impaciencia y cobardía	Celebrar el anuncio de su cuerpo con gozo
Preguntas acerca de: • discipulado individual y de líderes • ayudar a los miembros a identificar sus dones y cargas (equipos) • credenciales para el liderazgo • orden de la iglesia, gobierno, disciplina	**Virtud** Centrarse en fieles del núcleo **Vicios** Negligencia y micro-dirección	Concentrarse en invertir en los fieles
Preguntas acerca de: • incorporación • afiliaciones y asociaciones • transfiriendo liderazgo • transición misionera • multiplicación continua	**Virtud** Dependencia sobre la capacidad del Espíritu **Vicios** Paternalismo y rápida liberación	Pasar la estafeta con la confianza en que el Espíritu seguirá trabajando

Nutrir: Madurar la iglesia
Pautas del ejercicio

I. **Definición: la cuarta etapa de la plantación de iglesias multiculturales que se concentra en nutrir el discipulado de miembros y liderazgo, permite a los miembros funcionar en sus dones espirituales y establecer sólida infraestructura en la asamblea cristiana**

II. **Propósito del ejercicio: Tener una lluvia de ideas y discutir cómo podría:**
   A. Establecer relaciones y estructuras para discipular a individuos, grupos y líderes de la iglesia.
   B. Ayudar a crecer, los miembros fieles identifican y cumplen papeles claves en la nueva iglesia basados en su carga y dones.
   C. Crear infraestructura y procesos que den una clara gobernatura al cuerpo.

III. **Relación con la metáfora entre padres e hijos: crecimiento y crianza de los hijos**

IV. **Enfoque de la pregunta para el diálogo de su equipo en este ejercicio:**
   A. Preguntas acerca del discipulado de individuos (miembros) y líderes (personal pastoral emergente y supervisores)
   B. Preguntas acerca de ayudar a los miembros a identificar los dones y cargas
   C. Preguntas acerca de cómo permitir que los miembros formen equipos ministeriales o compañerismos en casas
   D. Preguntas sobre el establecimiento de credenciales para el liderazgo
   E. Preguntas sobre el orden de la iglesia, el gobierno y la disciplina

V. **La virtud cardinal para la fase de NUTRIR: la paternidad espiritual para el núcleo fiel**

VI. **Vicios críticos para fase de NUTRIR:**
   A. Abandono espiritual del niño y abandono del seguimiento de los nuevos creyentes
   B. El padre ahogador y micro-responsable, que no permite que los miembros experimenten con la salvaje y maravillosa gracia de Dios

VII. **El resultado final: Concentrarse en proporcionar una excelente nutrición pastoral y equipamiento en los miembros fieles del cuerpo.**

Contexto
Valores/Visión
Preparar
Lanzar
Agrupar
Nutrir
Transicionar
Horario/Cartilla

Nutrir: Madurar la iglesia
Instrucciones de los ejercicios

I. **Abra en oración, dedicando su tiempo al Señor y buscando su sabiduría.**

II. **Lea y analice los siguientes documentos (ubicados en esta sección):**
   A. La docena dinámica: Principios fundamentales de la fase de Nutrir
   B. Redacción de una constitución: Instrumento clave para nutrir a la comunidad
   C. Dimensiones al nutrir y transicionar

III. **Hable a través de sus puntos de vista sobre cada una de las preguntas de NUTRIR.**
   A. Piense en términos de toda la plantación de la iglesia.
   B. Discuta las ideas por no más de 15 minutos. Todo lo que tome más de 15 minutos debe ser presentado y traído más tarde. Manténgalo en movimiento.

IV. **De sus preguntas de discusión, desarrolle metas (medibles, con fecha de vencimiento, persona responsable para asegurarse que se hagan) para apoyar sus decisiones (30 min.).**

V. **Comprometer al menos 30 minutos de oración, enfocándose en esta fase del esfuerzo de la plantación de la iglesia.**

VI. **Presentaciones**

Puntos principales para NUTRIR
1. Entrenar a los líderes para dirigir la iglesia a través del discipulado individual y grupal
2. Animar a los creyentes a ejercer sus dones en la iglesia
3. Asignar responsabilidad a los fieles

Contexto
Valores/Visión
Preparar
Lanzar
Agrupar
Nutrir
Transicionar
Horario/Cartilla

Nutrir: Madurar la iglesia
Preguntas sobre el ejercicio

1. ¿Cómo podemos ayudar a los creyentes a entender sus dones espirituales y animarlos a ser usados en la iglesia?

2. ¿Cuándo formamos una constitución (es decir, redacción de estatutos para la iglesia)? Si ya lo hemos hecho, ¿debemos revisar nuestros borradores de estatutos que inicialmente formamos, para lograr su finalización?

3. ¿Cómo formamos los equipos del ministerio para llevar a cabo las funciones y hacer el ministerio de alcance en nombre de la iglesia?

4. ¿Cómo se les dará a los líderes emergentes autoridad y responsabilidad? ¿Qué oportunidades les daremos y cómo los capacitaremos para cumplir estos papeles? Considere las cuatro etapas del entrenamiento:

    a. Deje que le observen

    b. Deje que le ayuden

    c. Deje que lo hagan con usted ayudándoles

    d. Deja que lo hagan sin usted

5. ¿Cuáles serán los criterios para el liderazgo de la iglesia (maestros, ancianos, diáconos, líderes de adoración, educadores cristianos, líderes de grupos pequeños)?

6. ¿Cuáles serán las credenciales para el liderazgo pastoral?

7. ¿Existe un sitio local de TUMI donde nuestros líderes pueden recibir capacitación, o deberíamos iniciar un satélite de TUMI en nuestra nueva iglesia? ¿Podemos asociarnos con otras iglesias o una asociación para iniciar un sitio de TUMI? (Vea *The Urban Ministry Institute: Puliendo las piedras que rechazan los constructores – Cómo puede equipar líderes para su iglesia y ministerio* al final de este libro).

8. ¿Cómo identificamos y capacitamos líderes potenciales para posiciones de liderazgo específicas en la iglesia?

    a. Anciano

    b. Diácono

    c. Maestro

    d. Líder de adoración/equipo de adoración

    e. Tesorero (recoger, contar, recibir, registrar, depositar, reconciliar, escribir/firmar cheques, escribir informes para mantener a los líderes/cuerpo actualizado sobre los ingresos/gastos, etc.)

9. ¿Cómo impartiremos la visión para la reproducción entre nuestros miembros y líderes (es decir, plantando la siguiente iglesia)? ¿Cómo podemos desarrollar dentro de nuestra iglesia una carga para las misiones mundiales, es decir, apoyar los esfuerzos hacia el cumplimiento de la Gran Comisión entre los pueblos no alcanzados?

10. ¿Cómo estableceremos y pasaremos a los líderes emergentes un proceso para el gobierno y la disciplina de la iglesia?

11. ¿Cómo podríamos utilizar este proceso para la formación de líderes emergentes?

12. ¿Cómo vamos a continuar creando relaciones ya iniciadas con grupos comunitarios, organizaciones para-eclesiásticas, o servicios sociales que podrían beneficiar a la iglesia?

13. ¿Cuándo nos reuniremos para revisar y ajustar nuestro plan de Nutrir?

14. ¿Quién necesita saber los resultados de nuestro plan y cómo le comunicamos eso?

15. Para los plantadores transculturales: ¿cómo pueden las preguntas anteriores orientarse hacia el proceso de "pasar la estafeta" a los líderes autóctonos?

¿Alguna de sus metas está desalineada con respecto a los Diez Principios?

1. Jesús es el Señor.
2. Evangelizar, equipar y capacitar a las personas no alcanzadas para alcanzar a la gente.
3. Ser inclusivo: Quien quiera pueda venir.
4. Sea culturalmente neutral: Venga como usted es.
5. Evite una mentalidad de fortaleza.
6. Continúe evangelizando para evitar el estancamiento.
7. Cruce barreras raciales, de clase, de género y de idioma.
8. Respete el dominio de la cultura receptora.
9. Evite la dependencia.
10. Piense reproductivamente.

La docena dinámica
Principios fundamentales de la fase de Nutrir
Rev. Dr. Don L. Davis

I. **Nutra a sus discípulos jóvenes en la Palabra de Dios desde el principio. Cultive la nutrición como un estilo de vida continuo, no como un programa o actividad.**

   A. Vea cada actividad como una oportunidad para nutrir la madurez espiritual y la comunidad cristiana.

   B. La crianza comienza en el parto: ¡poco después del nacimiento, el bebé necesita alimentación!

   C. No hile leche a una habitación de bebés; el pecho y la botella alimentan cada pequeño!

II. **Como misionero-pastor-maestro, adopte la responsabilidad de pastorear inicialmente a su pequeño rebaño: asegure el cuidado pastoral de cada creyente en su asamblea.**

   A. No posponga el cuidado pastoral hasta que un pastor sea llamado: usted pastoréelos.

   B. Como pastor, equipe a todos sus miembros desde el principio para usar sus dones para nutrir a otros (por ejemplo, estrategias de grupo celular).

III. **Tanto cuanto dependa de usted, asegúrese pronto que sus creyentes congregados reciben la inversión apropiada en todas las dimensiones de la vida de la iglesia.**

   A. Ofrezca a cada miembro oportunidades para la amistad personal, la comunión en pequeños grupos, el culto congregacional, la vida e identidad, y la participación con otros cristianos fuera de su creciente asamblea.

   B. La variedad es la especie de la vida: las dimensiones protegen contra la división y las agrupaciones extrañas.

Contexto
Valores/Visión
Preparar
Lanzar
Agrupar
Nutrir
Transicionar
Horario/Cartilla

IV. No equipare la actividad con el discipulado. Predique y enseñe la Palabra para un crecimiento duradero.

A. No todas las actividades nutren; ¡el ocupadolismo y un calendario completo no puede nutrir!

B. La educación en los rudimentos a la gente en la Palabra es lo que produce profundidad, crecimiento y fruto duradero.

C. ¡En la comunidad productora, nada nutre como la diversión sana!

V. Un tamaño no se ajusta a todos: provea diferentes niveles de nutrición dependiendo de los diferentes niveles de interés, hambre y carga.

A. Para algunas actividades todos deben ser invitados y ser animados a unirse.

B. Otras actividades son para aquellos que pertenecen a nuestra familia y asamblea.

C. Otras actividades deberían diseñarse para que los fieles estén preparados para dirigir.

VI. Concéntrese con anticipación en dar una inversión profunda con sus líderes emergentes.

A. Observe quién está emergiendo como siervo y persona de influencia en el cuerpo.

B. Desafíelos con la necesidad de entrenamiento para el cuidado pastoral.

C. Aliste su ayuda mientras ayuda a los demás.

VII. Difunda la responsabilidad de nutrir a todos en el equipo plantador de la iglesia.

A. Todos pueden nutrirse porque cada uno tiene el Espíritu y sus dones.

B. ¡Cambie la mentalidad de un clérigo por congregación a pastores-maestros que equipan a cada miembro del cuerpo para ministrar y nutrir!

Contexto
Valores/Visión
Preparar
Lanzar
Agrupar
Nutrir
Transicionar
Horario/Cartilla

VIII. Trate los asuntos culturales de manera abierta, sensitiva y bíblicamente.

A. Si usted impone su cultura, su grupo será solamente una colección de bi-culturas.

B. Si usted ignora la cultura, irá a la clandestinidad o creará una revolución.

C. Si disculpa la cultura, permitirá el sincretismo y el compromiso.

D. Si respeta la cultura, igualará el discipulado con la sensibilidad cultural.

IX. Respete la diferencia cultural pero no comprometa las Escrituras. Entender que "barrio por causa de la vecindad" no es bíblico.

A. Jesús es Señor, incluso de la vecindad.

B. Lo que es cómodo para la gente puede no ser necesariamente consistente con la Palabra. A través de la instrucción en la Palabra, equipe a la gente para reconocer lo que es amoral, inmoral y moral dentro del vecindario.

X. Utilice el proceso de formación de una constitución como herramienta para darle a su asamblea un sentido de autonomía e identidad.

A. PTR el cuerpo incipiente en un estilo de acercamiento del vecindario.

B. No patrocine a la gente de la comunidad: la gente de la ciudad puede pensar a través de sus procesos.

C. La constitución no es un fin; permite una comprensión proactiva de las decisiones y la estructura.

Contexto
Valores/Visión
Preparar
Lanzar
Agrupar
Nutrir
Transicionar
Horario/Cartilla

XI. No imponga las manos demasiado rápido en una persona sólo porque son autóctonos. Permitan el crecimiento, pero salvaguarde el testimonio apostólico y la enseñanza.

A. Tenga cuidado con apresurarse a enjuiciar (sea que las intenciones sean positivas o negativas).

B. Dé tiempo para que sus líderes se demuestren fieles; delegue responsabilidad a los demás exclusivamente a aquellos que han demostrado ser dignos de confianza.

XII. Vuele con dos alas: dé un estímulo constante junto a la corrección de retroalimentación y desafío.

A. El estímulo crea un clima para el crecimiento y la productividad.

B. El desafío proporciona maneras específicas de maximizar los dones y habilidades.

C. La retroalimentación da la instrucción correctiva que capacita para la excelencia.

Redacción de una Constitución (Estatutos)
Herramienta clave para nutrir la comunidad
Rev. Dr. Don L. Davis

Vea un ejemplo de constitución en Plantando iglesias entre los pobres de la ciudad: Una antología de recursos de plantación de iglesias urbanas, *Volumen Dos.*

Identidad y propósito:
Declaración de visión y misión

Nuestras aspiraciones:
¿Qué convenimos ser y hacer?

Nuestras convicciones:
¿En qué creemos?

Membresía:
¿Cómo alguien se convierte en uno de nosotros, y prospera como uno de nosotros?

Liderazgo:
¿Cómo nos gobernamos, elegimos a nuestros líderes, dispersamos nuestros recursos?

Nuestros procesos y políticas:
¿Cómo tomamos decisiones y resolvemos conflictos?

I. **¿Qué es una constitución?**
   A. Una constitución es un documento interno que explica cómo se gobernará la iglesia.
   B. Posibles puntos para incluir:
      1. Visión
      2. Doctrina
      3. Estructura de liderazgo (pastores, ancianos, diáconos, ordenación)
      4. Cómo se toman las decisiones
      5. Cómo se gestionan las finanzas
      6. Cómo se maneja la disciplina
      7. Requisitos de membresía

Contexto
Valores/Visión
Preparar
Lanzar
Agrupar
Nutrir
Transicionar
Horario/Cartilla

II. **¿Tener una constitución significa que la iglesia debe incorporar?**

   No. La constitución no está diseñada para ser presentada a agencias gubernamentales. Está destinada a guiar a la iglesia para que todos conozcan las directrices bajo las cuales la iglesia llevará a cabo su misión.

Dimensiones de nutrir y transicionar
Rev. Dr. Don L. Davis

Inversión de liderazgo

1. Identificar los influyentes
2. Recluta a la visión
3. Formalmente comisiona y reconozca
4. Proporcione prácticas de inversión
5. Equipe a los líderes para equipar a otros

Inversión de miembros

1. Entrada:
   Cómo les damos la bienvenida
2. Orientación:
   Cómo las incorporamos
3. Sumisión:
   Cómo lograr la compra, la propiedad
4. Identificación:
   Dones espirituales y cargas

Sesión 4
Nutrir: Madurar la iglesia
Transicionar: Liberar la Iglesia

Ejercicios de equipo
Transicionar: Liberar la Iglesia

Resumen de las fases de ejercicio para la
Escuela de plantación de iglesias urbanas Evangel de World Impact

Pautas del ejercicio

Instrucciones de los ejercicios

Preguntas sobre el ejercicio

Lecturas del ejercicio
Los siete autónomos: Principios centrales para la fase de transición
Transición

Resumen de las fases de ejercicio para la Escuela de plantación de iglesias urbanas Evangel de World Impact
World Impact

	Definición y propósito	Cómo relaciona la metáfora Padre-Hijo
Preparar *Ser la Iglesia*	*Definición* Formar un equipo de miembros llamados que se preparan así mismos para plantar una iglesia bajo la guía del Espíritu Santo *Propósito* Pedir a Dios en cuanto a la población y comunidad objetivo, la formación del equipo de plantación de la iglesia, organizando intercesión estratégica por la comunidad, y hacer la investigación sobre sus necesidades y oportunidades	Decisión y concepción
Lanzar *Expandir la Iglesia*	*Definición* Penetrar la comunidad seleccionada al conducir eventos evangelísticos entre la población objetivo *Propósito* Movilizar al equipo y reclutar voluntarios para conducir eventos evangelísticos y alcance integral para ganar asociados y vecinos para Cristo	Cuidado Pre-natal
Agrupar *Establecer la Iglesia*	*Definición* Reunir las células de conversos para formar una asamblea local de creyentes, anunciando la nueva iglesia a los vecinos de la comunidad *Propósito* Formar grupos celulares, estudios bíblicos, o compañerismo en las casas para el seguimiento, continuar con la evangelización, y crecimiento continuo hacia el nacimiento de la nueva iglesia	Recién nacidos
Nutrir *Madurar la Iglesia*	*Definición* Nutrir miembros y discipular el liderazgo, permitiendo a los miembros que funcionen en sus dones espirituales, y establecer una infraestructura sólida dentro de la asamblea cristiana *Propósito* Desarrollar individuos y grupos de discipulado para llenar los papeles clave en el cuerpo basados en la carga y dones de los miembros	Crecimiento y crianza de los hijos
Transicionar *Liberar la Iglesia*	*Definición* Capacitar a la iglesia para su independencia al equipar a los líderes para autonomía, transfiriendo autoridad, y creando estructuras de independencia económica *Propósito* Comisionar miembros y ancianos, instalar pastor, y fomentar las asociaciones de iglesias	Madurez hacia la adultez

Pregunta centrada durante el diálogo	Virtud cardinal y vicios críticos	Línea de fondo
Preguntas acerca de: • preparar a su equipo • la comunidad objetivo • iniciativas estratégicas de oración • estudios demográficos	**Virtud** Apertura al Señor **Vicios** Presunción y "parálisis del análisis"	Cultivar un período de escuchar y reflexionar
Preguntas acerca de: • carácter y número de eventos evangelísticos • comunicación y anuncio de los eventos • reclutamiento y coordinación de voluntarios • identidad y nombre del alcance	**Virtud** Coraje para conectar a la comunidad **Vicios** Intimidación y altanería	Iniciar su compromiso con firmeza y confianza
Preguntas acerca de: • seguimiento e incorporación de los nuevos creyentes • creación de un pequeño grupo de vida • el carácter de la adoración pública • estructuras y procedimientos iniciales de la iglesia • cuerpo de vida inicial y crecimiento • simpatía cultural de la iglesia	**Virtud** Sabiduría para discernir el tiempo de Dios **Vicios** Impaciencia y cobardía	Celebrar el anuncio de su cuerpo con gozo
Preguntas acerca de: • discipulado individual y de líderes • ayudar a los miembros a identificar sus dones y cargas (equipos) • credenciales para el liderazgo • orden de la iglesia, gobierno, disciplina	**Virtud** Centrarse en fieles del núcleo **Vicios** Negligencia y micro-dirección	Concentrarse en invertir en los fieles
Preguntas acerca de: • incorporación • afiliaciones y asociaciones • transfiriendo liderazgo • transición misionera • multiplicación continua	**Virtud** Dependencia sobre la capacidad del Espíritu **Vicios** Paternalismo y rápida liberación	Pasar la estafeta con la confianza en que el Espíritu seguirá trabajando

Transicionar: Liberar la Iglesia
Pautas del ejercicio

I. Definición: la etapa final de la plantación de iglesias que se centra en la capacitación de los líderes emergentes para supervisar los asuntos de la iglesia para su propia autonomía, transferir autoridad y crear sus propias estructuras para la independencia financiera. Esta etapa celebra la madurez de la iglesia, finaliza su afiliación dentro de una asociación o grupo mayor o iglesias, y establece las bases para la reproducción de una nueva iglesia.

II. Propósito del ejercicio: hacer una lluvia de ideas y discutir cómo podría:
   A. Comisionar la iglesia a su misión en el mundo.
   B. Nombrar a ancianos y líderes, y permitir que la iglesia seleccione e instale al pastor.
   C. Finalizar toda la infraestructura para asegurar la independencia y autonomía de la iglesia.
   D. Construir y fomentar afiliaciones y asociaciones de iglesias.

III. Relación con la metáfora entre padre-hijo: madurez hacia la adultez

IV. Enfoque de las preguntas para el diálogo de su equipo en este ejercicio:
   A. Preguntas sobre la incorporación y la exención de impuestos
   B. Preguntas sobre afiliaciones y asociaciones
   C. Preguntas para transferir el liderazgo a ancianos y pastores
   D. Preguntas sobre la transferencia de autoridad y la naturaleza del liderazgo de la iglesia
   E. Preguntas acerca de cómo la iglesia puede seguir realizando misiones y plantar otras iglesias

V. La virtud cardinal para la fase de TRANSICIONAR: fomentar la dependencia de la capacidad y dirección del Espíritu.

VI. Vicios críticos para la fase de TRANSICIONAR:
   A. Paternalismo: condescendencia de los nuevos líderes al esperar demasiado tiempo para descargar a la iglesia a su autoridad y liderazgo
   B. Acomodamiento: ignorar la brecha en la integridad y madurez de los líderes, descargando a la iglesia a lo suyo demasiado rápido sin la inversión apropiada.

VII. El resultado final: Hacer toda la preparación necesaria para pasar la estafeta con confianza en el continuo trabajo del Espíritu.

Transicionar: Liberar la Iglesia
Instrucciones de los ejercicios

I. **Abierto en oración, dedicando su tiempo al Señor y buscando su sabiduría.**

II. **Lea y analice los siguientes documentos (en las siguientes páginas):**
   A. Los siete autónomos: principios centrales para la fase de transición
   B. Transición, Michael Freeman

III. **Hable a través de sus puntos de vista sobre cada una de las preguntas de TRANSICIONAR.**
   A. Piense en términos de toda la plantación de la iglesia.
   B. Discuta las ideas por no más de 15 minutos. Todo lo que tome más de 15 minutos debe ser presentado y traído más tarde. Manténgalo en movimiento.

IV. **A partir de sus preguntas de discusión, desarrolle metas (medibles, fecha de vencimiento, persona responsable para ver que se haga) para apoyar sus decisiones (20 min.).**

V. **Una hora antes de que se haga el ejercicio, detenga lo que está haciendo y comprometa al menos 30 minutos de oración, enfocándose en esta fase del esfuerzo de la plantación de la iglesia.**

VI. **Presentaciones**

Refiérase a *Plantando iglesias entre los pobres de la ciudad: una antología de recursos de plantación de iglesias urbanas*, "La Iglesia y el Estado" para obtener guías útiles sobre asuntos legales.

Puntos principales para TRANSICIONAR
1. Comisionar a los líderes autóctonos fieles como diáconos, ancianos y pastores.
2. Reconozca formalmente a la iglesia como una asamblea independiente/interdependiente, funcionando como un miembro de

pleno derecho de una asociación de iglesias de ideas afines que se auto-gobierna, se autoabastece y se auto-reproduce.

3. Operar fielmente como una iglesia miembro en una asociación o denominación de otras asambleas locales, con el propósito de compañerismo, apoyo y actividad de ministerio en conjunto.

4. Comenzar a plantar otras iglesias de su propia vida juntos, reproduciendo una nueva iglesia.

Contexto
Valores/Visión
Preparar
Lanzar
Agrupar
Nutrir
Transicionar
Horario/Cartilla

Transicionar: Liberar la Iglesia
Preguntas sobre el ejercicio

Con el fin de responder a estas preguntas correctamente y con precisión, tendrá que tener cuidado de entender la naturaleza de su plantación en relación con el futuro liderazgo y supervisión de la iglesia. Por ejemplo, si usted es un equipo de una iglesia transcultural, tendrá que centrarse en los pasos que tomará para asegurarse de que los líderes autóctonos asuman la responsabilidad de la iglesia de manera oportuna, suave y libre de conflictos. Sin embargo, si usted tiene la intención de dirigir la iglesia una vez que se haya plantado, las preguntas requerirán un enfoque totalmente diferente enfocándose en cómo establecer un fuerte equipo de liderazgo para asumir la tarea de dirigir y alimentar a la iglesia y prepararse para su futuro crecimiento. Sea cual sea su llamado, asegúrese de entenderlo claramente antes de abordar estas preguntas y desarrollar su plan para asegurar el futuro de su asamblea recién plantada.

1. ¿Deberíamos alentar a la nueva iglesia a incorporar? ¿Por qué sí o por qué no?

2. ¿Buscaremos el estatus de exención de impuestos (501[c][3])?

3. ¿Cómo vamos a cambiar los deberes de las finanzas de la iglesia del equipo plantador de la iglesia a los líderes de la iglesia?

4. ¿Qué afiliaciones y asociaciones de la iglesia vamos a animar a la nueva iglesia a perseguir?

5. ¿Cómo se llevará a cabo la selección pastoral?

6. ¿Cómo sabremos cuándo la iglesia está lista para que los plantadores de iglesias puedan hacer la transición del liderazgo de la iglesia? ¿Qué criterios utilizaremos?

7. ¿Algunos plantadores de iglesias harán la transición antes que otros? ¿Por qué consideraríamos la eliminación de algunos en lugar de todos a la vez?

8. Si se elige la eliminación, ¿en qué coyunturas se trasladarán los plantadores?

9. ¿Cómo se encargará el liderazgo formal de la iglesia? (Vea *Plantando iglesias entre los pobres de la ciudad: una antología de recursos de plantación de iglesias urbanas* para una muestra del servicio de comisionamiento de ancianos).

Contexto
Valores/Visión
Preparar
Lanzar
Agrupar
Nutrir
Transicionar
Horario/Cartilla

10. ¿Cómo reconoceremos, comisionaremos y celebraremos a otros líderes clave en el cuerpo (por ejemplo, maestros, líderes de adoración, líderes juveniles)?

11. ¿Quién necesita conocer los resultados de nuestro plan y cómo los comunicamos?

¿Alguna de sus metas está desalineada con respecto a los Diez Principios?

1. Jesús es el Señor.
2. Evangelizar, equipar y capacitar a las personas no alcanzadas para alcanzar a la gente.
3. Ser inclusivo: Quien quiera pueda venir.
4. Sea culturalmente neutral: Venga como usted es.
5. Evite una mentalidad de fortaleza.
6. Continúe evangelizando para evitar el estancamiento.
7. Cruce barreras raciales, de clase, de género y de idioma.
8. Respete el dominio de la cultura receptora.
9. Evite la dependencia.
10. Piense reproductivamente.

Contexto
Valores/Visión
Preparar
Lanzar
Agrupar
Nutrir
Transicionar
Horario/Cartilla

Los siete autónomos
Principios centrales para la fase de transición
Rev. Dr. Don L. Davis

I. **Enérgicamente compran la idea de la transición como esencial para una iglesia verdaderamente autónoma y comunitaria.**

   A. No somos dueños de la iglesia, pertenece a Cristo, quién es la cabeza.

   B. Espere que su procesos de nutrición funcione y produzca un fuerte compañerismo de cristianos y líderes piadosos e independientes.

   C. Entienda la teología acerca de dejar que las personas con dones emerjan con sus propias visiones, valores y virtudes.

II. **De plantación a socio: transición de factores hacia la independencia, asociación y multiplicación en el ADN de su proceso de plantación de iglesias.**

   A. La independencia se refiere a la naturaleza de auto-propagación, autogobierno y auto-ayuda de la iglesia saludable.

   B. La asociación se refiere a la vinculación de la iglesia con otros compañerismos y asociaciones que comparten su visión y propósitos.

   C. La multiplicación se refiere a la naturaleza continua de la iglesia para plantar iglesias hijas.

III. **Establezca el escenario pronto para la transición a través del desarrollo de un equipo de liderazgo que usted nutra como el futuro liderazgo de la iglesia.**

   A. Establezca lo antes posible un criterio claro para su equipo de liderazgo: bíblicamente sano, no un principiante, reconocido por otros miembros como líderes, servicio probado en el cuerpo, etc.

   B. Deje que sus relaciones entre el equipo establezcan el tono para la dirección futura; perciba al equipo de liderazgo como un equipo de siervos para el beneficio del cuerpo.

C. Discipule personalmente e invierta en su crecimiento, desarrollo y madurez.

IV. **Prepare cuidadosamente a la congregación y al equipo de liderazgo para su forma de gobierno acordada.**

A. Incluya al equipo de liderazgo y a la congregación en la conformación de la constitución, abordando todos los asuntos críticos en un proceso de determinar cómo la iglesia se gobernará a sí misma.

B. Ayude al equipo de liderazgo y los miembros a discutir los pros y contras de la incorporación legal, y factorice esto en su misión y futuro.

C. Cree emoción a través de sus palabras y acciones sobre la independencia formal.

V. **Ejerza sabiduría en la determinación del cambio de los papeles del equipo de la plantación de la iglesia, y cuál será el momento adecuado para constituir la iglesia por sí misma.**

A. Los puntos de control y signos de que una iglesia está lista para la transición: compañerismo con Jesús y el otro, sentido de su identidad y misión, compromiso con la necesidad de la comunidad, membresía vigorosa, estabilidad financiera, equipo sólido de liderazgo.

B. Considere cuidadosamente en su plan la mejor forma y menos obstructiva para organizar o cambiar los papeles del equipo de la iglesia, o ayuda y servicios en la transición.

C. Entienda los diversos modelos disponibles y seleccione el que el Señor tiene para usted.

VI. **En el momento apropiado, formalmente comisione el liderazgo de la iglesia en plena celebración y reconocimiento.**

A. Haga que sea una prioridad ayudar a los fieles y al equipo de liderazgo a redactar y finalizar su proceso de constitución (esta es la clave para la independencia formal).

B. Facilite a la iglesia en la selección y reconocimiento de sus líderes, miembros y constitución.

C. Instale formalmente a los líderes como aquellos que ahora son responsables del bienestar de los miembros y la dirección del cuerpo.

D. Permita que la iglesia establezca un proceso que respete los procesos de la constitución, es decir, ayude a la iglesia a incorporar y orientar a nuevos miembros, seleccionar y capacitar a sus líderes y mover sus actividades hacia sus metas y objetivos.

VII. No confunda la transición con el abandono espiritual del niño o el fin de la relación: planee porque surjan asociaciones dinámicas.

A. Asegúreles de su relación continua, apoyo, amistad y asociación.

B. Permanezca en contacto y comunicación con la iglesia, como "miembro emérito".

C. Reflexione en nuevas maneras en que los miembros del equipo puedan continuar creciendo como amigos y socios sin interferir con el liderazgo del Espíritu de la iglesia.

Contexto
Valores/Visión
Preparar
Lanzar
Agrupar
Nutrir
Transicionar
Horario/Cartilla

Transición
Michael Freeman

I. **Creo que reemplazarse uno mismo con los líderes autóctonos es bíblico.**

   A. El ejemplo de Pablo (Hechos 13-20)

   B. El ejemplo de Jesús (ministerio y partida)

II. **Comunica las intenciones.**

   A. Comunique a los líderes autóctonos desde el principio y durante todo el proceso de plantación de iglesias que el objetivo es que ellos lo reemplacen como líderes de la iglesia.

   B. Ayúdeles a comprender (desde el principio) que su función es equiparlos y capacitarlos para dirigir la iglesia plantada.

III. **Determine cuándo transferir el liderazgo.**

   A. Los fundamentos deben estar en su lugar.

   1. Liderazgo

   2. Mandatos

      a. La Cena del Señor

      b. El bautismo

      c. La gran comisión

   3. Declaración de fe: debe tener una sana doctrina

   4. Tres ministerios clave

      a. El ministerio hacia arriba – alabanza y adoración

      b. El ministerio interior – discipulado y dar cuentas

      c. El ministerio exterior – alcanzar a su comunidad y mundo

5. Independencia financiera y sistema de rendición de cuentas

B. Establezca una meta al comienzo del proceso de plantación de iglesias para transferir el liderazgo a los líderes autóctonos dentro de un cierto tiempo. Trabaje hacia el establecimiento de los elementos fundamentales arriba dentro de ese período de tiempo.

C. Ore por la dirección del Espíritu Santo para saber cuándo es el momento de la transición.

IV. Descargue a la iglesia en manos de los líderes autóctonos.

A. Siga las directrices de la iglesia madre y/o denominación para constituir la iglesia (por ejemplo, estatutos constitucionales).

B. Realice el servicio de constitución para reconocer oficialmente que la iglesia está plenamente establecida.

C. Pase la estafeta de liderazgo a los líderes autóctonos a través del servicio de instalación.

D. Asegúrese de que los líderes y la iglesia tengan relaciones con otras iglesias y creyentes para estimularse, apoyarse y dar cuentas.

E. Permítales espacio para tomar sus propias decisiones y errores.

V. Tenga confianza. Al igual que el apóstol Pablo, confíe en la capacidad de Dios para cuidar de la iglesia cuando se vaya. En Filipenses 1:6 Pablo dice a los filipenses: "Teniendo confianza en esto, que el que inició en vosotros la buena obra, la llevará a cabo hasta el día de Cristo Jesús".

Contexto
Valores/Visión
Preparar
Lanzar
Agrupar
Nutrir
Transicionar
Horario/Cartilla

Nutrir: Madurar la iglesia, y
Transicionar: Liberar la Iglesia
Ejercicio de equipo: Presentación del plan de acción

Contexto
Valores/Visión
Preparar
Lanzar
Agrupar
Nutrir
Transicionar
Horario/Cartilla

Sesión 4
Nutrir: Madurar la iglesia
Transicionar: Liberar la Iglesia

Trazando su propio curso

Trazando su propio curso

No subestime la importancia de decidir lo antes posible el final de la estructura y el liderazgo de su iglesia. Horribles conflictos y confusión pueden resultar de un simple fracaso para determinar qué papel tendrán los plantadores de iglesias en la iglesia, una vez que se lance, congregue, nutra y esté lista para la transición.

Por ejemplo, si su equipo está haciendo plantación de iglesias transculturales, debe establecer claramente y desde temprano los pasos que seguirá a medida que transiciona la autoridad para la iglesia a sus líderes autóctonos. El trabajo entero que usted ha hecho puede ser minado simplemente ignorando o posponiendo su deber de cambiar autoridad a los líderes emergentes. Y, esto requerirá sabiduría. Si usted da vuelta a la autoridad demasiado rápido, usted puede arruinar la iglesia y perder toda la tracción ganada sobre el curso de su plantación. Si demora demasiado, puede desalentar a los líderes emergentes y hacer que los miembros sean demasiado dependientes de los miembros de su equipo. Tome mucho tiempo y oración para buscar la dirección de Dios en el mejor momento para entregar el liderazgo a aquellos a quienes Dios ha ordenado para esta tarea.

Por lo tanto, los plantadores de iglesias transculturales necesitarán especialmente supervisar una transición clara de autoridad y liderazgo de la iglesia a sus líderes autóctonos emergentes. Tendrá que prestar mucha atención a cómo tratar de abordar y resolver problemas de estructura, ministerio y toma de decisiones para asegurar una transferencia fluida del liderazgo de su equipo a los líderes autóctonos de la iglesia, sus nuevos supervisores de la asamblea.

Por otro lado, si se le llama como equipo para permanecer y funcionar como miembros plenos dentro de la iglesia, es aquí donde debe considerar cuidadosamente cómo va a pasar del equipo de la iglesia a la congregación. A pesar de que usted no funcionará como los otros equipos, todavía tendrá que reflexionar cuidadosamente y describir los pasos que usted tomará a medida que cambia de un equipo de la iglesia a una iglesia de misiones a una congregación completa. Estos pasos y fases deben ser abiertamente discutidos y debidamente abordados; Nada puede ser más perjudicial para un esfuerzo de plantación de iglesias que una falta de claridad en cuanto a las formas y los medios de cómo un equipo va a la transición a su estado final de plantación de iglesias.

Si usted está plantando una iglesia y tiene la intención de permanecer en el liderazgo después de que se planta, debe comunicar continuamente y

Contexto
Valores/Visión
Preparar
Lanzar
Agrupar
Nutrir
Transicionar
Horario/Cartilla

sabiamente cuáles serán las implicaciones de esto para todos los que participan: los miembros del equipo de la iglesia, los nuevos creyentes, y la comunidad. Que no haya lugar para malentendidos o falta de claridad. Exprese sus intenciones lo más abiertamente posible, siendo sensible para ser lo más edificante y útil posible. Asegúrese de que su comunicación sea franca y directa para todos los involucrados, y especialmente para los líderes que Dios levante para unirse y apoyar su esfuerzo de plantación de iglesias.

La mejor regla es esta: no asuma nada; muchos problemas dolorosos que se relacionan con la plantación de iglesias se producen en estas últimas fases de la consolidación y la transición. La mayoría de estos problemas pueden ser evitados si tenemos cuidado de comunicar claramente todas las intenciones y las direcciones por adelantado y a menudo.

Su plan de permanecer como pastor o líder en la iglesia también tendrá una gran implicación en su relación con su asociación o denominación. En muchos casos, la asociación y/o denominación tendrá su propia estrategia y procedimiento para la transición de una iglesia a una iglesia miembro. Asegúrese de que ambos conocen estos protocolos y los están siguiendo cuidadosamente. En última instancia, el nacimiento de una iglesia es el resultado del trabajo del Espíritu, y la infusión de gracia y poder de Dios en una comunidad. Sature tanto las fases de NUTRIR como de TRANSICIÓN en ferviente oración de intercesión, y busque la dirección de Dios a medida que avanzan juntos. Él le guiará y le mostrará qué hacer, por su propio método y tiempo.

Contexto
Valores/Visión
Preparar
Lanzar
Agrupar
Nutrir
Transicionar
Horario/Cartilla

Sesión 4
Nutrir: Madurar la iglesia
Transicionar: Liberar la Iglesia

Recursos para estudios adicionales

Recursos para estudios adicionales

Allsman, Don A., y Don L. Davis. *Fight the Good Fight of Faith: Playing Your Part in God's Unfolding Drama*. [Pelea la Buena batalla de la fe: Haciendo su parte en el drama deplegado de Dios]. Wichita, KS: The Urban Ministry Institute, 2014.

Chan, Paul, ed. *SIAFU Leadership Home Manual*. [Manual del liderazgo SIAFU para el hogar]. Wichita, KS: The Urban Ministry Institute, 2014.

Davis, Don L., ed. *A Sojourner's Quest: A Companion to the Sacred Roots Annual*. [La búsqueda del peregrino: Un compañero para las raíces sagradas anual]. Wichita, KS: TUMI Press, 2010.

Davis, Don L. *Interpretación bíblica*. Vol. 5, 16 vols. Currículo Piedra Angular. Wichita, KS: The Urban Ministry Institute Press, 2005.

———. *Haciendo justicia y amando la misericordia*. Vol. 16, 16 vols. Currículo Piedra Angular. Wichita, KS: The Urban Ministry Institute Press, 2005.

———. *El ministerio facultativo*. Vol. 15, 16 vols. Currículo Piedra Angular. Wichita, KS: The Urban Ministry Institute Press, 2005.

———. *Fit to Represent: Vision for Discipleship Seminar*. [Llamado a representar: Seminario de visión para el discipulado]. Wichita, KS: The Urban Ministry Institute, 2013.

———. *Fundamentos para la misión cristiana*. Vol. 4, 16 vols. Currículo Piedra Angular. Wichita, KS: The Urban Ministry Institute Press, 2005.

———. *Fundamentos del Liderazgo Cristiano*. Vol. 7, 16 vols. Currículo Piedra Angular. Wichita, KS: The Urban Ministry Institute Press, 2005.

———. *If I Perish, I Perish: Discipleship in Today's World. Sacred Roots Annual 2014-2015* [Si perezco, perezco: Discipulado en el mundo de hoy. Anuario de Raíces Sagradas 2014-2015] (o año en curso). Wichita, KS: The Urban Ministry Institute, 2014.

———. *Let God Arise! A Sober Call to Prevailing Prayer for a Dynamic Spiritual Awakening and the Aggressive Advancement of the Kingdom in America's Inner Cities*. [¡Levántese Dios! Un llamamiento sobrio a la oración prevaleciente para un despertar espiritual dinámico y el avance agresivo del reino en las ciudades del interior de norteamérica]. Wichita, KS: The Urban Ministry Institute, 2000, 2013.

———. *Marking Time: Forming Spirituality through the Church Year*. [Marcando Tiempo: Formando espiritualidad a través del año de la Iglesia]. Fundamentos para el ministerio. Wichita, KS: The Urban Ministry Institute Press, 2009.

———. *Master the Bible: How to Get and Keep the Big Picture of the Bible's Story*. [Domina la Biblia: Cómo obtener y mantener la gran imagen de la historia de la Biblia]. Fundamentos para el ministerio. Wichita, KS: The Urban Ministry Institute Press, 2008.

———. *Mo' Power: The Power to Be Delivered, to Overcome, and to Testify*. [Mas' poder: El poder para ser entregado, para superar y para testificar] (Conference de hombres de SIAFU). Wichita, KS: The Urban Ministry Institute, 2013.

———. *Practicando el liderazgo cristiano*. Vol. 11, 16 vols. Currículo Piedra Angular. Wichita, KS: The Urban Ministry Institute Press, 2005.

———. *The SIAFU Network Chapter Meeting Guide: How to Inspire Souls and Transform Hearts through Your SIAFU Gathering*. [Guía de la reunión del capítulo de la red SIAFU: Cómo inspirar almas y transformar corazones a través de su reunión SIAFU]. Wichita, KS: The Urban Ministry Institute, 2013.

———. *Guía de la red de SIAFU: Permaneciendo juntos por Cristo en la ciudad*. Wichita, KS: The Urban Ministry Institute, 2013.

———. *Vision for Mission: Nurturing an Apostolic Heart*. [Visión para la misión: Nutriendo un corazón apostólico]. Wichita, KS: The Urban Ministry Institute, 1999, 2007, 2012.

Ellis, Carl, ed. con Don Davis y Pastor R. C. Smith. *Saving Our Sons: Confronting the Lure of Islam with Truth, Faith and Courage*. [Salvando a nuestros hijos: Enfrentando el engaño del islam con la verdad, la fe y el coraje]. Chicago: Imani Books, 2007.

Getz, Gene A. *Elders and Leaders: God's Plan for Leading the Church*. [Ancianos y Líderes: El plan de Dios para dirigir la iglesia]. Chicago: Moody Publishers, 2003.

Keller, Timothy J. *Ministries of Mercy: The Call of the Jericho Road*. [Ministerios de misericordia: El llamado del camino de Jericó]. Phillipsburg, NJ: P & R Publishing, 1997.

Piper, John. *Let the Nations Be Glad: The Supremacy of God in Missions.* [Alégrense las naciones: La supremacía de Dios en las misiones]. Grand Rapids, MI: Baker Academic, 1993, 2003, 2010.

Smith, Efrem. *The Post-Black and Post-White Church: Becoming the Beloved Community in a Multi-Ethnic World.* [La iglesia post-negra y post-blanca: Convertiéndose en una comunidad amada en un mundo multiétnico]. San Francisco: Jossey-Bass Publishers, 2012.

Smith, Efrem y Phil Jackson. *The Hip-Hop Church: Connecting with the Movement Shaping our Culture.* [La iglesia *hip-hop*: Conectándose con el movimiento que moldea nuestra cultura]. Downers Grove: InterVarsity Press, 2005.

Steffen, Tom. *Passing the Baton.* [Pasando la estafeta]. Rev. ed. Colorado Springs: Center for Organizational and Ministry Development, 1997.

Stevens, R. Paul. *Equipper's Guide to Every Member Ministry.* [Guía del modelo de ministerio de cada miembro]. Vancouver, BC: Regent College Publishing, 2000.

Sesión 4
Nutrir: Madurar la iglesia
Transicionar: Liberar la Iglesia

Listado de apéndices

Listado de apéndices

#	Titulo del apéndice	Plantando Iglesias entre los pobres de la ciudad Vol. 1 o Vol. 2	# de pág.
1	Discipulando a los fieles: Estableciendo líderes para la iglesia urbana	Volumen 1	375
2	Nutriendo un auténtico liderazgo cristiano	Volumen 2	163
3	Cuatro contextos de desarrollo de liderazgo cristiano urbano	Volumen 2	164
4	El poder de la multiplicación: El principio de 2 Timoteo 2:2	Volumen 1	468
5	Desarrollando líderes cristianos urbanos: Un perfil	Volumen 2	165
6	La Biblia en el orden cronológico: Una narración literaria que cuenta la historia de Dios en ambos testamentos	Volumen 1	273
7	Desde antes hasta más allá del tiempo	Volumen 1	274
8	Espiritualidad compartida: Viviendo la vida de Cristo en comunidad	Volumen 2	251
9	El concepto de la iglesia local: El papel de la iglesia regional	Volumen 2	265
10	Contando el costo y escuchando al Espíritu: Respondiendo al llamado	Volumen 2	192
11	Apto para representar: Multiplicando discípulos del Reino de Dios	Volumen 2	197
12	El papel de la eclesiología sana en la misión urbana	Volumen 1	183
13	El palpitar del corazón de un plantador de iglesia: Discernir una Identidad apostólica/pastoral	Volumen 1	337
14	Qué predicaré, cómo creceremos: El dilema del pastor urbano	Volumen 1	367
15	Responsabilidades de un líder de equipo plantador de iglesia	Volumen 1	336

#	Titulo del apéndice	Plantando Iglesias entre los pobres de la ciudad Vol. 1 o Vol. 2	# de pág.
16	Facilitación del equipo: Proporcionando una contribución continua al equipo como líder de equipo	Volumen 2	177
17	Tres niveles de inversión ministerial	Volumen 1	380
18	Avanzando el Reino en la ciudad: Multiplicando congregaciones con una identidad común	Volumen 1	382
19	El papel de la mujer en el ministerio	Volumen 1	398
20	La ordenación de las mujeres P & R	Volumen 1	393
21	Definición de los líderes y miembros de un equipo plantador de iglesia	Volumen 1	396
22	Ejemplo de solicitud de membresía: Iglesia Compañerismo Cualquier Nombre	Volumen 2	329
23	Servicio de presentación de membresía: Iglesia Compañerismo Cualquier Nombre	Volumen 2	332
24	Grupos pequeños: Diez principios y sus implicaciones para los encuentros cristianos abiertos	Volumen 1	455
25	Puesta en servicio de nuestros ancianos	Volumen 1	442
26	Liderazgo de adoración efectivo	Volumen 2	316
27	De la ignorancia profunda al testimonio creíble: Etapas de un crecimiento dinámico	Volumen 2	192
28	La vocación misionera: Evaluando la adaptabilidad multicultural	Volumen 1	250
29	Que podamos ser uno: Elementos de un movimiento integrado de plantación de iglesias entre los pobres del área urbana	Volumen 2	152
30	Discerniendo los movimientos de plantación de iglesias urbanas válidas: Elementos de una auténtica comunidad cristiana urbana	Volumen 1	320
31	Ejemplo de manual para nuevos miembros: Iglesia Compañerismo Cualquier Nombre	Volumen 2	309
32	Bosquejo resumen de las Escrituras	Volumen 2	198

Sesión 5
Juntándolo todo

Sesión 5
Juntándolo todo

**Adoración y devocional
Adáptese a ganar**

Adáptese a ganar
Rev. Dr. Don L. Davis • Vea *www.tumi.org/churchplanting*

Para adaptarnos a ganar, debemos reconocer los axiomas de la adaptación:

I. *La inevitabilidad del problema*: **Las cosas confunden.**

II. *La certeza del cambio*: **Nada en su ministerio de teatro permanecerá estable o constante.**

III. *La necesidad de apoyo*: **Para adaptarnos, debemos reclutar y coordinar a los miembros del equipo talentosos.**

I. *La inevitabilidad del problema*: **Las cosas confunden.**

Doo doo sucede; este mundo es un mundo caído, y está sujeto a la opresión satánica, el ataque y la subversión.

A. Toda su plantación de la iglesia se lleva a cabo detrás de las líneas enemigas.

1. El *mundo* arruina a la humanidad fuerte, distrayéndole de su vocación y misión, 1 Juan 2:15-17.

2. La *carne* es el traidor interior, saboteando sus mejores intenciones y compromisos, Gal. 5:16-24.

3. El *diablo* es el dios de este mundo, acusando, tentando y socavando todo lo que usted busca hacer por Cristo, Ef. 6:10-12.

B. Las dificultades que enfrentará serán múltiples, constantes, alucinantes y agotadoras.

1. Se *multiplicarán*, Juan 15:18-21.

2. Serán *constantes*, Stg. 1:2-3.

3. Serán *alucinantes*, 1 Ped. 1:6-7.

4. Serán *agotadoras*, 1 Ped. 5:8-9.

C. Cosas que normalmente ocurren en un ministerio de plantación de iglesias eficaz:

1. Usted se ve obligado a operar con escaso personal y poco planificado.

2. El trabajo no delegado cae en su regazo.

3. Los miembros del equipo de confianza renuncian o luchan.

4. Sus planes van completamente al sur.

5. Le falta el equipo adecuado.

6. El equipo harapiento que tiene abandona al fantasma.

7. Usted se queda sin dinero, tiempo y energía.

8. Usted u otros obreros de confianza se enferman, en el momento absolutamente incorrecto.

9. Pierde apoyo, financieramente, espiritualmente, personalmente.

10. Sus estudiantes, mentores, voluntarios renuncian.

11. ¡Usted se desilusiona y renuncia!

> El progreso humano no es automático ni inevitable. . . . Cada paso hacia la meta de la justicia requiere sacrificio, sufrimiento y lucha; los esfuerzos incansables y la preocupación apasionada de los individuos dedicados.
> ~ Martin Luther King, Jr.

D. Adaptarse es luchar celosamente para completar su misión: la adaptación exige una armadura celestial.

1. Está *expuesto*: ate su armadura, Ef. 6:13.

2. Su enemigo está *determinado*: no ignore sus planes, 2 Cor. 2:11.

3. Su innovación se *exige*: debe adaptarse o perder (o morir!), Gal. 5:1.

> Juré que nunca me callaría cuando y dondequiera que los seres humanos soporten el sufrimiento y la humillación. Siempre debemos tomar partido. La neutralidad ayuda al opresor, nunca a la víctima. El silencio alienta al atormentador, nunca al atormentado.
> ~ Elie Wiesel

Su pregunta: *¿Cómo identifica el equipo plantador de la iglesia y prevé la oposición que enfrentará más adelante?*

II. *La certeza del cambio*: Nada en su ministerio de teatro permanecerá estable o constante.

No importa cuánto oremos y nos preparemos, nunca podremos conocer todos los cambios, obstáculos y desafíos que tenemos por delante. Por lo tanto, siempre debemos dar nuestros próximos pasos firmemente, y aún estar preparados para las contingencias que enfrentaremos en el futuro.

A. Disipe el drama previéndolo y aceptándolo.

1. No se desintegre en medio de la dificultad, ¡Innove!, Ef. 3:20-21.

2. Déle la bienvenida al juicio como una oportunidad para volver a calibrar su situación: nada es demasiado difícil para el Señor, Jer. 32:17.

3. No se maraville cuando se enfrente a pruebas; recuerde, todos sus compañeros de trabajo están enfrentando las mismas dificultades y retos, también, 1 Ped. 5:9.

> La creatividad es simplemente conectar las cosas. Cuando le pregunta a las personas creativas cómo hicieron algo, se sienten un poco culpables porque no lo hicieron, simplemente vieron algo. Les pareció obvio después de un rato. Eso es porque pudieron conectar experiencias que tuvieron y sintetizar cosas nuevas.
> ~ Steve Jobs

Contexto
Valores/Visión
Preparar
Lanzar
Agrupar
Nutrir
Transicionar
Horario/Cartilla

B. La planificación es importante, pero los planes siempre tendrán que actualizarse.

> Los planes no son nada; la planificación es todo.
> ~ Dwight D. Eisenhower

1. La planificación produce frescura, pero los planes a menudo crecen rancios.

2. La planificación nos obliga a respetar la situación actual (es decir, "mirar de nuevo, considerar de nuevo"), mientras que la lealtad a los planes antiguos puede o no ser relevante ahora.

3. El planeamiento le abre al diálogo, pero el compromiso con los viejos planes puede congelarlo en compromisos en perseguir malas direcciones.

> Un aspecto muy importante de la motivación es la voluntad de detenerse y mirar las cosas que nadie más se ha molestado en mirar. Este sencillo proceso de centrarse en cosas que normalmente se dan por sentado es una poderosa fuente de creatividad.
> ~ Edward de Bono

C. La flexibilidad garantiza la ejecución exitosa

1. Camine en el Espíritu: deje que todo lo que haga sea informado por una apertura a la palabra del Espíritu y alentando, Gál. 5:16.

2. No apague el Espíritu: no rechace la instrucción del Espíritu Santo y le guíe a través de la Palabra, a través de otros, y a través de las circunstancias, 1 Tes. 5:19.

3. Sea guiado por el Espíritu: actúe sobre lo que el Espíritu Santo le dice, pronta y completamente, Rom. 8:14.

Su pregunta: *¿Está nuestro equipo plantador de la iglesia preparado para los cambios que tendremos por delante?*

III. *La necesidad de apoyo*: **Para adaptarnos, debemos reclutar y coordinar a los miembros del equipo talentosos.**

> El talento gana juegos, pero el trabajo en equipo y la inteligencia gana campeonatos.
>
> ~ Michael Jordan

Los problemas en el ministerio por lo general son complejos, de múltiples capas, y vienen en manojos. Por lo tanto, a menudo requeriremos que otros miembros del equipo que contribuyan a las soluciones para asegurar nuestra capacidad de alcanzar nuestros objetivos.

A. Los retos del ministerio son demasiado complejos para cualquier individuo.

Marcos 3:14 (LBLA) – Y designó a doce, para que estuvieran con El y para enviarlos a predicar.

1. Las dificultades de su sitio superarán rápidamente su fuerza y experiencia individuales.

2. Aproveche los dones de los miembros de su equipo para el máximo éxito.

3. El liderazgo en el desarrollo del sitio requiere la capacidad de identificar y coordinar a personas dotadas que pueden ayudarlo a alcanzar su misión de entrenamiento.

> Nadie puede silbar una sinfonía. Se necesita una orquesta para tocarla.
>
> ~ H.E. Luccock

B. Incluso los equipos dotados enfrentan disfunción y desunión.

Fil. 4:2-3 – Ruego a Evodia y a Síntique, que vivan en armonía en el Señor. En verdad, fiel compañero, también te ruego que ayudes a estas mujeres que han compartido mis luchas en la causa del evangelio, junto con Clemente y los demás colaboradores míos, cuyos nombres están en el libro de la vida.

1. Luchan: Pablo y Bernabé, Hch. 15:36-40.

2. Fracasan: Juan Marcos, Hch. 13:13.

3. Abandonan: Demas, 2 Tim. 4:10.

> Usted no consigue la armonía cuando todos cantan la misma nota.
>
> ~ Doug Floyd

C. Construya su ministerio alrededor de miembros sólidos y efectivos del equipo.

Rom. 12:4-6 – Pues así como en un cuerpo tenemos muchos miembros, pero no todos los miembros tienen la misma función, así nosotros, que somos muchos, somos un cuerpo en Cristo e individualmente miembros los unos de los otros. Pero teniendo dones que difieren, según la gracia que nos ha sido dada, usémoslos: si el de profecía, úsese en proporción a la fe.

1. Pase tiempo orando diariamente por toda su red de equipo, Jer. 33:3.

2. Reclute activamente a los mejores obreros para unirse a su empresa, 2 Tim. 2:2.

3. Delegue autoridad a los miembros fieles del equipo.

> Nunca dude de que un grupo pequeño de personas reflexivas y comprometidas puedan cambiar el mundo. De hecho, es lo único que alguna vez han tenido.
>
> ~ Margaret Mead

Su pregunta: *¿Está nuestra iglesia reclutando, equipando y liberando a los mejores miembros del equipo para que podamos encontrar apoyo a la estrategia de la plantación de la iglesia?*

Un episodio en la historia de nuestro equipo de TUMI de adaptarse para ganar . . .
(Vea "Camp Fire Stories" [Historias de fogatas en el campamento], *www.tumi.org/vimeo*.)

Para adaptarnos a ganar, debemos reconocer los axiomas de la adaptación.

I. *La inevitabilidad del problema*: Las cosas confunden.

II. *La certeza del cambio*: Nada en su ministerio de teatro permanecerá estable o constante.

III. *La necesidad de apoyo*: Para adaptarnos, debemos reclutar y coordinar a los miembros del equipo talentosos.

La aclamación final

> Confía en el Señor con todo tu corazón, y no te apoyes en tu propio entendimiento. Reconócele en todos tus caminos, y El enderezará tus sendas.
> ~ Proverbios 3:5-6 (LBLA)

*Sesión 5
Juntándolo todo*

Temas y Objetivos de la Sesión

Sesión 5
Juntándolo todo
Temas y Objetivos

Concepto principal
Juntándolo todo

Objetivos
Después de esta sesión usted será capaz de:

- Articular la importancia de una revisión sostenida y constante en el proceso PTR.

- Recitar los diversos temas que pueden causar fricción y confusión en el desarrollo de nuestros planes y estrategias mientras buscamos avanzar el Reino a través de nuestros esfuerzos de plantación.

- Indicar cómo las condiciones cambiantes, las contramedidas del diablo y las circunstancias inoportunas pueden impactar y afectar nuestro progreso mientras nos maniobramos hacia la terminación de nuestras estrategias de plantación de iglesias.

- Definir cómo y cuándo se asegurará de que su equipo tomará el tiempo necesario para revisar su compromiso y los esfuerzos para ver cómo y por qué medios el Espíritu Santo puede querer que usted se adapte y ajuste por el bien de una mayor eficacia y productividad.

- Llenar una cartilla de planificación que detalle su estrategia general de plantación de iglesias, incluyendo elementos importantes tales como el plazo final de la meta general, quién servirá como entrenador, bajo qué autoridad, con qué miembros del equipo, para qué expresión de la iglesia.

Escritura Clave
Ef. 3:20-21 (LBLA) – Y a aquel que es poderoso para hacer todo mucho más abundantemente de lo que pedimos o entendemos, segun el poder que obra en nosotros, a El sea la gloria en la iglesia y en Cristo Jesús por todas las generaciones, por los siglos de los siglos. Amén.

Contexto
Valores/Visión
Preparar
Lanzar
Agrupar
Nutrir
Transicionar
Horario/Cartilla

Principio de la guerra: Concentración
La energía y los recursos deben ser aplicados en un punto estratégico y no en todos los frentes; Hay un tiempo y un lugar para subestimar un frente.

El principio relacionado con la plantación de Iglesias
Reconozca los momentos críticos para aplicar energía extraordinaria y oración; sepa el tiempo para ser prudente y el tiempo para ser enérgico.

> Es la función de la gran estrategia descubrir y explotar el talón de Aquiles del enemigo; para atacar no contra su baluarte más fuerte sino contra su lugar más vulnerable.
> ~ B. H. Liddell Hart

Contexto
Valores/Visión
Preparar
Lanzar
Agrupar
Nutrir
Transicionar
Horario/Cartilla

*Sesión 5
Juntándolo todo*

Enseñanza del seminario

**Seminario 1
La importancia de la revisión**

Seminario 1
La importancia de la revisión
Rev. Don Allsman

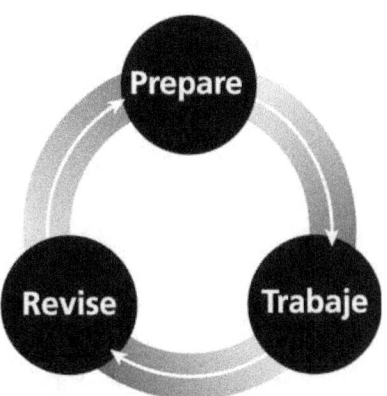

El verdadero beneficio de **PTR** no está en el primer ciclo, a pesar de sus muchos beneficios.

Algún porcentaje de sus planes no funcionará.

El valor real de **PTR** es la capacidad de adaptar. Una vez que haya probado algo y luego aprendido de la **PT**, el **TR** entra en acción y puede llegar a ser efectivo.

No es la *Preparación* la clave, sino la *Revisión*.

Pero usted no puede *Revisar* sin *Trabajar*.
Trabajar sin *Preparar* es una locura.

> En la preparación para la batalla siempre he encontrado que los planes son inútiles, pero la planificación es indispensable.
>
> ~ Dwight Eisenhower

Contexto
Valores/Visión
Preparar
Lanzar
Agrupar
Nutrir
Transicionar
Horario/Cartilla

El R de PTR: Revisar

I. La libertad de innovar

II. Fricción

    A. Mal tiempo en un evento

    B. Los miembros del equipo renuncian o son moralmente descalificados.

    C. Alguien ya está haciendo lo que está haciendo (o afirma que están).

    D. El dinero se agota.

    E. El equipo falla.

    F. Se invierte en los líderes autóctonos, luego se trasladan a otra parte de la ciudad.

III. Un buen equipo deportivo hace ajustes efectivos de medio tiempo.

> Una de las mejores organizaciones de aprendizaje hoy en día es el ejército de los EE. UU. Después de cada evento importante en el entrenamiento o en la batalla, se detienen y dicen: "¿Qué acaba de suceder y por qué creen que sucedió, y qué podemos aprender de ello?"
> ~ Margaret Wheatley, autora de *Leadership and the New Science*.
> [Liderazgo y la nueva ciencia].

IV. Proceso de revisión

    A. Revisar la declaración de visión.

    B. Revisar objetivos, metas, tareas.

    C. Revisar los resultados.

    D. Evaluar si los resultados son los deseados.

E. Preguntas

    1. ¿Qué fue bien?

    2. ¿Qué no salió bien?

    3. ¿Qué debe ser abandonado?

    4. ¿Qué se debe añadir o modificar?

    5. Mire las preguntas de control con cordura.

V. Ingrese de nuevo a la etapa de preparación.

    A. Nuevos objetivos, metas y asignaciones

    B. Lluvia de ideas y priorización

VI. Celebre.

VII. Mantenga los retrocesos en perspectiva.

> Un ejército que mantiene su cohesión, que no puede ser sacudido por los temores, que no perderá la fuerza para obedecer las órdenes y su respeto y confianza para sus dirigentes, que ha sido acorralado por la formación y la privación y el esfuerzo, que es consciente del honor de Sus armas – tal ejército está imbuido con un verdadero espíritu militar.
>
> ~ Clausewitz
>
> Por lo demás, fortaleceos en el Señor y en el poder de su fuerza. Revestíos con toda la armadura de Dios para que podáis estar firmes contra las insidias del diablo. . . . Obedeced a vuestros pastores y sujetaos a ellos, porque ellos velan por vuestras almas, como quienes han de dar cuenta. Tened por sumo gozo, hermanos míos, el que os halléis en diversas pruebas, sabiendo que la prueba de vuestra fe produce paciencia, y que la paciencia tenga su perfecto resultado, para que seáis perfectos y completos, sin que os falte nada.
>
> ~ Efesios 6:10-11; Hebreos 13:17a; Santiago 1:2-4

Contexto
Valores/Visión
Preparar
Lanzar
Agrupar
Nutrir
Transicionar
Horario/Cartilla

Revise los siguientes apéndices sobre *Plantando iglesias entre los pobres de la ciudad: Una antología de recursos de plantación de iglesias urbanas* (consulte la tabla del apéndice al final de esta sesión para encontrar la ubicación de cada documento que se muestra a continuación, es decir, su volumen y número de página), y luego responder juntos las preguntas bajo *Discusión de grupo del seminario*.

- Muestra de formulario de cartilla de planificación de equipo
- ¿Por qué es prudente y necesario desarrollar una cartilla de planificación de equipo?
- ¿Cómo autorizamos a nuestros equipos de la plantación de Iglesias a operar con autonomía y autoridad?
- Ejemplo de cartilla de planificación de iglesia: Vickery Meadows
- Ejemplo de cartilla de planificación de iglesia: Hispanos en Newark

Discusión de grupo del seminario

1. ¿Por qué es necesario visitar y revisar constantemente su estrategia mientras compromete sus planes y metas para plantar la iglesia? Puesto que el enemigo es astuto e ingenioso, ¿por qué tiene sentido revisar la situación y ajustar nuestros esfuerzos con regularidad y cuidado?

2. ¿Qué tipo de actitudes y perspectivas son necesarias para que un equipo adopte si espera adaptar eficazmente sus estrategias en medio de un cambio y un desorden constantes?

3. ¿Por qué la Revisión es esencial para ser guiada por el Espíritu?

4. ¿Cómo puede nuestro equipo asegurarse de que mantenemos la fase de Revisión una parte esencial y constante de nuestro trabajo?

*Sesión 5
Juntándolo todo*

Ejercicios de equipo

Pautas del ejercicio

Formulario de ejemplo de la cartilla de planificación de la plantación de la Iglesia

Resumen de las fases de ejercicio para la Escuela de plantación de iglesias urbanas Evangel de World Impact
World Impact

	Definición y propósito	Cómo relaciona la metáfora Padre-Hijo
Preparar *Ser la Iglesia*	**Definición** Formar un equipo de miembros llamados que se preparan así mismos para plantar una iglesia bajo la guía del Espíritu Santo **Propósito** Pedir a Dios en cuanto a la población y comunidad objetivo, la formación del equipo de plantación de la iglesia, organizando intercesión estratégica por la comunidad, y hacer la investigación sobre sus necesidades y oportunidades	Decisión y concepción
Lanzar *Expandir la Iglesia*	**Definición** Penetrar la comunidad seleccionada al conducir eventos evangelísticos entre la población objetivo **Propósito** Movilizar al equipo y reclutar voluntarios para conducir eventos evangelísticos y alcance integral para ganar asociados y vecinos para Cristo	Cuidado Pre-natal
Agrupar *Establecer la Iglesia*	**Definición** Reunir las células de conversos para formar una asamblea local de creyentes, anunciando la nueva iglesia a los vecinos de la comunidad **Propósito** Formar grupos celulares, estudios bíblicos, o compañerismo en las casas para el seguimiento, continuar con la evangelización, y crecimiento continuo hacia el nacimiento de la nueva iglesia	Recién nacidos
Nutrir *Madurar la Iglesia*	**Definición** Nutrir miembros y discipular el liderazgo, permitiendo a los miembros que funcionen en sus dones espirituales, y establecer una infraestructura sólida dentro de la asamblea cristiana **Propósito** Desarrollar individuos y grupos de discipulado para llenar los papeles clave en el cuerpo basados en la carga y dones de los miembros	Crecimiento y crianza de los hijos
Transicionar *Liberar la Iglesia*	**Definición** Capacitar a la iglesia para su independencia al equipar a los líderes para autonomía, transfiriendo autoridad, y creando estructuras de independencia económica **Propósito** Comisionar miembros y ancianos, instalar pastor, y fomentar las asociaciones de iglesias	Madurez hacia la adultez

Pregunta centrada durante el diálogo	Virtud cardinal y vicios críticos	Línea de fondo
Preguntas acerca de: • preparar a su equipo • la comunidad objetivo • iniciativas estratégicas de oración • estudios demográficos	**Virtud** Apertura al Señor **Vicios** Presunción y "parálisis del análisis"	Cultivar un período de escuchar y reflexionar
Preguntas acerca de: • carácter y número de eventos evangelísticos • comunicación y anuncio de los eventos • reclutamiento y coordinación de voluntarios • identidad y nombre del alcance	**Virtud** Coraje para conectar a la comunidad **Vicios** Intimidación y altanería	Iniciar su compromiso con firmeza y confianza
Preguntas acerca de: • seguimiento e incorporación de los nuevos creyentes • creación de un pequeño grupo de vida • el carácter de la adoración pública • estructuras y procedimientos iniciales de la iglesia • cuerpo de vida inicial y crecimiento • simpatía cultural de la iglesia	**Virtud** Sabiduría para discernir el tiempo de Dios **Vicios** Impaciencia y cobardía	Celebrar el anuncio de su cuerpo con gozo
Preguntas acerca de: • discipulado individual y de líderes • ayudar a los miembros a identificar sus dones y cargas (equipos) • credenciales para el liderazgo • orden de la Iglesia, gobierno, disciplina	**Virtud** Centrarse en fieles del núcleo **Vicios** Negligencia y micro-dirección	Concentrarse en invertir en los fieles
Preguntas acerca de: • incorporación • afiliaciones y asociaciones • transfiriendo liderazgo • transición misionera • multiplicación continua	**Virtud** Dependencia sobre la capacidad del Espíritu **Vicios** Paternalismo y rápida liberación	Pasar la estafeta con la confianza en que el Espíritu seguirá trabajando

Juntándolo todo
Pautas del ejercicio

I. **¿Qué es una cartilla de planificación?**

   A. Un registro escrito de las intenciones del equipo de plantación de la iglesia

   B. Provee autoridad para el equipo

   C. Proporciona medios de rendición de cuentas al liderazgo

   D. Proporciona claridad de acción para que el equipo pueda continuar si hay cambios en el personal del equipo

   E. Proporciona una cantidad limitada de tiempo para completar la tarea

II. **¿Por qué es importante?**

   A. Los equipos plantadores de iglesias tienden a tomar demasiado tiempo sin resultados o desanimarse y quieren renunciar demasiado pronto. Las cartillas de planificación minimizan el abandono y languidez al dar marcos de tiempo.

   B. Los equipos plantadores de iglesias deben ser semiautónomos. Necesitan supervisión periódica pero no una micro-gestión. Las cartillas de planificación liberan al equipo para ser creativo dentro de sus directrices establecidas por lo que no hay supervisión excesiva que obstaculizaría el esfuerzo. Las cartillas de planificación también proporcionan una declaración por escrito de las metas y objetivos para que pueda haber puntos de control específicos que den responsabilidad al plan establecido.

   C. Las cartillas de planificación proporcionan un plan por escrito para el próximo año que ayuda al equipo a seguir el rumbo, minimizando los esfuerzos desperdiciados.

   D. Si hay varias plantaciones de iglesias que ocurren en un área, las cartillas de planificación ayudan a alcanzar las áreas objetivo para que nuevos esfuerzos no estén causando una duplicación de esfuerzos.

Contexto
Valores/Visión
Preparar
Lanzar
Agrupar
Nutrir
Transicionar
Horario/Cartilla

III. ¿Cómo llenamos la cartilla de planificación?

A. Pídale a Dios que le guíe en su ejercicio final.

B. Cree un horario visual en una mesa usando notas *post-it* y papel de carnicero.

1. En la parte superior de la tabla, coloque una tarjeta para cada mes de los próximos seis meses, de izquierda a derecha.

Semana	MAY	JUN	JUL	AGO	SEP	OCT
1						
2						
3						
4						
5						

2. Escriba cada meta para los próximos 6 meses sólo en una nota *post-it* con:

   a. Qué hay que completar

   b. Fecha de finalización (y fecha de inicio si procede)

   c. Quién es responsable de ver que se hace

Nota: Algunos equipos codifican por color a la persona responsable, otros por la fase de PLANT, otros sin codificación de color en lo absoluto.

3. Coloque cada nota en el mes en que pertenece.

4. Vea si desea hacer cualquier ajuste a cualquier parte del plan que ya haya hecho.

   a. Aplazar una acción.

   b. Mover una acción a una fecha anterior o posterior.

   c. Añadir una idea nueva.

   d. Deshacerse de una idea.

Contexto
Valores/Visión
Preparar
Lanzar
Agrupar
Nutrir
Transicionar
Horario/Cartilla

5. Ponga cinta adhesiva a las notas en el papel. Enrolle el papel para llevarlo a casa donde se pueda volver a crear.

C. Resuma los resultados en el formulario de la cartilla de planificación. (Vea la cartilla en blanco en la página siguiente y muestre las cartillas completas en *Plantando iglesias entre los pobres de la ciudad: Una antología de recursos de plantación de iglesias urbanas.*)

1. Escriba la declaración de visión y toda la otra información solicitada en el formulario.

2. La duración solicitada de la cartilla de planificación es generalmente la fecha de su declaración de visión. Pero en algunos casos raros, podría ser más corto si desea tener una revisión de la cartilla de planificación formal en una fecha anterior.

3. Nota: Si decide agregar un miembro del equipo en una fecha posterior, se recomienda encarecidamente que tome a la persona a través de un proceso formal de compromiso con el equipo y su visión. Otros equipos han sufrido cuando los miembros se agregan sin la comprensión y el compromiso de la visión y los objetivos del equipo.

4. Anote sus metas clave.

IV. **Comprométase por lo menos 30 minutos a la oración, enfocándose en su necesidad de revisar y revisitar su plan a medida que Dios le dirija a través de su esfuerzo de plantación de iglesias.**

Contexto
Valores/Visión
Preparar
Lanzar
Agrupar
Nutrir
Transicionar
Horario/Cartilla

Escuela de Plantación de Iglesias Urbanas Evangel
Formulario de la cartilla

Nombre de la plantación de la iglesia:_____ Fecha:_____

Plantador de la iglesia:_____ Entrenador:_____

Expresión de iglesia (señale una):

___ Iglesia pequeña (casa)   ___ Iglesia de la comunidad)   ___ Iglesia central (Madre)

Tipo: Modelo de asociación de World Impact (1-4) ___ Nombre del socio: _____

Miembros del equipo primario (duración del compromiso):

Área objetivo y etnicidad:

Duración requerida de la plantilla:_____
Número de veces para reunirse con el entrenador:_____

Número de veces para evaluación formal (PTR, por lo menos 3 veces al año):_____

Valores:

Declaración de Visión:

Metas clave:

Aprobación del Decano: _____ Fecha _____
Aprobación del Decano: _____ Fecha _____
Aprobación del entrenador: _____ Fecha _____
Comisionado por: _____ Fecha _____

(Autoridad espiritual patrocinadora del plantador de la iglesia)

Juntándolo todo
Ejercicio de equipo: Presentación del plan de acción

Contexto
Valores/Visión
Preparar
Lanzar
Agrupar
Nutrir
Transicionar
Horario/Cartilla

*Sesión 5
Juntándolo todo*

Trazando su propio curso

Trazando su propio curso

Ahora ha considerado, reflejado y diseñado todo lo que pudo para el esfuerzo de su iglesia a través de todas las etapas de la plantación de una iglesia. ¡Bravo! Usted está listo para involucrar a la comunidad y/o grupo de personas, buscando la ayuda del Señor para ver una iglesia vital y saludable plantada en un lugar o entre un pueblo desesperado por conocerlo. Puede estar seguro de que Dios le guiará paso a paso mientras avanza, en su nombre.

Esta sesión final requiere que usted tome tiempo separado para una revisión crítica, reflexión, y la reevaluación de su estatus, como equipo, como una nueva congregación, y como equipo de liderazgo. La sabiduría de la revisión es aplicable a todos los equipos plantadores de iglesias, independientemente de los modelos, expresiones o estrategias que adopten. Es igualmente aplicable a todas las congregaciones, ya sea en la etapa incipiente o plenamente madura y en la temporada de crecimiento. Nadie puede darse el lujo de no tomar tiempo para repensar y revisar los problemas, preocupaciones e instrucciones involucradas en el estado actual de su compromiso. El enemigo es astuto y constantemente en movimiento; los planes y las estrategias de ayer deben ser revisadas para ver si los hechos, los supuestos, y los planes son todavía exactos y relevantes.

Sin lugar a dudas, quizás el hábito más importante que un equipo plantador de iglesia puede formar es el hábito de una revisión regular, intensa y abierta de sus acciones, programas y estrategias. Esta actividad no es ni inútil ni innecesaria. Aquellos equipos que tienen éxito construirán en sus vidas juntos un deseo de adaptarse rápidamente a las condiciones cambiantes que enfrentarán, mes a mes, incluso semana a semana o día a día en sus esfuerzos.

Al comenzar su viaje y aventura de plantar una iglesia saludable en la ciudad entre aquellos que están en desventaja, usted debe determinar estar lleno del Espíritu Santo (Efesios 5:18). Su capacidad para ser adaptable y flexible bajo la dirección del Señor será un componente clave para el éxito de su equipo, y su capacidad para trascender las trampas inevitables que el enemigo tratará de establecer a su alrededor en sus esfuerzos. El enemigo que luchamos es implacable y no se quedará quieto para que sus planes de focalización y tecnologías funcionen. Tendrá que aprender a luchar bien, a dejar de trabajar, hacer balance, evaluar dónde está y decidir lo que cree que necesita hacer a continuación. No puede permitirse ser ignorante o lento en identificar y reaccionar a las contra-estrategias y

Contexto
Valores/Visión
Preparar
Lanzar
Agrupar
Nutrir
Transicionar
Horario/Cartilla

contramedidas del enemigo (ver "para que Satanás no tome ventaja sobre nosotros, pues no ignoramos sus ardides"; 2 Cor. 2:11 (LBLA).

En verdad, sea cual sea su sueño final de la plantación de la iglesia, cualquier expresión que busque dar a luz, aprenda a caminar en el Espíritu, permitiendo que todo lo que haga sea informado por la apertura a la palabra del Espíritu y al impulso (Gál. 5:16). Manténgase abierto a nuevas ideas: no apague el Espíritu, se niegue a obedecer las instrucciones del Espíritu Santo y conduzca a través de su Palabra, a través de sus entrenadores y miembros, y a través de las circunstancias (1 Tes. 5:19). Determine en todas las cosas que sea guiado por el Espíritu, y esfuércese en actuar según lo que el Espíritu Santo le diga en su revisión, y hágalo pronto y completamente (Rom. 8:14).

Contexto
Valores/Visión
Preparar
Lanzar
Agrupar
Nutrir
Transicionar
Horario/Cartilla

*Sesión 5
Juntándolo todo*

Recursos para estudios adicionales

Recursos para estudios adicionales

Allsman, Don. *La aventura heroica: una parábola de liderazgo de proyectos*. Wichita, KS: The Urban Ministry Institute, 2006.

Cothen, Joe H. *Equipped for Good Work: A Guide for Pastors*. [Equipado para el buen trabajo: Una guía para pastores]. Gretna, LA: Pelican Publishing, 2010.

Davis, Daniel A. *Get Up and Go: Lessons in Freedom and the Power to Produce*. [Levántate y Ve: Lecciones de libertad y poder de producir]. Wichita, KS: The Urban Ministry Institute, 2013.

Davis, Don L. y Lorna A. Rasmussen. *Managing Projects for Ministry*. [Administración de proyectos para el ministerio]. Wichita, KS: The Urban Ministry Institute, 2010, 2012.

Sanders, J. Oswald. *Dynamic Spiritual Leadership: Leading Like Paul*. [Liderazgo espiritual dinámico: Liderando como Pablo]. Grand Rapids: Discovery House Publishers, 1999.

Smith, Efrem. *Jump into a Life of Further and Higher*. [Saltar a una vida más lejana y más alta]. Colorado Springs: David C. Cook, 2010.

Contexto
Valores/Visión
Preparar
Lanzar
Agrupar
Nutrir
Transicionar
Horario/Cartilla

*Sesión 5
Juntándolo todo*

Listado de apéndices

Listado de apéndices

#	Título del apéndice	Plantando Iglesias entre los pobres de la ciudad Vol. 1 o Vol. 2	# de pág.
1	Ejemplo de formulario de la cartilla de planificación de la Iglesia	Volumen 2	137
2	¿Por qué es tanto prudente y necesario desarrollar una cartilla de planificación de equipo?	Volumen 2	142
3	¿Cómo autorizamos a nuestros equipos de plantación de iglesias a operar con autonomía y autoridad?	Volumen 2	143
4	Ejemplo de cartilla de planificación de plantación de iglesia: Vickery Meadows	Volumen 2	135
5	Ejemplo de cartilla de planificación de plantación de iglesia: Hispanos en Newark	Volumen 2	136
6	Ejemplo de constitución de iglesia	Volumen 2	335
7	Ejemplo de artículos de incorporación	Volumen 2	348
8	Plantilla de artículos de incorporación	Volumen 2	347
9	Constituyendo la Iglesia	Volumen 1	77
10	Planee las finanzas	Volumen 1	69
11	Planifique las instalaciones	Volumen 1	73
12	Cuentas bancarias y recepción de contribuciones	Volumen 2	307
13	Procesos financieros de la Iglesia	Volumen 2	351
14	Procedimientos de cuenta de caja chica	Volumen 2	254
15	Políticas financieras de la plantación de iglesias	Volumen 2	356
16	La Iglesia y el Estado	Volumen 2	442
17	Muestra de carta de determinación 501 (C) (3)	Volumen 2	309
18	Ejemplo de manual de nuevos miembros: Iglesia Compañerismo Cualquier nombre	Volumen 2	309

#	Título del apéndice	Plantando Iglesias entre los pobres de la ciudad Vol. 1 o Vol. 2	# de pág.
19	Puesta en servicio de nuestros ancianos	Volumen 1	442
20	Ejemplo de solicitud de membresía: Iglesia Compañerismo Cualquier nombre	Volumen 2	328
21	Servicio de comisionamiento de miembros: Iglesia Compañerismo Cualquier Nombre	Volumen 2	332
22	Grupos pequeños: Diez principios y sus implicaciones para los encuentros cristianos abiertos	Volumen 1	455
23	Siete prácticas esenciales para el sacerdocio de todos los creyentes	Volumen 1	264
24	Orden de Servicio: Muestra 1	Volumen 1	444
25	Orden de Servicio: Muestra 2	Volumen 1	445
26	El servicio de bautismo del creyente	Volumen 1	457
27	Qué predicaré, cómo creceremos: El dilema del pastor urbano	Volumen 1	367
30	Un modelo de una asociación de iglesia urbana	Volumen 2	27
31	Asociaciones de movimientos de plantación de iglesias urbanas: La eficiencia y potencia reproductiva de la normalización	Volumen 2	167
32	Mirando hacia los horizontes: Facilitando una asociación de congregaciones urbanas	Volumen 2	172
33	Clemente, Calvino y la Asociación de Pastores Urbanos de LA: Revisión, reflexiones y recomendaciones	Volumen 2	28
34	Asociación de Iglesias Urbanas: Acuerdo de Membresía	Volumen 2	39
35	Modelos de asociación: Variedad de respuestas de colaboración	Volumen 2	129
36	Acuerdos y asociación de *World Impact*	Volumen 2	367
37	Acuerdo de conciliación	Volumen 2	371

#	Titulo del apéndice	Plantando Iglesias entre los pobres de la ciudad Vol. 1 o Vol. 2	# de pág.
38	Ejemplo de acuerdo de asociación: El equipo Nehemías y *World Impact*	Volumen 2	372
39	Ejemplo de acuerdo de asociación: Asamblea de Dios del Este de San Diego y *World Impact*	Volumen 2	374
40	Modelo de acuerdo de asociación: Iglesia del Evangelio Cuadrangular Internacional y *World Impact*	Volumen 2	376
41	Ejemplo de acuerdo de asociación: *World Impact* y las Iglesias cristianas independientes en el área de Wichita	Volumen 2	378
42	Ejemplo de acuerdo de asociación: *World Impact*/ Asociación de plantación de iglesia en CEEC Oaklawn	Volumen 2	384
43	Movilizando ciudades norteamericanas para los movimientos de plantación de iglesias	Volumen 1	292
44	Movimientos de Plantación de Iglesias, Barrios C1, y ventanas 80%: La importancia de la visión	Volumen 1	320
45	Que podamos ser uno: Elementos de un movimiento integrado de plantación de iglesias entre los urbanos pobres	Volumen 2	152
46	Discerniendo movimientos válidos de plantación de iglesias urbanas: Elementos de una comunidad cristiana urbana auténtica	Volumen 1	326
47	El papel de la tradición en los movimientos de plantación de iglesias urbanas: Santificando el presente al encarnar el pasado, preparándose para el futuro	Volumen 2	271
48	Madera seca para un fuego realmente caliente: Sentando las bases para movimientos agresivos de plantación de iglesias urbanas	Volumen 2	283
49	Avanzando el Reino en la ciudad: Multiplicando congregaciones con una identidad común	Volumen 1	382
50	La naturaleza de los movimientos dinámicos de plantación de Iglesias: Definiendo los elementos de movimientos efectivos de plantación de Iglesias	Volumen 2	23
51	Engendrando una estructura del movimiento de plantación de iglesias	Volumen 2	24

#	Título del apéndice	Plantando Iglesias entre los pobres de la ciudad Vol. 1 o Vol. 2	# de pág.
52	Creando movimientos de plantación de iglesias urbanas coherentes: Discerniendo los elementos de una comunidad cristiana urbana auténtica	Volumen 2	25
53	Enemigos de un movimiento vibrante y dinámico de plantación de iglesias	Volumen 2	26
54	Definiendo los movimientos de plantación de iglesias	Volumen 2	233
55	Una interpretación nicena de los movimientos de plantación de iglesias	Volumen 2	250
56	El concepto de la Iglesia local: El papel de la iglesia regional	Volumen 2	265
57	Elementos de un movimiento de plantación de iglesias urbanas	Volumen 2	269
58	El triple cordón de los movimientos urbanos transculturales de plantación de iglesias	Volumen 2	270

The Urban Ministry Institute: Puliendo las piedras que los constructores rechazan
Cómo puede equipar líderes para su iglesia y ministerio

The Urban Ministry Institute: Puliendo las piedras que los constructores rechazan
Cómo puede equipar líderes para su iglesia y ministerio

Rev. Dr. Don L. Davis • 18 de Abril del 2015

¡La piedra que los constructores rechazaron se ha convertido en la piedra angular!
Sal. 118:22-23 (LBLA) – La piedra que desecharon los edificadores ha venido a ser la piedra principal del ángulo. Obra del Señor[a] es esto; admirable a nuestros ojos.

Inspirado por el texto anterior (y la cita de Jesús en Mateo 21:42), *The Urban Ministry Institute* ha formulado una visión precisa acerca de la selección de Dios y la preparación de líderes urbanos. Creemos que este texto captura la esencia de la intención de Dios de levantar obreros para su mies entre los pobres urbanos.

Jesús mismo es el patrón para el desarrollo del liderazgo urbano

La mayoría de los eruditos creen que esto es un proverbio, pero con una enorme cantidad de un giro irónico: una piedra fue rechazada para propósitos de construcción por los constructores mismos. Sin embargo, esta piedra rechazada demuestra ser de valor y de valor inestimables. Esta piedra despreciada se convierte en la principal piedra angular, a menudo llamada la piedra de unión o la piedra angular, la esquina de la fundación, la piedra de coronación de todos. A la luz de las claras referencias del NT, este texto alude a Cristo Jesús,* la piedra de tropiezo. Los llamados "constructores" en Israel, que rechazaron su señoría, ignoraron a aquel que ahora ha sido exaltado por la unción y elección de Dios. Como la Piedra puesta en Sión por el propio Yahvé, Jesús es la Piedra Angular, el Jefe y Piedra Preciosa, en quien creía y confiaba que nunca decepcionaría (Isa. 28:16).

* Mateo 21:42;
Marcos 12:10;
Lucas 20:17;
Hechos 4:11;
Efesios 2:20;
1 Pedro 2:4, 7

Esta poderosa profecía mesiánica tiene una verdad corolaria unida a ella que está en el corazón tanto de las citas del Antiguo como del Nuevo Testamento sobre la elección de Dios y nuestro rechazo. Surge un principio que ilustra la complejidad de la ironía divina en la selección del liderazgo. Este principio revela claramente la naturaleza precisa de la elección de Dios de hombres y mujeres para representarlo.

La elección de Dios de los pobres

Dios ha elegido a los pobres para ser ricos en fe, y herederos del Reino venidero (Stg. 2:5). Dios escoge al quebrantado para confundir al completo, al tonto para avergonzar al sabio y a los pobres para asombrar a los ricos. Él ha elegido lo que es base y despreciado para avergonzar a los honrados, y lo que es débil y patético para humillar a los fuertes. Dios escoge y exalta lo que los hombres tienden a rechazar y despreciar (1 Cor. 1:26-29). A lo largo de la historia de la iglesia, este principio resulta ser cierto. Sólo el Señor puede determinar qué vasos usará para el honor de su Hijo, y para el progreso de su Reino. ¡Es solo su elección; y, a quienquiera que él elija, así lo autoriza y dirige!

TUMI: Afirmando el llamado de Dios para que los pobres lideren

Este es el corazón de la ironía del uso de Dios de hombres y mujeres, y es testificado en virtualmente cada narración que involucra la elección de Dios. Mientras que tendemos a juzgar basados en la apariencia de una persona o trasfondo, Dios mira al carácter de una persona y llamado. A menudo no elige basado en su formación, pedigrí, antecedentes socioeconómicos o educación. Más bien, Dios mira el corazón (1 Sam. 16:7). Quienquiera que Dios llame y capacite a cumplir su tarea, y él tiende a seleccionar aquellos que hasta los más experimentados encuentran abominables. La fuerza y la sabiduría de Dios son mejor exhibidas a través de los vasos humanos que son débiles y necios, y su gracia se perfecciona a través de la debilidad. Aquellos que parecen ser inútiles para el ojo más agudo de los constructores más experimentados, fácilmente pueden convertirse en el recipiente selecto de Dios. Por su gracia y preparación, incluso los despreciados pueden convertirse en la piedra angular de la empresa de Dios. Este es el corazón de la divina ironía de la selección de Dios de sus líderes.

Hacia un nuevo paradigma y estructura del desarrollo del liderazgo urbano

Durante más de veinte años, *The Urban Ministry Institute* (TUMI), ha sido el brazo de capacitación de *World Impact*. Diseñamos recursos, programas y herramientas que pueden equipar a líderes siervos para plantar y dirigir iglesias y movimientos sanos y evangélicos que avancen el Reino en las ciudades de norteamérica y más allá. Nuestro distintivo es que concentremos nuestros esfuerzos de capacitación de aquellos que buscan llegar a los perdidos entre los urbanos desfavorecidos. Estamos convencidos de que Dios levantará un ejército de obreros que transformarán sus comunidades a través del Evangelio y sus corolarios actos de compasión, justicia y testimonio del Reino.

Deseamos, por lo tanto, proporcionar el tipo de formación teológica, pastoral y espiritual que permita a las llamadas personas despreciadas a acceder a un entrenamiento creíble, asequible y que cambie la vida donde viven y ministran. Para lograr este objetivo, buscamos transformar tanto el contenido como el método de la educación teológica para hacer que nuestras estructuras propicien el empoderamiento de los pobres urbanos.

Mientras que la educación teológica tradicional y los seminarios han sido los pilares de la mayoría del desarrollo del liderazgo cristiano, los urbanos pobres a menudo son pasados por alto o completamente ignorados en sus programas. Tan exitosos como los seminarios tradicionales han sido en la creación de líderes calificados para los contextos suburbanos, muchos programas tradicionales de educación teológica son simplemente demasiado engorrosos y fuera de sincronía para el desarrollo del liderazgo urbano.

Desafortunadamente, la mayoría de los líderes urbanos no califican para la educación del liderazgo cristiano disponible hoy. Es demasiado caro, por lo general se ofrece en lugares lejos del contexto de las iglesias urbanas y sus barrios, y tiende a descalificar a los candidatos urbanos debido a las calificaciones académicas. Por último, gran parte de la formación teológica tradicional permanece culturalmente distante de la experiencia y el trabajo de la mayoría de los obreros espirituales urbanos, y no resulta propicio para las necesidades y cuestiones de la vida urbana contemporánea.

De la idea a la revolución:
Equipando líderes para el ministerio alrededor del globo
Desde 1995, hemos buscado rediseñar la educación del liderazgo cristiano para los pobres. Hemos enseñado docenas de seminarios, conferencias y cursos de nivel de seminario, hemos graduado a cientos de hombres y mujeres a través de nuestro programa de certificado académico, y creamos numerosos recursos del ministerio para su uso por iglesias urbanas de todo el mundo. Nuestra pasión es multiplicar este excelente entrenamiento para cada contexto urbano, haciendo que nuestros recursos sean asequibles, bíblicamente creíbles, misionalmente reproducibles y culturalmente sensibles como sea posible. En el momento de escribir este artículo, tenemos cerca de 200 satélites en catorce países, representando a más de 2.000 estudiantes que están siendo equipados para el ministerio de primera línea en algunos de los barrios más peligrosos y descuidados de la tierra.

Nuestras estructuras están diseñadas para aumentar esta carga para la multiplicación y accesibilidad a las iglesias urbanas y a sus líderes. Por supuesto, todos nuestros cursos, conferencias, seminarios y talleres son facilitados por profesores de TUMI experimentados y calificados, muchos de los cuales poseen títulos terminales en grandes seminarios y universidades, con muchos años de experiencia en cuidado pastoral y ministerio urbano.

Empoderamiento: Una nueva estrategia para desarrollar líderes sin duda donde viven

Nuestra estrategia es establecer un sistema que permita a las iglesias y organizaciones locales establecer centros de capacitación por satélite en su propio lugar y localidad. Nuestra intención es facilitar un sólido y bíblico entrenamiento bíblico a través de nuestro apoyo a las iglesias en su ambiente de ministerio. Después de un extenso estudio de la educación teológica y de liderazgo en norteamérica, hemos diseñado procesos y mecanismos para permitir que las iglesias formen centros de formación centrados en Cristo, basados en las Escrituras y centrados en el ministerio.

Si bien damos una atención considerable a la provisión de recursos a las iglesias urbanas para ayudarles a fundar nuevos y crecientes cristianos en Cristo, el corazón de nuestra visión es equipar líderes para la iglesia urbana. Esto implica dos cosas: 1) proporcionar a los líderes cristianos nuevos y emergentes y a los obreros en las iglesias urbanas los recursos teológicos y el apoyo necesarios para un ministerio urbano eficaz, y 2) proporcionar inversión continua a los líderes experimentados de las iglesias urbanas que intentan formar su ministerio y entrenar a otros para el ministerio también.

Únase a nosotros: Ayude a equipar a los líderes de manera asequible en su propia localidad

El personal y la facultad de *The Urban Ministry Institute* creen sinceramente que Dios está levantando en número significativo a hombres y mujeres entre los pobres urbanos que sirven a su Reino de maneras extraordinarias, a través de la nación y el mundo. Para facilitar este surgimiento de líderes, hemos establecido una estructura administrativa efectiva que permite a iglesias y organizaciones calificadas proporcionar una capacitación excelente, asequible y accesible en el contexto de su propia iglesia y ministerio. Si está interesado en establecer un centro de capacitación en su iglesia, ministerio, asociación o denominación, por favor contáctenos en *www.tumi.org*.

www.ingramcontent.com/pod-product-compliance
Lightning Source LLC
Chambersburg PA
CBHW060302010526
44108CB00042B/2606